通向财务自由之路
心理实战篇

TRADING BEYOND THE MATRIX
The Red Pill for Traders and Investors

| 珍藏版 |

[美] 范·K. 撒普 著　郑磊 王占新 译

VAN K.THARP

机械工业出版社
CHINA MACHINE PRESS

Van K.Tharp. Trading Beyond the Matrix: The Red Pill for Traders and Investors.

ISBN 978-1-118-52566-1

Copyright©2013 by Lake Lucerne LP.

This translation published under license. Authorized translation from the English language edition, Published by John Wiley & Sons.Simplified Chinese translation copyright © 2025 by China Machine Press.

No part of this book may be reproduced or transmitted in any form or by any means, electronic or mechanical, including photocopying, recording or any information storage and retrieval system，without permission, in writing, from the publisher. Copies of this book sold without a Wiley sticker on the cover are unauthorized and illegal.

All rights reserved.

本书中文简体字版由 John Wiley & Sons 公司授权机械工业出版社在全球独家出版发行。

未经出版者书面许可，不得以任何方式抄袭、复制或节录本书中的任何部分。

本书封底贴有 John Wiley & Sons 公司防伪标签，无标签者不得销售。

北京市版权局著作权合同登记　图字：01-2013-3798 号。

图书在版编目（CIP）数据

通向财务自由之路：珍藏版 . 心理实战篇 /（美）范·K. 撒普 (Van K. Tharp) 著；郑磊，王占新译 . 北京：机械工业出版社，2025.2. -- ISBN 978-7-111-77614-7

I. F830.59

中国国家版本馆 CIP 数据核字第 2025AP6854 号

机械工业出版社（北京市百万庄大街 22 号　邮政编码 100037）
策划编辑：顾　煦　　　　　　　　责任编辑：顾　煦　岳晓月
责任校对：赵玉鑫　李可意　景　飞　责任印制：刘　媛
三河市宏达印刷有限公司印刷
2025 年 5 月第 1 版第 1 次印刷
170mm×230mm・20 印张・1 插页・245 千字
标准书号：ISBN 978-7-111-77614-7
定价：99.00 元

电话服务　　　　　　　　　　网络服务
客服电话：010-88361066　　　机　工　官　网：www.cmpbook.com
　　　　　010-88379833　　　机　工　官　博：weibo.com/cmp1952
　　　　　010-68326294　　　金　书　网：www.golden-book.com
封底无防伪标均为盗版　　　　机工教育服务网：www.cmpedu.com

| 前　言 |

理解转变

我从事交易员训练已近30年。偶尔会有人问:"如果范·K.撒普是那么好的交易教练,为何他自己不做交易?"这种说法设定了一个大前提,即人们从交易中赚钱或者从成功的交易中获取收益就是人生的全部,而我不是这样的。我的使命是帮助他人变得更好,我也只是通过这种交易训练的方式完成这一目标。我对那些关于我如何改变了人们生活的评价深感欣慰。例如,下面是近期我收到的一些评价:

你的培训项目不仅在交易上帮助了我,而且对我的生意也大有助益。自从接受了你的训练,我变得更平和,思想更开放了。这对我生活中的方方面面都有帮助。

——H.T.,亚特兰大,佐治亚州

在参加你的培训班之前,我的生活充满了欲念。参加之后,我的内心更平静了,我很高兴找到了自我。除此之外,之前我在快乐指数测试中得分20,上了两节课后,我的测试分数提高了63分,达到83分了,我非常满意,谢谢你。

——T.H.,富兰克林,弗吉尼亚州

很难说清楚你对我的生活产生了多么大的影响,因为影响之深,几乎改变了一切。这真是一个美妙的礼物,我要感谢你为我所做的一切!我不再感到孤独,我已找到了通向快乐之路,我懂得了人生的使命,以及该如何跟从自我的引导。我觉得自己又重获新生。

——D.M.,魁北克,加拿大

在参加了你的培训班之后,我又觉得一切梦想都有可能实现了。当我把所学技巧应用于我的销售工作时,我获得了工作 27 年来最多的一份月度佣金。我一个月赚了 20 万美元,比我之前赚钱最多时候的 3 倍还多。现在我已急不可待想开始新的交易事业了。

——E.M.,华盛顿特区

简短地说,我的生活在遇到一位说话温和的泰迪熊(名叫撒普)之后就改变了,让我从恐惧金融的世界跳入以此为乐的冒险世界。这些改变不仅改善了我的婚姻生活,也提高了我的思考能力。

——J.G.,弗吉尼亚州

像这样的评价就是范·K.撒普研究院(VTI)前进的动力,正如我说过的,我们的使命是通过交易训练促成转变。我和 VTI 的所有员工都致力于此。

最近我意识到,我们实际上是帮助人们在三个层次上实现转变:①交易方面的转变;②关于理念、冲突感受和矛盾方面的心理转变;③意识的转变,它发生在你在以上两个层次产生了足够的转变之后,是很自然地产生巨大变化的。

在总结出这三种转变之后，我更清晰地理解了人们取得成功最需要的是什么。本书就是为了传播这些信息，我用了几章的篇幅说明每个层次的转变。

我们先说说本书的书名——《通向财务自由之路：心理实战篇》。当我第一次看《黑客帝国》(The Matrix)这部影片时，我就喜欢上它了。不是因为它的动作而是其中的隐喻，事实上最近我又重新看了一遍，发现我忘记了很多内容情节，只记得那个隐喻。

那个隐喻表明我们的生活都是经过编程的，我们活在一个由程序打造的虚幻世界里。在某个层面上，我们似乎知道这一点，而且好像也知道有更好的东西。在这一点上，你有选择的空间。你可以吞下那片蓝色药丸，然后舒舒服服睡上一觉，什么事情都不会发生。这意味着把本书放回书架，什么也不做；或者吞下那片红色药丸，如同影片中墨菲斯所说，"看看那只兔子的洞穴到底有多深"。读完本书，按着书中的建议做，你的生活将从此彻底改变。

我们就是这样被我们的信念所塑造，这些信念来自父母、同学、朋友和媒体。我们相信我们愿意相信的，并进一步成为我们现在的样子。在本书第7章，我们将深入探讨这个话题。但是，一旦你吃下了红色药丸（对你来说，但愿就是本书），你就可以开始探索，这些信念是否在《黑客帝国》的高级境界中起作用。

在影片《黑客帝国》中，尼奥事实上像电脑一样被重新编程了。在你知道了你的信息是如何形成的之后，你也可以尝试这样做，看看这样做是否适合你。而且一旦你开始这样做，就会感觉达到了《黑客帝国》中的那种高级境界。所以，现在还是让我们更仔细地了解一下三个层次的转变吧。

层次1：交易方面的转变

我们提供的层次1的转变是在交易方面——从确保能够赚大钱的规则，到能够给予交易者巨大优势的规则。这些新规则中包括了"撒普思维法"的概念，我要求每一位参加"超级交易员"培训项目的人都能理解和掌握，并将其作为培训的基石。我们将在本书第一部分的第6章总结这些规则。其中大多数都不是我自己定下的规则，而是来自对那些伟大交易员的经验的建模工作。我还没有遇到别的项目关注于这个方面。

我在一个高级工作坊课程中讲过，我们都在游戏人生。这个游戏可被定义为在已定规则下，两个或更多个参与者之间的互动，这套规则逐渐明确了游戏的输赢结果。我用"交易游戏"这个概念来象征和描述交易活动的各个方面。

我相信市场是一个巨大游戏的组成部分，而在其顶层——在那里游戏规则被制定和更改，就存在着"金融巨头"。无论你或其他人如何做，金融巨头总是制定自己的规则并获取利益，他们更强大。金融巨头控制着美国政府，你可能也留意到，美国财政部部长主要来自哪里，以及他们离职后去往何处。最近的六任财政部部长，其中的两位与高盛有紧密联系，一位是美联储前主席，还有一位曾是世界银行的首席经济学家，剩下的两位也都曾担任过公司首席执行官。这些人充满了争议，只是通常不为公众所知而已。

此外，美联储负责印制和发行现钞，并不受政府控制。相反，它是一个由全球最富裕的人所有的私人机构。有意思的是，美国所得税和联储制度几乎是同时确立的，现如今，美联储通过把钱交给那些拥有大银行的人来刺激经济。

金融巨头还创造了两党制政治制度，让人们对每件事都争论不休，而不是去关注正在进行的和未来对美国至关重要的事情——世界上很多国家都在这样做。当今真正的问题，比如政府支出问题，无人关心，但政治团体却在为富人是否需要缴纳重税问题争论不休。

这个游戏有点类似《黑客帝国》中的编程。我们都按照自身的信念被编好了程序，而我们的信念都说我们应该玩这个游戏。这意味着你需要打败大众，像影片中的超人那样行动。每个人都是这个系统的一部分，因为大家接受了系统的信念，所以哪怕这些信念不合适也会支持。

正如墨菲斯在影片中所说，"大多数人是如此习以为常，如此无助地依赖着这个系统，以至于他们会去努力维护它"。这句话听上去是不是很耳熟？

交易很难做，但是成为一名交易员却很容易。任何人都可以很容易地开一个交易账户。比如我太太现在也有一个交易账户，里面只有不足100美元。

我一直在说，如果交易很容易做，金融巨头就会垄断它。他们为了这样做，会大幅提高门槛要求，可能通过教育和考试把大多数人排挤出去。比如，今天经纪人需要参加系列7的考试，尽管通过这个考试与在市场中取得成功无半点关系。

如果你想了解金融巨头的规矩，只需要阅读一星期左右的财经报刊即可，它们会提出：

- 选择正确的投资标的（如正确的股票）就是一切。
- 在选定投资标的之后，买入并长期持有。
- 你必须花费很多时间分析市场，找出正确的投资标的。
- 你应该听从专家的建议，包括时事通讯作者、经纪人和电视上的那些投资天才。

我的经验是，正是那些旧的规则造就了市场上的失败者。通过对顶尖交易员和投资者的建模工作，了解他们的所想和所为，我已形成了一套新规则。我将其称为撒普思维法。让我再重申一下：之所以叫这个名字，并非因为我发明了它们，而是因为我们范·K.撒普研究院是唯一将重心放在总结它们的经验上的机构。

新规则包括了四项基本规则，我们已经将它们分成了众多技术和心理规则。层次1的转变可能是你想成为交易员或投资者的最基本的转变。我们将在第一部分讨论这些新规则和概念。

层次2：理解局限，重塑自我

我喜欢《黑客帝国》，因为这部影片要比大多数人所意识到的更真实。当你给某物起名或对那个名字进行修饰限定时，你就赋予了这个世界以意义（例如，狗、小狗、过度活跃的狗、会成为好宠物的狗、需要纪律训练的狗）。我们用自己的词汇、思想和信念描绘了整个世界。这就是矩阵。

为了改变它，你需要吞下那个红色药丸。如果你吞下蓝色药丸，故事将结束，你从床上醒过来，相信任何你愿意相信的事情。如果你吞下红色药丸，你会继续留在仙境中，我会指给你看兔子的洞穴有多深。

当你把充满隐喻意义的红色药丸吃下后，你知道这个世界是由你的信念打造的，并新开启了一个神奇的充满可能性的世界。通过放弃无用的信念，吸取有用的信念，你可以随意改变你自己。

本书的目的是成为交易员和投资者的红色药丸，你可以把它放在架子上，回去睡觉，并相信无论你想让它带给你多大的市场成功都能如愿以偿，或者你可以阅读并自己找出兔子的洞穴有多深，这是你的选择。

在你深入探究兔子的洞穴时，必须做一些事情。首先，你必须审视你的信念。你不是在交易市场，而是根据你对市场的信念进行交易，如果你的信念不管用，你就会陷入麻烦境地。每个人对市场都有自己的信念，包括那些不做交易和投资的人。如果你真的去审视这些信念，会发现大部分没多大用途。

审视你自己的信念。每种信念给你带来了什么？它能帮你摆脱什么？例如，当你相信市场成功的秘诀就是成为一名选股能手时会发生什么？如果你没有自己的信念，情况会怎样？你的信念有用吗？能为你服务吗？

如果你的信念中有一个是无用的，你是否总是可以用另一个有用的信念替换它？除非这个信念受到情绪控制，否则应该很容易做得到。除非你解除掉情绪的控制，否则它就会抓住那个信念牢牢不放。所以探索兔子的洞穴的另一部分旅程是检查你那些控制着无用信念的情绪。

在这个过程中，你会碰到你对自身看法的各个方面：

- 完美主义者，除非你确信事情是完美的，否则会阻止你去做任何事。这种完美可能是在每项交易中都能赚钱，它不是非常有用，但是很多人具有这种特点。
- 风险经理，无法容忍赔钱，总是害怕去做任何导致其赔钱的事情。
- 研究者，总是想尝试新事物，这对于交易员可能有用处，但也可能让人分散精力。
- 寻求刺激，想在市场中做一些给你带来巨大刺激的事情。好的交易通常是有点无聊的，因此这个特点可能完全没有用处。
- 你可能在某方面像你的父亲一样，喜欢批评别人。如果有这样一位父亲在那里，你可能会感到压抑，并经常贬抑自己，以保护自己不被父亲批评。
- 也许你的母亲也在那里，她总是在说："做点真正的工作吧。"

你身上可能有几千个这类特点，每一个都有自己的一套信念，都对你产生影响。你可能会发现，这些特点会变得相互冲突，以至于你无法去做任何事情。所以，作为一名未来的超级交易员，你的一个工作就是清除杂念，把思维带入统一和安宁的境界。

我们对交易员的很多教育包括了这些工作。想象一下，看看自己的所有交易信念，从中剔除那些不能帮你取胜的信念。首先，想象你去除了那些限制自己的信念；其次，再想象一下去除了那些由于宇宙反对而无法让你取胜的信念；最后，想象你已经将剩余特点统一起来，在自身内部已不存在矛盾冲突。这就是个人转变所具有的强大力量。在本书的第二部分，你将看到层次2上的不同转变所产生的影响。

层次3：突破自我，天马行空

电影《黑客帝国》还有一个情节特别有趣。在结尾，尼奥可以突破他的程序自由行动了。他能够做到以前无法做的事情。现在我们进入最后一个层次的转变：通过改变你的认知水平，做到可以天马行空、挥洒自如地进行交易。这里所说的认知水平，指的是你的认知水平。如果你改变或剔除1 000个信念，你可能会提高认知水平。如果你将自身的50～100个特点统一起来，可能会出现这种结果。

然而对于一部分人来说，可能更容易做到：改变主导你生活的五件重要事情，你就能够了解这个过程，可以去做任何事情。但是我们还是更深入地看一下提高你的认知水平可能意味着什么吧。

大卫·霍金斯是近代全球最成功的心理治疗师之一。他具有极高的认知水平，在患者身上完成过令人称奇的治疗。他后来关闭诊所去攻读心理学博士学位，他的学位论文写的是关于人类认知水平测量的。他的大量论文被编入一本名为《意念力：激发你的潜在力量》(*Power vs. Force*)的畅销书。

在那本书中，霍金斯用1～1 000量级来描述人类的意识，其中1 000为人类意识能量的最高层级。霍金斯认为只有极少数人（例如耶稣、佛祖、克里希那）曾达到这个水平。他还指出，在过去5 000年的大部分时间里，人类认知的整体水平处于200以下——这是正负面（积极和消极）的分界线。根据霍金斯的说法，甘地的认知水平达到700，有能力击败英国军队，而后者的集体认知水平是175。这反映出力量（高认知）和力之间在这个测量指标上的差距。

提高认知水平不仅对甘地有帮助，而且也可以帮助你成为交易员。如果你在低认知水平下进行交易，你可能无法摆脱恐惧、贪婪或绝望的情绪。现在想象一下，如果你在一个可接受水平或平和状态下交易，情况将有怎样的改变。差异将会是巨大的。

范·K.撒普研究院的目标之一是帮助交易员在认知方面迈出一大步。再想象一下，一年之内去除1 000～5 000个无用的信念所产生的影响，那样有可能提高你的认知水平数百点。一些参加"超级交易员"训练的学员已经取得了这样的成绩。在本书的第三部分，我将和大家分享他们的故事。

本书使用方法

有人可能在本书中读到我们在各种工作坊和培训项目中经常谈到的观点，这不奇怪，因为在过去5年里，我一直在从事"超级交易员"培训，很多内容来自那里。他们大多是"超级交易员"项目学员（意思是他们仍在范·K.撒普研究院参加这个项目）或是已毕业的学员，他们会提及之前所做的很多事情。

尽管如此，本书主要讨论心理转变，我们使用的每种方法都在书中有清晰的表述。所以，书中不会有什么是我们能做而你自己不可以做的，至少对于"超级交易员"项目是这样的。

你可能会认为重要信息遗漏了，或者不适合你。本书有可能激发出你的其他一些信念。在你读本书的时候，你可能对自己说，我不相信这一套，此时也许你是对的，因为那个信念实际上造成了你现在的状况。但是，你应该在决定继续坚持自己的信念之前，先用本书的信念检查方法梳理一遍。你有可能发现，在那些信念中，大多数限制了你，阻止你采取行动，妨碍你获得真正的快乐。

其一，你将学习撒普思维法的技术基础。那些规则清晰地列在第一部分的介绍章节里。实际上，第一部分的规则已足够清楚，你据此应该完全可以针对某个特定市场设计出一个适合自己的出色系统，除非有些心理问题阻碍了你。对于那些你不认为自己可以做到的原因，可以阅读本书第二部分章节给出的心理学原理。

其二，在第9章里，你将学习如何确定你的特点。该章提供了一些练习。一旦你了解了是什么特点控制了你的交易活动，这就是一个相当简单的练习，你可以用信念检查方法梳理每个特点的20个信念。关于信念检查方法的说明，请参阅第7章。

当你用这种方法梳理200多个信念时，就很容易确定哪些有用应该保留，哪些无用应该放弃。而且你将能够轻易改变没有用处的信念，除非在其中充满了过多的能量。

如果你的很多信念中充满了能量，第8章的情绪释放方法给出了清晰的说明。你应该可以马上用它为那些信念释放能量。

第三部分包括了一些我的学生讲述其转变经历的章节，这些内容应该能帮助你理解这些转变的重要性，以及在你这样做过之后可能会发生怎样的转变。

最后，每一部分的结尾都有一个实践应用章节。在那里你将读到该部分所述撒普思维法的相关概念、你可以遵循的相应步骤以及有关本部分内容的问答题。这些内容和我们在"超级交易员"培训中使用的完全一致，我认真考虑过是否要把这些内容包括进来。但是，我的使命是推进转变，我期望这些资料会对读者起到使其产生某种转变的效果。如果有此效果，那么我就达到了目的。

| 目　　录 |

前言

| 第一部分 |

交易博弈的演变：掌握基本原理

第 1 章　我赚了130%：这仅仅是个开始 / 7

第 2 章　自动化的撒普思维法 / 24

第 3 章　从商业贷款经理到财务自由的交易者 / 35

第 4 章　从陆军少校到交易系统专家 / 55

第 5 章　从经纪人到全职交易员 / 77

第 6 章　在交易中运用撒普思维法 / 86

| 第二部分 |

心理转变助你成为超级交易者

第 7 章　信念：交易的基础 / 107

第 8 章　穿越情感和情绪世界 / 130

第 9 章　你是一个矛盾的集合体 / 142

第 10 章　创建你自己的世界 / 157

| 第三部分 |

超越矩阵使你的意识水平转型

第 11 章　如何加速转型之旅 / 179

第 12 章　从工程师到精神战士的交易之旅 / 199

第 13 章　超越常规的专业交易员之旅 / 234

第 14 章　通往交易的旅程 / 253

第 15 章　提高你意识水平的思考 / 266

第 16 章　继续旅程 / 278

推荐阅读 / 291

关键术语 / 293

作者介绍 / 300

译后记 / 302

| 第一部分 |

TRADING BEYOND THE MATRIX

交易博弈的演变
掌握基本原理

在第一阶段，我们要讨论的是交易博弈的演变，包括从确保赚钱的规则，到让敏捷的交易员获得巨大优势的规则。这些新规则包含了我在"超级交易员"项目中要求大家理解的"撒普思维法"概念，这是训练的基础。

I.1 两套规则

在你读完几本如何交易/投资的书，再看了一段时间的财经对话节目之后，会发生什么情况？答案是：你会开始相信一些规则。

- 选择正确的投资（即选出对的股票）就可高枕无忧。你找到正确的投资后，应该买入并长期持有。
- 存在一个无往不胜的方法用来挑选正确的投资，可能需要花费大量时间分析市场并找出正确的投资。比如沃伦·巴菲特（Warren Buffett）常说"你应该了解每只股票的所有细节"，似乎那就是关键。这看上去需要大量的工作，是的，确实如此。不过别担心，这并不是在市场上取得成功的关键。

其他规则还可能包括：

- 市场将决定你能否赚钱。短期是由市场决定结果，但如果你能坚持下去，你将胜出。市场最终会上涨。
- 如果你确实亏了钱，那是你的错。去找一个"替罪羊"，再请一位好律师起诉他们。
- 市场是有效率的。
- 资产配置是非常重要的（即便多数人都不懂这是什么意思）。

我的经验表明，这些规则正是导致大多数人成为市场输家的缘由。

通过我对顶级交易员和投资人的研究——观察他们怎么做和如何思考，我提出了一套新规则。我们称之为"撒普思维法"。

我们看看这些规则。首先，保持稳定盈利的交易并非易事。当然，在一家经纪行开个交易账号很简单。做网上交易的人说，"瞧，我刚买了一只股票"，这个行业想让你认为这件事就是这么容易——只要有了一个合适的交易平台，连儿童都能做交易。

你能想象仅仅通过走进一间手术室并宣称你想做手术，就可以主刀做一台心脏外科手术吗？当然无法想象。事情不应该是这样的。同样，你能想象只读过一本书就被派去负责一支建筑工程队，建造大桥吗？或者更糟的是，向建筑工程队下达一通命令，就可轻松完成这项任务？当然不是。

想赚大钱，就要有另外的想法。有人想让你相信，赚钱只需要看看某个财经节目，听听选股建议。但是，没有做好准备的交易，如同一个未经训练的医生为患者诊治，或打算走过一座由完全没学过工程的人建的桥，对你的账户将造成致命打击。

所以，第一个新规则就是，交易和其他行当一样，是一个专业领域，需要花费大量时间（几年）和下定决心才能成为一名成功的交易员。我和作家马尔科姆·格拉德威尔（Malcolm Gladwell）有相似的信念，每个领域优秀的人之所以能够胜出，是因为他们花了 10 000 多小时来练习自己的技艺。对于交易而言，仅仅超过 10 000 小时的练习也还不够，因为我见过有人花了 10 000 小时练习但学到的东西很少。我认为这 10 000 小时应该是为了达到精通水平的练习。

第一条新规则 交易也是一个职业。

第二条新规则是交易和顶级运动一样，反映的是个人的表现。你必须明白，要对结果负责。所以为了取得个人成功，你应该全身心投入大量时间和精力。

> **第二条新规则** 交易和任何顶级体育运动一样，反映了个人的表现。你必须明白，自己要为结果负责。

第三条新规则是说目标很重要。进一步说，你要通过"仓位调整"策略达到目标。你所用的系统的质量，会告诉你用这个策略达成目标的难易度。大多数人甚至没有想过目标，他们只想赚很多钱和避免亏损，却从不知道仓位调整策略是怎么回事。他们明白资产配置很重要，但不懂得导致这个问题如此重要的因素在于"数量"，这正是仓位调整策略的全部。

> **第三条新规则** 目标最重要。你可以使用仓位调整策略达成目标。

第四条新规则是说，交易/投资就是在特定市场条件下把握概率和收益风险比率的活动。当你理解了这些规则和任何时点的市场条件，就可以运用统计理论，预测出你的业绩表现的大致范围。尽管无法预知未来，但你可以借助统计学和在不同市场条件下适当的抽样试验，较好地预测出自己的业绩表现。一旦你开始了解这些，你将对发生的变化感到惊讶。

> **第四条新规则** 交易/投资完全取决于特定市场条件下对概率和风险回报比率的把握。当你理解了这些规则和市场条件，就可以运用统计学预测未来市场条件下自己的业绩表现。

上述四条基本规则包括很多部分，还有其他规则用于落实这四条基本规则，这些加在一起构成了"撒普思维法"。当学员参加"超级交易员"

训练项目时，我要求他们做的第一件事，就是全面理解撒普思维法。在第 6 章和第 10 章，我们提供了核查表。

这些规则的共同点是：①采用统计学方法；②依靠对收益风险的思考，而不是做对，而且强调好的业绩是市场、系统和自我共同作用的结果，如图 I-1 所示。

图 I-1

你能看出"旧规则"是怎样导致灾难的吗？你发现能对交易博弈做出重大改进并可以制胜的另一套规则了吗？

I.2 第一部分内容

在本书第一部分，我安排了三章由参加"超级交易员"培训的学员写的文章，展示了他们在第一阶段的转变。

第 1 章由一位新学员撰写，谈到了他在采纳了撒普思维法之后的成长经历，以及如何实现了 130% 的资本收益。他发现自己过去的交易效率很低，这就是他参加"超级交易员"培训的原因。尽管获得了 130% 的收益，但他的失误有可能让他多损失了 50%。换言之，如果不出错，他的收益应该达到 180%，而不是 130%。他现在参加了"超级交易员"第二阶段培训。

第 2 章是由一位使用撒普思维法取得了非常好的效果的学员写的。首先他指出了这套规则是多么重要，然后他找别人为自己开发了自动交易系统编程，最后他雇人用这个系统做交易。因为那些被雇用的人没有受过相关的投资心理训练，他们只要按照要求操作不出错，就可以得到薪酬，因此他的交易几乎可达到 100% 的效率。

我的第一个"超级交易员"培训班学员撰写了第 3 章。他谈了自己的成功经历。他最初是一名银行贷款经理，在系统地参加了培训之后，他发现了一些使用撒普思维法的独特方式，可以用于各种投资类别，例如房地产投资。参加培训还没到一年，他就放弃待遇优厚的银行贷款经理工作，成为全职投资人／交易员。由于某种原因，他的收入远远超过了支出，他已实现财务自由——这是他在为"糊口"而工作时永远都无法达到的目标。

在第4章，我们的一位教员肯·隆（Ken Long）分享了他的经历。肯·隆拥有系统设计硕士学位以及不确定条件下决策专业的博士学位。他不断开发出伟大的交易系统，并在课程中讲授这些系统。肯·隆定期公布这些系统的月度表现，以及参加他在范·K.撒普研究院讲授交易实践课的学员的交易业绩。

最后，第5章是由一位前机构经纪人写的，他曾经在为机构交易操作订单时赚到过6位数的薪酬。他认识很多伦敦的机构交易员，他表示，他们实际上对自己所做的事情并不了解。当然，20年来一直目睹交易员如何操作，他认为他知道该怎么做。通过学习撒普思维法，他开始在交易风格转变方面取得进展。

| 第 1 章 |

我赚了 130%：这仅仅是个开始

大卫·威特金（David Witkin）

大卫·威特金是一位兼职的管理和信息技术顾问，他已有 15 年交易经验。他在 20 世纪 90 年代开始萌发了对交易的兴趣，当时他读了罗伯特·哈格斯特朗 1994 年出版的《巴菲特之道》(The Warren Buffett Way)。在尝试过基本面分析之后，他的交易兴趣扩展到了技术分析和期权。2000 年，他主要做期权交易，当时市场转向差点让他的账户归零。这次警示提醒他更加关注风险，他开始寻找世界上最棒交易员的交易方法，期望自己以后能够成为其中一员。2010 年，在使用了许多撒普博士推荐的方法之后，交易取得了明显突破，最终他决定将交易员作为终生职业。他已经完成了交易心理方面的训练，希望从 2013 年开始成为全职交易员。

> 之前：交易不稳定，除了依靠直觉，没有真正的风险管理方法，大多数年份都亏损。
>
> 之后：形成了一个完整的风险可控的仓位调整方法，采用撒普思维法的第一年，收益达到了 130%，回撤幅度低于 20%。

"那人是又一个1R[⊖]败将",撒普博士当着全班的人说道,并从包里摸出最后一个弹球。他听到了大多数学员的嘟囔声,但我没有。"好吧,"我心想,"保持住表情不变,不管出了什么事,都不能笑。笑会坏事的,想想那些死猫或别的什么吧。"

保持住表情不变,不管出了什么事,都不能笑。笑会坏事的,想想那些死猫或别的什么吧

班里的25个人都是和我差不多的人——相当聪明,诚心诚意想把自己转变成世界级交易员,每个人周日都牺牲了观看"超级碗"的机会,这就是我们全心投入这件事的证据。我肯定不想得罪他们中的任何一个人,但撒普博士的说法意味着我在应用一个关键交易概念的比赛中夺了冠。这个奖虽然很小,但夺冠本身证明了我已经在交易思维方面完成了关键的转变。对我而言,胜利意味着在全班所有聪明敏捷的交易员和世界一流的交易教练面前,我是那天的佼佼者。

那是2011年2月的一天,我正在参加北卡罗来纳州科利举办的一个"撒普思维法"研讨班。那个地方是个小镇,就在罗利郊外。对我而言,这个研讨班是一个庆祝自己有史以来最佳交易一年的机会——超过130%的收益,这也让我强化了那些助我达成业绩的概念。

⊖ 意思是亏损了用于投资的全部资金。1R是一个单位的风险。——译者注

1.1 学习如何交易

我的交易之路坎坷不平。高中毕业后我在信息技术（IT）领域干过一段时间，之后上了大学，获得了一个文科学位。毕业后换了几份 IT 工作，直到找到在一家五大会计师行担任工厂和管理顾问的职位。

到了 1998 年，我对在市场上赚钱产生了兴趣。对我来说难以置信的是，数百万人一起为一家公司找到"合适的"价格，那些精于此道的人会变得像沃伦·巴菲特一样富有。我上班的那家公司派我去德国工作了 7 个月。那是个很好的机会，我可以把自己关在小公寓里，阅读所有我可以找到的有关交易的书，甚至还试着做了几笔交易。

对我来说，德国是一个集中精力学习交易的完美之地。我不会讲德语，除了工作伙伴，也不认识其他人，所以我的业余时间都用来读书了。首先，我将重点放在基本面分析上，读沃伦·巴菲特、威廉·欧奈尔和大卫·德雷曼等人有关如何投资和判断哪些公司值得投资的书。之后，我学习了马丁·普林格（Martin Pring）、斯坦·温斯坦（Stan Weinstein）和维克写的技术分析类图书。然后我找期权方面的书，读了劳伦斯·麦克米伦（Lawrence McMillan）写的整整 800 页的《期权投资策略》⊖（*Options as a Strategic*），以及乔治·富坦尼斯（George Fontanills）和其他人的著作。我变得沉迷于用期权创造各种风险有限但极复杂的交易。我当时想，哈！这些东西简直太奇妙了。对于每种可能情况，都会有一个期权策略，你再看看用的杠杆，哦！真不得了！

我喜欢存钱而且那时已经攒下了 2 万美元，我就用这笔钱开始做交易了。有时我会先做一些基本面筛选，然后挑出几只想买的股票。其他时间则寻找股性活跃的股票，同时买入期限几个月的期权做对冲。我订

⊖ 该书中文版已由机械工业出版社出版。

阅了一些股市通讯，从中挑出我觉得不错的投资标的，我主要选那些最有可能带来较大回报的股票。事后看来，我那时其实没有什么交易策略。方法很原始：只要是我看上眼的、我喜欢的，我就买。我没有什么真正的买入标准，也没有事先确定的退出标准，让我能够在觉察到出错时卖出，我依靠直觉决定在每只股票上的仓位。

不幸的是，亏钱比赚钱的时候多，这让我备感疑惑。毕竟我下了功夫做作业，学习过伟大的交易员如何在市场上赚钱。我做每一笔交易都有不错的理由，本来应该能赚更多的钱啊！我当时就是这么想的。和其他人谈起时，貌似人家都在赚钱——很多的钱。可这是什么原因呢？我知道自己学得比他们多，我和他们讨论时，没几个人听说过基本面或沃伦·巴菲特，也不懂技术分析，更不知道那些非常酷的期权术语，比如"德尔塔""西塔"和"伽马"。我懂伽马，天啊！这该多酷啊！我认为自己肯定会赚钱。

即便我缺少一个交易系统，但是市场行情很好，即使我亏的钱比我想象的要多，但毕竟我还是在赚钱。2000年，我的资金已经达到75 000美元了。一部分是日常积蓄，其余就是从市场交易中赚的，我家以前从来没有过这么多钱——我穿的衣服，和我的朋友们相比，就像是地摊货，我家所谓"度假"，就是去亲戚家串串门。所以这75 000美元对我这样20出头的年轻人而言，实在是一笔不小的财富。我仍然觉得自己应该赚得更多，所以我刻苦攻读，对自己赚到的财富非常自豪，那毕竟是我自己赚到的，非常有意义。

1.2 "危险！小心！"

2000年年末，我在网上读到一篇文章，说要想赢得交易，就要掌握正确的心理知识，这一点以前我从未想过。你需要有正确的心理，才能成为一名好的交易员吗？这个观点是真的吗？我很怀疑。那些坐在办公室里的家伙似乎对心理学一无所知，而他们都在赚钱。我也赚了钱，但我肯定我的心理没什么特别之处。即便这样想，我还是决定在否定它之前，再做一些了解。

引导我了解交易心理学的是一本叫《通向财务自由之路》（*Trade You Way to Financial Freedom*）的书，作者是范·K. 撒普博士。当时我并不知道这本书，我订购撒普这本书的日期，正是美国历史上最长、最赚钱牛市结束后的几个星期。当时我已经30岁了，差不多失去了所有财富。我把那本书搁在书架上，没有马上读，而是专注于赚钱。

熊市开始了，我仍像以前那样交易——没有制定策略，但是我读了很多书，认为自己懂得的知识足够用来赚钱。我做了一些空单，但主要还是做多。市场近20年大多数时间里都在上涨，2000年年底的下跌，貌似一个买入机会，正如我读过的"满街血流成河"的情形。一些很棒的股票都跌到"白菜价"了：世通！环球电讯！地球连线！彪马科技！我全部买进。

我不久发现了贴切的比喻形容市场形势的重要性。是的，确实有"满街血流成河"的比喻，但彼时更贴切的比喻应该是"不要试图接住下落的飞刀""低价股的价格总是跌得更低"或者"不要做徒劳无益之事"。有关交易比喻的有趣之处在于：大多数使用这些比喻的"市场专家"不会给你真正有用的建议——告诉你何时应用这个比喻而不是另一个比喻。那些专家的比喻听上去似乎总是很明智，难道不是这样吗？

不要试图接住下落的飞刀！

后面两年里，标普500指数下跌了40%以上，我的大部分钱也打了水漂。我很愤怒，对自己的失败痛心疾首，决心不再做傻事了。

但是如何才能摆脱这些往前走呢？显然要改变我过去的做法，但是怎样做才好呢？我认为自己已经读过那些该读的书了，什么样的专家能让我信服并且能帮到我呢？有没有不同的做法——不同的交易比喻让我用呢？我信奉的传统的"专家"让我赔得一干二净，也许现在该读读撒普的书了吧。

1.3 撒普思维法101

我喜欢学习。任何时候，作者都可以在我的知识库中加入新东西，我总会觉得很兴奋。所以，我一头钻进《通向财务自由之路》中，这本书看上去并不只是一部心理学著作。里面讲的心理学部分，我当时觉得它太无形了，和交易的关联性不大，毕竟我的目标是赚钱，而心理学仍不能让我信服它是在市场上赚钱的关键。

撒普博士明显知道我是怎样想的，因此这本书马上吸引了我。我读了"圣杯"系统，撒普博士称之为"完美的系统，这个系统重点在于挑选合适的股票"以及何时入市，无论是牛市、熊市或者中性市场，都能使用。我意识到这就是我一直在找的那个东西。我不想要不同的入市系统——一个用在牛市，一个用在熊市，一个用在中性市场。那样太痛苦了！使用一个系统不是比在不同市场用不同系统容易很多吗？不仅如此，在每种市场采用不同系统，还要求我能够分辨出市场的类型，换言之，还需要我做更多的功课。

不幸的是，撒普博士曾说过，期望一种系统能"用之四海而皆准"是过分苛求的。哦，我想，要按他的想法，需要下点功夫了。我一直在想，尝试找到一种符合他的建议的方法。事后看来，我对如何实现他的想法所需做的工作全无概念。唉！

他还说，在市场上很快赚大钱绝非易事。我当时想，这家伙真讨厌。尽管他的很多想法都有道理，我却不需要别人跟我说交易有多么难做。毕竟我已饱读各类书，比大多数人做过更多功课。交易这事对他们应该是难事，那些人从未像我那样努力过，但对我而言，并不是那么难。我还没读完第1章，这家伙就让我心烦意乱了。我只想要一张简洁明确告诉我如何赚钱的清单！

我还是坚持读下去，撒普博士一直在按我的心理按钮。他说几乎没有人可以给我一个系统，让我可以用来在市场上赚大钱。他没有说不能建立这样的系统，只是说，如果有人给了我一个这样的系统，可能也帮不上忙。我开始怀疑撒普博士是不是有什么毛病。他貌似在说，即便有人给了我一个非常完美的系统，我也会糟蹋了这个好东西。他怎么可以说出这种武断的话呢？我聪明且有自制力，在交易之外的事业也很成功，他想必说的是其他人，而不是我（我用了差不多10年时间才明白他是正确的，我无法找到一个始终适合自己的系统，唯一能做的就是继续看着别人在做同样的事情）。

那么为什么我还要继续读那本书呢？我猜想是由于种种原因，书中的很多观点引起了我的共鸣。比如，撒普博士说赢家交易员往往输的次数比赢的次数多——也许只有35%的时间是赚钱的，我在20世纪90年代赚钱的交易也不到50%，撒普博士显然十分了解这种现象。他讨论了建立正的期望值，或者说盈利的数学上的，并且给出了一个简单的计算公式。由于赔钱是交易的一个组成部分，他讨论了学习如何接受交易中的亏损的重要性，不要因为不承认自己在交易中犯错而把情况搞得更糟。所有这些观点都打动了我。

撒普博士还谈到了为自己的交易结果承担责任的重要性。换言之，如果你决定按照投资通讯上推荐的股票做投资，像我所做的那样，你亏了钱，那是你的错，不能归责于投资通讯，是你选了那份投资通讯，是你决定相信上面推荐的股票，因为它们有75%的胜算，所以你决定不再用6个月时间模拟交易这些股票，以确认投资结果再真枪实弹地投入资金。你没有寻找独立来源验证它们的业绩记录，所有这一切，都是你的决定，是你自己做的，是你的错。

尽管由自己承担全部损失责任让我很困扰，我知道这是对待这种情况的正确方式。你曾为自己糟糕的交易结果责怪别人吗？如果有过，请找一个信得过的为你提供交易建议的外部顾问，当着他的面，做这个承担责任的练习，看看你是否可以说出你当时是怎样造成错误后果却把责任推给别人的。有人告诉你去买哪只股票，而你决定相信他，对吗？那是你自己做出的选择。你的基金经理损失了100万美元，那是你全部的财富？你没有做充分的背景调查，因为你没有想到过那个人会亏掉你的钱。你也没打算把所有资金分成三份，交给三个基金经理打理。下次亏钱时，试试"这不是我的错"游戏。如果你不能找到自己的错误，就请别人来帮你，告诉他们千万别留情面。

是的，许多事情都不会是一样的，这样说当然是对的，而且我们也没有时间去考虑每个决定的各种可能选项。如果我们真的那样做了，就什么事也做不成了。但是对于大的决定，比如把全部财富投到哪里，或者是否要启用一个从未试验过的交易系统，用自己的钱去尝试，应该怎样做？难道这些决策还不够大，不值得准备好应急方案吗？

当你停下来真正考虑这个问题时，如果不认为让那些事情发生是你的责任，你又怎么会去做一些必要的事情呢？我没有对那些本应查核的通讯文章进行全面分析，会不会是因为我不知道该和谁谈这件事呢？又或者我没有独立核实是因为不知道该怎么做？我没有想到花 500 美元请一个大学生帮我研究那些股票，是因为我觉得那样做成本太高吗？也许是我急于去赚钱，而想的是，如果用 6 个月的时间试验，可能会影响到赚钱吧？

最大的可能性是，你们至少和我差不多都在回避（是的，回避！）采取一些审慎的、能帮我们省一大笔钱的做法。检讨一下你自己吧。如果你没有找出自己应该做得更好的 5～10 件事，说明你还不够努力。更重要的是，你未来可能不得不继续在交易中挣扎。

读到后面，这本书谈到了一些导致大多数人在市场上犯错的心理偏差。例如，我们的心理能力无法接受市场提供的全部信息，所以我们会简化、删除或扭曲信息，其结果是，如果你认为趋势追踪系统没有用，就可能会忽略那些有关如何交易的信息。真可怜！你的行为已经显示出一种判断偏差。你把事情大而化之（认为趋势追踪系统没有用），结果是你忽略了大量本应留意的交易相关信息。但是你这样做是正确的吗？

另一个是所谓的乐透（lotto）偏差，指的是人们在掌握了一些对获利有用的信息时，会形成对成功机会的自信。例如，有些人会不理性地相信自己能赢，而这只不过是因为他们使用的一组指标——移动平均线和震荡指标，告诉他们何时该入市。而其他人比如我，同样会有非理性的"万事尽在掌握之中"和对成功的机会感，因为他们是按照炒股通讯的推荐买的股票。哦，我的老天！

当读到其他心理偏差以及它们是如何影响到交易者时，我深受触动。撒普博士给出了令人信服的例子，在他讨论到的各种行为中，我看到了自己的影子。这本书提到，大多数人把交易系统视为解决我应该何时入市这个问题的良方。我完全同意他的说法，我也是把全部注意力都放在何时入市。不幸的是，何时入市是交易系统最不重要的问题。我曾听撒普博士和另一位市场大师琳达·拉施克（Linda Raschke）说过，他们测试过一些可以赚钱的随机入市型操作系统，但不容易交易，这些系统依靠掷硬币决定入市，然后择机退出市场，他们确信对于交易者而言，退出时机要比何时进入市场更重要。

尽管所有这些都能引起我的共鸣，但也有不少内容暂时不能打动我。例如，撒普博士认为一个好的交易系统至少包括 10 个部分，最重要的是目标。目标？真的吗？我要赚到一个人所能赚到的最多的钱，这就是我的目标！低于这个目标，都会限制我的潜力，对吧？哪个疯子想限制自己多赚一些钱呢？可惜那只是我的个人想法。继续读下去，我发现在设计或使用交易系统之前应确定目标，这本书给出了让人信服的解释。我当时在想，这个撒普真的开始让我心烦了。

1.4 教训各不相同

我发现这本书里的一些概念很刺激，但对我来说，最有价值的是仓位调整策略的威力。仓位调整策略只是交易系统的一部分，回答了"我在这项交易中愿意承担多少风险"的问题。听上去很简单，不是吗？是，可又不是这么简单。

如果我告诉你，将会把你放在一个完全自动化的交易系统中，它具有以下特点：赢率为 35%。赢时平均赚的钱是输时亏的钱的 3 倍，你觉得怎么样？如果我再告诉你，在过去 10 年中，我用这个系统为 25 个人操盘，分别放在独立的账户里呢？尽管某些年份要比其他年份的收益好，但每年都有一些时间，收益是在负数区间，而在第 10 年，每个账户都赚了钱。所有账号都在同一家经纪商那里开户，起步资金为 10 万美元，缴纳的佣金比例也是相同的，而且只在流动性市场交易，这个系统听上去还不错吧？

下面告诉你一些令人烦恼的情况：尽管这个系统每年都盈利，但25个账户的收益率非常不同。2014年的收益率从4%到95%不等，2013年的收益率是2%～72%。在头8年里，各账户的表现差距很大。账户的表现由一家可信赖的会计师行审计，确认结果是完全准确的。

但怎么会是这样的呢？要知道，这完全是一个自动交易系统——交易者自动进入和退出市场，每个人的起步资金都一样多，做的也是一样的交易，在同一时间退出。各个账户间出现的收益率差异可能是因为交易时间和价位上的微小差别造成的，但影响应该没那么大。你也许会问，到底发生了什么事情？

答案就是仓位调整策略。每次交易对每个账户都是相同的，除了每次交易承担风险的资金不同。账户1的主人每次交易所冒的风险是0.5%，每年的跌幅和收益都是最小的；账户25的主人采用的是更复杂的仓位调整策略，用来承担风险的资金更多，这个账户也会发生更大的回撤，最大幅度可达到65%。其主人的目标是每年至少赚50%，即便这意味着最大回撤可能高达75%。由于他愿意承受下跌，大多数年份他能赚50%以上。

这两个账户展示了用来达成目标的两种可能的仓位调整方法。有许多仓位调整策略，可以搭配组合成几千种策略。例如，大多数交易者了解波动性在市场上的重要性，尽管不一定普遍如此，许多交易者觉得较大的波动性等同于较大的风险。那么当市场表现出明显高于平常的波动性时（比如是过去90天平均波幅的2倍），你持有较低的仓位时会出现什么情况？或者当波幅超过某个预先确定的值时，你采取1%的风险资金策略会得到什么结果呢？对于同样一个交易，有几千种仓位调整可能性，可以产生不同的结果。

这种结果的差异听上去似乎难以让人相信，对吗？我同意你的看法——至少在我做完一些独立研究之前是这样，但我发现仓位调整确实可以导致不同的收益。我自己还用软件测试过仓位调整造成的影响，进一步说服了我自己。

但你最好别听我的，你可以用一种简易方法自己测试一下，你的花费不会超过 20 美元。还记得在本章开始时我提到的弹球游戏吗？这个游戏其实就是一个采用仓位调整方法达成目标的例子（如目标是不惜代价赢得游戏，即便破产也在所不惜）。下面就是你该做的：

- 把 100 个弹球放入一只黑色袋子里。
- 一个人每次随机拿出一个弹球，拿出 60 个时，游戏结束。
- 所有参与者（何不邀请家人参与？相信我，很好玩的！）开始时都有 10 万美元，在每次拿出一个弹球之前，大家各自决定下多大赌注。
- 每次拿出一个弹球，记下结果（即抽出的弹球），然后再将其放回袋子里。
- 在袋子里，弹球有不同的颜色，抽到的结果如下：
  65 个黑色弹球，你将输掉所有赌注；
  15 个蓝色弹球，你将赢得所有赌注；
  7 个绿色弹球，你赢得你下赌注的 2 倍；
  6 个黄色弹球，你赢得你下赌注的 3 倍；
  3 个银色弹球，你赢得你下赌注的 5 倍；
  2 个金色弹球，你赢得你下赌注的 10 倍；
  2 个粉色弹球，你赢得你下赌注的 20 倍。⊖

⊖ 如果你计算一下，这个系统在交易失败时产生 65R 的亏损，在成功的交易上产生 122R 的盈利。然而有 65 个弹球代表输钱，代表赢钱的弹球只有 35 个，所以在一次抽取中，你赢的概率是 35%，而输的概率是 65%。但是把所有输赢都算在一起，结果是 57R(122R-65R)。期望值是 R 值的平均，在这里就是 57R/100，即 0.57R。所以，平均而言，这个系统的每项交易盈利是 0.57R。——译者注

要记住这个游戏的关键是帮助你理解仓位调整策略的重要性。每个参与者做的是同样的交易（即摸出弹球），唯一不同是赌注的大小。也就是说，弹球分布实际上是和许多好的趋势跟踪系统的交易分布类似（即你65%的时间会输，但是使用合适的仓位调整策略，用这个系统可以赚很多钱）。

是的，撒普博士的书让我大开眼界，所以你大概认为我会马上用到书上所学的东西，从某个角度看是这样的。后面几年我做了一些交易，弥补了一些亏损。我继续研究和测试系统，但还达不到让我满意到可以真枪实弹使用的水平。我继续阅读撒普博士的书，开始接受一些早期的概念，如目标的重要性，我也继续参考通讯推荐的股票做交易，有赔有赚，平均计算大概没赔没赚。但我的交易太小了，对财务状况没有明显影响。

直到 2004 年年末，我觉得是时候多拿一些钱用在"已被验证"的自动交易系统上了。我上网找了一个系统设计师，他卖给我两套黑箱系统——也就是说未告知系统的逻辑，所以你只能看到交易的结果，大约花了 3 000 美元。反向测试的结果非常棒。总之，如果每个交易仓位为 1.5%，这两个系统年回报超过了 50%，在 25 年里最大回撤幅度不到 35%，每年的交易结果相当稳定。我找了一个商品交易顾问（CTA）代我操作这两个系统，等着钱源源不断流进我的口袋。

大约两年后，我亏了 50%，我关闭了账户。嗯，我再一次觉得自己做了一个不错的决定，我要在购买系统前仔细研究它们，然后找人代我机械地操作。不幸的是，这个系统似乎也是设计师曲线拟合系统。曲线拟合意味着你用历史数据优化系统，直到得出最佳的拟合结果。问题在于曲线拟合系统在未来的表现不一定良好。这是我花钱买到的另一个教训：如果你不知道系统是如何被测试的，很可能这个系统并未经过有效确认，不值得去尝试。

后来几年里，我只做过很少交易，选择站在市场外旁观，继续阅读和思考。

1.5 最终独占鳌头

2010年年初，也就是在买了那本书差不多10年之后，我觉得应该准备好再尝试一次了。我仍然担心会亏钱，但我相信，如果仓位小一点，可以随时停止交易，控制亏损范围。为了提高自律性，我为自己制定了几条规则：

- 任何一次的交易金额都不超过账户总值的2%。
- 下单买入时，也下一个止损单（我的经纪人允许同时下这两种单，将其当作关联单处理，这很有帮助）。
- 当感觉不好时，降低仓位或退出市场。
- 采用跟踪止损退出市场。
- 重点做两类低风险交易：通道突破时以及回踩支撑线时。
- 只有确认风险收益比率超过3时才进场交易。
- 如果账户资金下跌超过35%，则退出市场至少2周。
- 如果走势与我预期相反，或需很长时间才会和我期望方向一致，而我又不再看好这个交易时，在交易达到止损价位之前就退出。

这套规则和撒普博士的综合交易计划差很多，但它帮我抓住了不少利润丰厚的走势。

我一直等到5月才开始做当年的第一笔交易，这是一只天然气公司的股票，刚回踩了支撑线。走势相当强劲，而且在价格上行时，我增加了仓位,我不断上移止盈价位来扩大收益,最终这笔交易赚了4倍(是我投入资金的5倍)。如果我这笔交易亏损的话,不知道是否还有足够信心继续做交易了,这笔交易对我当年的投资结果有重要影响。

尽管我亏钱的次数还是比赚钱的次数多——我估计只有30%的交易是赚钱的。但是赚钱的交易很大,而且我操作得很好。到年底时,我的账户增值130%以上,而且从未发生过回撤20%的情况。我很兴奋——每次查看账户时都发现账户余额又创新高,我几乎不敢相信眼前这一切是真的。直到我已经赚了100%以上,我仍然不敢相信自己真的做到了。

尽管有如此成绩,我还是犯了无数次赔了不少钱的错误。如果不犯这些错误,我可能会赚180%甚至更多。12月我太太生了我们的第一个孩子,在医院的那段时间,我没有像往常那样紧张地查看股价。我提前确定了卖出价位,而不是平常那样,在看到市场未在我预想方向上快速移动时,依靠直觉退出。

而且我持有太多头寸,有时一次多达15个,其中一些是相关头寸。在经历过一次由于关联性造成的回撤之后,我订阅了一份关联性研究通讯,从中可以看到一个相关性矩阵,我更谨慎地持有近1年、5年和10年中关联度低或无关联的头寸。不幸的是,我发现任意一天的关联性,与过往1年、5年和10年期的关联性几乎没有任何关系,这是另一个代价高昂的教训!好大的代价!

而且随着继续交易,我注意到自己交易的标准也放松了。当然,我仍在寻找价格突破和反弹回踩支撑线的机会,但对于交易的机会也不那么挑剔了。我变得更冲动了,我发现自己确实时刻都想着做交易,因为担心一离开市场便会错过一

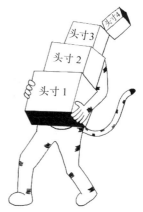

我持有太多的头寸了

次较大的走势，那样就太遗憾了。结果在那年的下半年我做了太多亏损的交易，盈利严重受损。

我也没有系统地记录交易日志和检讨不足之处。我大致检查了一下，注意到了一些犯的错误，但没有花时间做好这件事。如果我做得更好的话，至少可以少犯一些错。

这一年年初，我在每个头寸上冒得风险太大，有几个月的风险约为股本的2%，账户的波幅说明我冒的风险太大了。我先是降到1.5%，后来又降到1.25%，这样仍可以让我获得不少收益，更重要的是，每天我的账户波动幅度减小了，让我得以安心。这很有意思，2010年之前，我记得当时的想法是："如果每次交易只冒2%的风险，我怎么可能赚到钱呢？"如果你也这样想的话，那就去玩一下弹球游戏吧，先采用2%的风险，然后再试试10%的风险，你就会明白其中的差别了。

我坚定地认为，寻找具有良好风险收益比率的交易，以及采用仓位调整方法，是我取得成果的最重要的因素。我自己的研究告诉我，每次交易中确实存在着运气因素，但这很难解释我在7个多月里获得的100%以上收益主要靠的是运气。尽管我犯了那么多错误，但我还是充分利用了撒普博士的许多规则，也获得了不错的业绩。

你问我，现在在干什么？我已经停止交易了，打算花点时间，最少1年吧，专心致志地学习如何成为一名高效的交易者。按照撒普博士对"高效"的定义，效率意味着把犯错数量减小到对你的交易只有很微小影响的水平。

我已经提到过一些打算改善的方面，但是还没说过我的投资理念。你大概还记得我对"交易理念"是否有价值的看法吧，开始时我怀疑过它的重要性，不认为它是交易成功的关键。撒普博士在他的那本书中写到了交易者的理念的重要性，但我并没有同感。毕竟如果我有一个很棒的计划而且坚持去做的话，交易理念还有多重要呢？

我用了大约10年时间才意识到这个问题的答案可能是否定的。正是理念上的问题，才让我犯了2010年的那些错误。正是因为理念，我才没有花更多时间去追求成为一名全职交易者；我害怕推掉舒适的工作，担心我的家人会怎样看。我在交易时萌发的想法、犹疑和不安，也与理念大有关系。我可以确定理念也影响了我的收益。所以，如同我最初抵制过的撒普思维法的其他概念，我现在确信，理念对于成为一名持续成功的交易者是重要因素。我打算再花几年时间，形成适合我的交易理念。

| 第 2 章 |

自动化的撒普思维法

劳伦斯·班斯多普(Laurens Bensdorp)

劳伦斯·班斯多普是一位40岁的荷兰商人,曾经当过漂流向导。他在2000年科技泡沫顶峰时开始交易——那个艰难和危险环境在遵守投资纪律和控制风险方面,给他上了宝贵的一课。从2008年开始,劳伦斯靠着一个自动交易系统,为家族打理财富,获得了两位数的收益率。劳伦斯热心于帮助别人做好交易。由于早年交易的长期亏损给他带来痛苦,他愿意分享交易盈利的心得。他的人生目标是快乐和帮助他人成长,所以他现在的工作就是提供交易的教育和训练。他在网上开办了"交易大师学校"(www.trading mastery school.com)。劳伦斯现在和可爱的太太以及3个孩子在阿根廷生活。

> 之前:通过经纪人投资,听从他们的建议,亏损了很多钱。
> 之后:根据撒普思维法研发出了一套自动交易系统,平均每年赚50%,回撤幅度低于17%。

当我在 2000 年第一次开始交易时，没有任何目标，因为我没意识到目标的重要性。那时的媒体只是鼓吹："任何人都可以在股票上赚钱，很容易。"所以我只想到要去赚钱。

我有机会帮我父母打理他们的退休金账户，他们的钱投在一家荷兰知名的投资银行。这种银行引人注目——高大豪华的写字楼里满眼都是穿着华丽的员工，为客人提供非常周到友好的服务，而且他们看上去很有学识。我当时认为他们肯定非常富有、聪明且有天分，配得上如此堂皇的办公室和奢华的装修。那时我真是天真，不知道这些钱来自客户支付的佣金。

这家银行的员工似乎对所有投资都有令人难以置信的了解。我完全被他们所说的专业术语迷惑了。为了尽快赶上他们，我每天晚上都要花几小时学习，看所有的财经频道，阅读每一本能拿到手的财经杂志。那是 2000 年，每个人都告诉我在股市上赚钱是多么容易。

2000 年年初，我的家族投资组合已经有不错的收益了，所以这些说法看来是真的。这家银行的投资策略不错，也容易复制，就是买入并持有。当股票价格下跌时，他们只是建议继续买入，因为这样可以降低平均持股价格。这个说法听上去合乎逻辑，而且蛮聪明的，因为当时他们说股票从长期看，每年的平均收益率至少可以达到 12%。摊低平均价格从数学上也是合理的，当你把持股价格降下来之后，任何小的上涨都可重新打平。

突然到了 2000 年 4 月，股票开始下跌。一些跌得非常快，几个月之内，我的投资组合缩水 30% 左右，让我很震惊。我们和许多顾问讨论，他们的说法是一致的："不必恐慌，长期看，它们的价格会涨回来的。"

不过，那时候我已经自学了不少投资知识，这些知识多少也能派上点用场。我发现有些股票已被高估，我的组合还有更大的亏损空间。我和投资组合顾问谈，他说："现在不是卖出的好时机。卖出就会亏损，还是等到追平吧。"不幸的是，我的组合里有"世通"这只股票，你知道这只股票后来消失了。

我的个人风格是自己独立做事，我倾向于和众人做不一样的事情。我的这种个性在我做出投资/交易决定时起到了非常重要的作用。我坚信股市会进一步调整，并说服我父亲最好盘清全部头寸。是的，我们确实遭受了损失，但至少避免了承担更大的损失。幸运的是，我的父亲总是相信我的判断，所以他听从了我的建议。

我致电那家银行要他们把组合清盘，他们提出了100条理由：

- 这只是账面亏损，不要把它变成实际损失。
- 你要全部都卖掉吗？为什么不等它涨回来呢？它们通常都会恢复到原来价格的。
- 你应该买入更多，而不是卖掉。
- 如果你买入现在持有量的两倍，平均价格会更低，会更容易追平。

这些借口在我看来很荒谬。亏损就是亏损，不存在什么账面亏损。

我从此对那些所谓的顶级顾问失去了信任。我们将投资组合全部清仓，后来发生的情况证明这个做法非常明智。整个投资组合的亏损被控制在了30%以内，这给了我一个宝贵的教训。如果我们继续持有到价格跌到底部的话，整个投资组合的总损失将超过75%。

2.1 我的交易之路

在这件事之后，我清楚地认识到，如果我想做出交易佳绩，就得继续学习。我读了各种交易类图书，其中包括许多有关交易系统的书。杰克·施瓦格（Jack Schwager）写的《金融怪杰》⊖（*Market Wizards*）可能

⊖ 该书中文版已由机械工业出版社出版。

是对我影响最大的一本书，但是我略过了讨论交易理念的那一章。杰克访谈了全球顶级交易者，尽管他们各自使用不同的策略，但都具有令人难以置信的相似性：

- 他们关注资金管理，也就是我们现在所说的仓位调整策略。
- 他们了解风险收益率的重要性。
- 他们强调个人理念。

后来几年里，我没赚到钱，但也没有赔很多。我对此结果并不满意，但仍继续做交易。直到有一天，我和另一个交易者谈话时聊到了撒普博士的名字。受到这次谈话的启发，我找出《金融怪杰》那本书。读完最后一章后，我非常兴奋，所以也去买了撒普博士的《通向财务自由之路》，用了两天时间读完。我受到很大触动，于是额外报读了范·K.撒普研究院的两门课程，还参加了一些关于交易系统的工作坊。

最终我开始明白交易成功是什么。我还读过柯蒂斯·菲思（Curtis Faith）写的一篇有关海龟交易系统的文章，柯蒂斯用了一种交易的统计方法，与我从范·K.撒普研究院所学的内容十分吻合，忽然间一切都变得豁然开朗了。

我突然明白了低风险的意义，以及如何在市场上运用统计方法赚钱。下面说说我学到的知识。

心中亮起了一盏灯

首先，我需要（在入市前）提前确定一个头寸，以防自己失误。这就确定了我的初始风险，用大写字母 R 表示。我的目标是将损失保持在 1R 或者更低水平。这样才能获得超过 1R 的收益。这是交易的黄金法则。例如，如果我的亏损是 7 个 1R 和 1 个 3R，而盈利为 2 个 10R，那么净盈利就是 10R。我做的这 10 次交易的平均利润是每次交易 1R（撒普称之为期望值），尽管只有 2 个交易是盈利的，仍可得到这样的结果。这个方法看上去蛮管用的。

其次，我可以用初始风险这个术语，查看交易的亏损和收益情况。所以，我的交易系统将给出 R 倍数的分布。如果做足够多的交易，就会产生足够多的 R 倍数样本，可以了解这个交易系统的表现情况。

当选举调查机构在预测选举结果时，它们可以根据被调查人的说法，推测选举结果。如果它们调查了足够多的人，这些人来自不同地区，代表不同的政治取向，那么它们通常可以预言选举结果。我从中得到启发，我也可以在交易系统上做同样的事情。只要得到足够多的 R 倍数，就可以大致预测出将来的业绩表现。

但是如何选取不同政治取向的人员样本呢？撒普博士是这样说的，这就像查看系统在不同类型市场上的表现。如果我从淡静牛市上选取足够多样本，很快就会了解到系统在这种市况下的表现。但是我无法了解到系统在动荡熊市中表现如何。如果我在动荡熊市中得到了足够多样本，也就可以知道系统在这种市场的表现了。如果我从所有不同类型市场——淡静牛市、动荡牛市、上落市场、淡静熊市和动荡熊市中都获得了足够多的样本，就可以慢慢了解到这个系统在每种市场的表现，即便处在激烈变化中的熊市，也可以先知道该期待什么，那样我就可以有大量的 R 倍数样本，随时可以有好想法。

做这件事引出了撒普博士经常提到的另一个观点。他说设计一个在任何市场下都能使用的系统不难,但别指望它能在各种市场都有良好表现。买入并持有成长股,在1999年是正确的做法,但在2000年和2001年是灾难性的做法。如果我知道我的系统何时运行良好,我就可以在市场条件不合适时停止交易,而且也可以设计出用于其他市场的系统。瞧,多精辟的见解!

我也明白自己需要制定非常明确的目标。通过上撒普博士的课,特别是参加他在工作坊和书里说的那个游戏,我懂得了借助仓位调整策略,你实际上可以达成目标。

最后一点是我开始意识到,我应该使用一个适合我的系统。即使发现了一个伟大的系统,如果与自己的个性、理念和需求不符,也不应该用。

但是如果我可以找到接近的而且与我的理念契合的系统,那么使用的效果可能非常好。对我而言,一个系统应满足以下标准:

- 方法和交易风格适合我的个性。稍后我会谈到是怎样找到这种系统的。
- 1R 风险退出策略,我花了一年多时间才找到。这需要用尽可能多的股票,做大量的回溯测试。
- 这种策略应适用于所有美股。我的想法是,如果我的概念是正确的,同样的策略在其他国家的股市中也应该能获得收益。这种想法被证明是对的。
- 要有正确的仓位调整策略来达成我的目标,而这是一个繁重的工作。
- 我需要彻底了解系统用 R 度量的回撤幅度。10R 回撤的概率有多大? 20R 回撤呢? 40R 回撤呢?
- 委托我进行交易的人(对我来说是我的家族)的风险容忍度有多大? 我的经验是人们总是大幅高估自己的风险容忍度。他们可能觉得自己能够忍受 30% 的回撤,而当遭受 15% 的回撤时就已经非常紧张了。通过仓位调整策略,我可以确保我的家族能够忍受的最大回撤将不太可能发生。例如，如果我的仓位调整策略是每个头寸冒1%的风险，遭受20R回撤的概率是1%，那么如果将风险降为每次交易承担0.75%，就只有1%的概率发生15%的回撤。

那么我是如何发现哪种方法适合自己的呢？有一天，我被拉里·康纳斯（Larry Connors）的著作打动了。康纳斯是均值回归的执着信奉者，也就是说，如果事物严重偏离其均值的话，将会回归。康纳斯围绕均值回归发展出了很多方法。如果你了解这个原理，就会从中获得交易优势。

从这个概念和其他我从研究中形成的理念出发，我设计了3个交易系统。现在，我有一系列操作系统都符合以下理念：

- 只做长线股票交易。
- 价格下跌则等候反弹。
- 对于日间交易，即便价格比昨天低仍买入，此时股价已极度疲弱，市场上已无卖出者（这是最难部分，因为你得抵制羊群效应和下跌的恐慌）。
- 当价格回到均值时卖出。

我终于学到一些非常重要的经验。交易"错误"意指没有遵守规则，只要交易不犯错，就能实现系统的期望结果，而犯很多错误会导致系统的表现低于期望值。在这件事上我越想就越坚信这一点。大多数人认为每次交易都赚钱才是对的。如果仅仅是每次交易都遵守规则就是对的，那么会怎么样呢？每次交易都赚钱，几乎是不可能做得到的，而每次交易不犯错则可以做到。这让我想到一个问题："如何才可以交易不犯错？"

柯蒂斯·菲思所说的海龟交易法则引起了我的共鸣，我发现他用一套叫作Trading Blox的软件，我买了那个软件，想把我的想法做成自动交易系统，这样就可以减少犯错了。

我找到了一位非常擅长 Trading Blox 编程的人，我雇他为我编写程序。我告诉他自己的想法，很快我就拿到了一个完全自动化的交易系统。交易结果完全符合我的预期，这个系统的测试结果很理想。我现在积累了不少统计证据，证明即将采用的交易策略确实有优势。

在一次参加范·K.撒普研究院的工作坊上，我遇到两位非常出色的程序员。我决定把自己的交易规则与他们分享，希望他们遵守君子协定不要透露出去。他们要做的是帮我审查程序代码是否正确并加以完善。这次合作结果非常令人满意，我把交易思想和他们的编程完美结合起来。他们各自使用了不同的开发平台，而结果却非常接近，这进一步确认了我的想法。

我回测了每一种可以想到的市场类型，有充分信心确定这个系统是可以使用的。我测试了一个很大的股票组合（包括 7 000 多只美国股票和 2 500 只加拿大股票）在各种市场类型和市场条件下的表现。

我们尝试从各方面去找这个系统的毛病，这是一项艰巨的工作，这违反了人的天性——试图用测试摧毁一个理论上看起来很出色的系统，但是这样做也让我得以对这个系统的可靠性更有信心。经过测试和检验，我有信心在这个系统上投入可达成我的目标的最大头寸。

最终我测试了这个系统在各种可能情况下的表现，我对可能出现的最糟糕结果也心中有数了。而这只需做回测和想象各种不同的情境。例如，如果市场当天收盘时下跌了 50% 会发生什么情况？会导致系统失效吗？

2.2　培训别人

至此我已经拥有了一个适合自己的完备系统。实际上，我在不同市场情况下使用几个系统。那些系统与我的理念相合，我完全了解那些系统。我知道只要按规则去做，从长远来看，必然会赚钱。但还是存在一个问题。

首先，我还有别的工作要处理，我得经常出差，尽管系统过去表现不错，仍然需要每天关注。它们都是短线交易系统，需要处理买卖下单。在入市前，需要做大量工作，需要随时监控。

我从撒普博士那里学到的另一个秘诀是了解自己的长处和不足。下单管理和系统短线监督不是我的强项，但我有办法解决——雇别人帮我交易，找个和我不一样性格的人。我找到了一个非常关注细节而且每天喜欢独立工作的人，这个办法简直太合适了。

我用了10天时间培训他学习那个软件如何使用。我发现用我希望的方式做交易，实际上是一个很费力的工作，于是我想出了一些好点子。我雇了一位程序员做了充分测试，以确定系统可以稳定运行。然后我雇人严格按规则进行交易，如果这个人每个月的交易不出错误，就可以拿到奖金。我也明确告诉他，如果不按规则操作，就会丢掉饭碗，不管当天的实际交易结果是好还是坏。这是为了强调无论在什么情况下，遵守规则至关重要，通过这样做，我的交易几乎100%有效——没有出错。

教会别人使用这套系统的过程很不错，因为这样也提升了我的知识。而且我还可以随时复制它，因为这个过程已经做了书面记录。第一次做培训花了大约10天，我设计了一个电子表格，每天报告R倍数、所有的交易和协议。这样我在当天任何时候都可以了解到交易的状况。在交易日结束时，我雇的那个人会把所有重要的交易数据发给我，他负责处理全部细节。

这种做法进行得很顺利。通过自动化程序和我的雇员，从2009年开始，我一直是这样做交易的。我同时还可以做另一份工作，因为交易只占用了我每天大约15分钟的时间，我用这段时间审阅雇员发过来的3个报表。

2.3 为何这样可行

在我开始掌握撒普思维法之前,我一直对于自己是什么样的人和我的目标是什么抱有疑问。我缺乏信念和方向。这对我来说可是个大问题,因为我知道自己很有潜力,但还没有发挥出来。我觉得自己无用,这影响了我的自我认知。

我现在知道自己的弱项是什么了。如我前面所说,我不擅长细节工作,但我可以雇一个这样的人帮我做。

我也知道了自己的长处,对此的自信让我可以最大限度地发挥潜能。例如,我善于创新,特别是在交易策略方面。我脑中总是有很多想法,这是很棒的事情,因为它给了我许多机会和灵活性。

我脑中总是有很多想法

我最大的问题是,自己从不能将大部分想法贯彻到底。为什么呢?因为我不想动手去做,我不想编写程序,不喜欢记下交易日志或查看所有 R 倍数和统计数据。这就是为什么对我而言最好的策略是写下我的交易想法,雇一个人编成程序看看是否可行。通过这样做,可以放大我的优势。我们的系统交易效率超过了 99%——每 100 次交易出错次数不高于 1 次。很少有交易者可以做到。

我用这个系统获得了平均 50% 的收益——而且这是在非常严苛的市场条件下。我们从未有过超过 17% 的回撤，而且回撤时间也不超过 3 个月。真的感谢撒普博士。

2.4 后记

在面谈中，我留意到我的雇员缺少承诺。这不是什么错误，只是报告提交较晚，协议未按照约定履行。于是我开始警惕这种情况。

只要我发现这种情况存在，错误马上接踵而来，我就得采取措施。我要求我的雇员搬到我家附近，和我一起工作两周。我会审视他的工作，以解决问题，让他重新集中注意力工作。但是，当我们开始这样做时，他好像完全失去了工作动力。他前两年在工作中的那种专注消失了，他辞职了。我立即采取了以下步骤：

- 暂停交易。
- 我付钱给程序员朋友，请他在我的回测软件、Trading Blox 和经纪人软件之间设计一个自动化处理界面，这样就可以在不到一分钟的时间里把那些烦琐工作解决掉了。
- 我决定先不雇新员工，因为当时我正在从哥伦比亚搬家到阿根廷。
- 由于部分工作已经可由新软件自动完成，新的培训只需一两天时间。
- 在阿根廷安顿好之后，我重新开始交易，并雇了一名新员工，由于新系统的自动化程度更高，因此更易操作，而且出错机会更少。
- 在不交易的时候，我把时间用于研发适用于不同市场的不同系统。现在我同时使用 5 种系统做交易，分别用于牛市、熊市和震荡市。这就是撒普博士所说的不同市场的威力，结果令人惊艳，由于结合了 5 种用于不同市场的系统，加上选择合适时机进行交易，业绩表现得以大幅提高。

| 第 3 章 |

从商业贷款经理到财务自由的交易者

里克·弗里曼（Rick Freeman）

里克·弗里曼是财富管理方案有限公司的总裁，这家公司是一家资产管理机构。1982年从艾奥瓦大学以金融学学士学位毕业之后，他投身于商业银行业24年，最终在2006年成为富国银行的一名商业银行业务的地区经理，负责旧金山湾区10亿美元的贷款组合。他从1997年开始参与交易，后来参加了范·K.撒普研究院的一系列课程的学习，他最终申请参加了2005年"超级交易员"课程，立志成为全职交易员。他的目标在2006年实现了。他辞去了商业银行的工作，从加利福尼亚搬到佛罗里达，追求他的交易和自营投资梦想。他是范·K.撒普研究院"超级交易员"培训班的首名毕业生。现在他和妻儿生活在棕榈港（Palm Harbor），管理着一个自有资金长期投资组合，其中包括油气、房地产和贵金属等用于获取被动收入和资产保护的品种。他的主动交易集中在货币和期货市场，旨在通过顺势和逆势的大概率波动，以最大资本效率获利。里克也是一名注册金融理财师，1998年从加州伯克利大学获得了资格证书。

> 之前：是一名需长时间工作的银行信贷经理，不得不拼命赚钱。
>
> 之后：变成财务自由的交易员，在 5 年里净资产翻了一番，在 2008 年市场崩盘时获得了有史以来最好的收益。

当我第一次接触到交易时，我正处在一个转折点上。我已经在一家美国大型银行干了 10 多年的信贷经理，职业生涯开始趋于平稳。在这行干了这么久，真的没学到什么新东西，工作不再让我感到激动和具有挑战性。我的收入开始在一个看上去没有多大改变的区间内波动，不管我做得怎样都是如此。我似乎需要做些改变。当时是 20 世纪 90 年代末，股票市场很兴旺，所以我决定在交易方面尝试一下。

做交易似乎很适合我，能为我提供工作中缺乏的一切：发挥创造力，满足我长久以来学习和成长的愿望，让我自己控制赚钱的潜力。当时我没有多少交易经验，但相信一边工作一边学做交易，就可以在日后转行做一名全职交易员。

几年后，老板提拔我担任一个中层管理职位，我接受了。我仍然在做交易，但没有信心辞去当时的工作去做全职交易员。我从在范·K.撒普研究院受到的培训和自己的交易结果中发现，我还需要很长时间才能掌握全职交易员所需的技能。我还不具备正确的心理认知，没有可靠的交易系统，也没有坚实的规划。同时，管理岗位代表着在职责和薪酬方面都有增加，我觉得有可能让我停滞不前的商业银行职业生涯重现生机。

然而事情并非如此。尽管这个工作肯定具有挑战性，而且比我之前放贷的岗位薪资更高，但我很快发现，自己低估了管理的范围和内涵。新职位将我暴露在令人困扰的公司政治之中，这个工作经常让我觉得低效和无所作为。我一点都没有从中找到乐趣。

新职位让我觉得低效而无所作为

更糟糕的是，在终于适应了那个岗位之后，作为一名经理人，以前当信贷员时遇到的同类问题又出现了。我不再感受到挑战，在公司相当扁平的管理架构中，我已经达到高阶水平，很难再有上升空间。而且我发现尽管自己已是一名中层经理，但薪酬仍很有限。我赚的钱与我投入的精力并不相称。这令我内心饱受煎熬，因为我有一个核心理念就是"付出的多，收益应该越多"。一个人应该多劳多得，如果做得不好，就应受到处罚。我开始认真考虑继续留在商业银行业，是否仍是一个合适的选择。是否成为一名全职交易者和基金经理，才是自己真正的期望。

那时我又回到了担任管理职位之前的状态。做银行工作一点也不让我开心，但我也还未准备好离开那家银行。即便只是业余时间做交易，也需要投入相当多精力，实际上我经常赔钱。我一直对自己说，我还有很多时间提高自己的技能，而且因为有全职工作在身，还承担得起这些财务上的损失。我有一个全职工作，但很显然我只是在对冲自己的赌注，其实生活得并不如意。对于自己想要做什么，并没有诚实地面对。

我最终决定在 2005 年 2 月申请参加范·K. 撒普的"超级交易员"培训课程。对我而言，这是决定性的一步。那一刻我终于下决心要掌控自己的生活，成为一名全职的专业交易员和独立的私募基金经理。换言之，我准备去实现自己的梦想，我已踏上转型的旅途。

3.1 我的第一次心理变化

一旦自己决心主导生活，成为一名全职交易者，我不得不做出公开承诺去全力以赴。而一旦你做出承诺，积极的变化就开始发生；整个世界都会帮助你，因为你已经向世界表明心迹，因此它也会做出回应。做出承诺并公开宣布，帮我达成了我想要的生活和交易结果，这可能是"超级交易员"项目教给我的最重要的一课。

这次培训教给我的第二件事是"信念塑造现实"，当我改变信念时，现实也随之改变。这种改变的影响在我看来简直是奇迹。一旦自己认定要成为一名交易员，我就会全力以赴去实现这个目标。

有了这样的对信念的认识，我处理信念的方式也随之改变。我的观察视角不再是信念本身的对错，而是看其对我是否有用。如果没有用，则放弃并寻求新的适合我的信念，这是合乎逻辑的决定，但我认为很多人会认识到这一点，只要从你的信念中退后一步，并且客观地分析它，就能轻易做到这一点。只要这样去做，改变自然就会水到渠成。

变化将水到渠成！

一旦你接受了这个概念，自然会得出结论，按照自己的信念进行交易。这个想法听上去很简单吧，但当初对我而言，则是一个非常难领会的概念，因为我不知道自己的交易信念到底是什么。我花了一些时间，整理我对交易的看法，考虑那些值得尊敬的人的观点，然后看自己是否接受其中一些信念，形成自己的交易信念框架。

交易可能100%与心理有关。交易系统和仓位调整策略本质上也与心理有关。在撒普《通向财务自由之路》第 1 版里，撒普博士说交易大约 60% 与心理有关，30% 与仓位调整有关，还有 10% 与系统有关。后来他明确提出，交易成功完全基于心理因素，这个理念对我如何看待交易产生了巨大影响，因为这迫使我审视真正驱动市场的因素——人们每天做出的决定都是建立在恐惧和贪婪之上，由此产生了需求和供给，形成了市场交易。如果你无法掌控自己的心理，肯定会被市场打败，因为市场会利用你的心理弱点获得好处。

我认为这种状况在那些建立和管理仓位时不采用止损的交易员身上很容易看到。当面对一个非常不利的跳空下跌盘面时，可能他们马上就会产生恐惧，而不是镇定自若地立即平仓。恐惧会让人们陷入困境，直到最后不得不割肉出局，届时他们已经亏损了很多钱。最好避免这种心理陷阱，在交易时使用止损。

撒普在许多培训课上让学生玩的弹球游戏，也展示了心理在交易中的重要作用。撒普设计的这个游戏，清楚地展示了各种心理偏差，以及它们是如何影响交易过程的。游戏中有 40～60 名"交易员"要从一只袋中抽出不同颜色的弹球。不同颜色代表交易系统产生的不同的 R 倍数。即便房间中的每个人在每次交易中得到一样的 R 倍数，由于人多，游戏结束时仍会出现各种各样的结果。这种差异的唯一解释是仓位调整的结果，这会受到心理决策的影响。如果你不相信，建议读一读罗杰·洛温斯坦（Roger Lowenstein）的《赌金者》（*When Genius Failed*），这本书详细讨论了长期资本管理公司在崩溃之前仓位调整的决策以及背后的心理。

如果交易成功主要是由心理因素决定的，那么你就应该多在自己身上下功夫。这个理念直接指明你应保持心理平静和平衡，以便可以遵守规则并专注于你的交易。对于我而言，这意味着当我可能在交易中显露心理问题时，要及时发现，例如当我想要违反退出规则或不必要地改变止损位时，应该深入分析并找出原因。如果我时时警醒，就有可能尽量减少这类情况的发生。如果不这样做，不时时警惕自己的弱点，那么我的弱点必然会影响到交易。

人们很难直面自己的缺点，但如果你做到了，必然能在经济上和情感上获得丰厚收益。还记得我提到之前在银行工作时碰到的同样问题吗？"超级交易员"培训项目给了我所需要的工具，可用来识别这些问题造成的负面情况，最终让我可以一劳永逸地解决这些问题。

当你开始了解这些时，明显会得出这样的结论：你应为生活中的每件事承担责任。是你自己控制着你的想法，进而控制着你的行为。通过你的所作所为，你创造了自己的生活。

在我参加"超级交易员"培训计划之后，我发现之前确实没有为自己的生活承担责任。意识到之后，我的生活发生了180度大转变。情况开始发生巨大变化，当然是变得更好了。

我曾经把自己职业生涯的主导权交给外部环境，并说服自己相信对此无能为力。当我最终明白自己应该完全为这一切负责时，我不再将交易中的问题归结为别的原因。如果你责备做市商、经纪人、给你提建议的朋友和他们的配偶、政府以及所有你用来推脱责任的对象，你就放过了真正的问题——你自己。每一次都为交易失误承担责任，你将会在下一次交易时做得更好。我发现这样要比逃避问题好得多。

我学到的另一个概念是，我们的生活中处处都有情绪的影子。这些看上去不管是否负面，都只有积极作用。你将在第9章中学到更多相关知识。简言之，确认你的情绪问题，以便你可以深入分析，形成积极成果，这对于交易来说尤其重要。

例如，恐惧是大多数人常出现的情绪，对于交易者来说，它会造成更严重的损失。我发现一旦感到恐惧，这种感受造成的紧张将保护我，并提醒我对自己的交易系统没有足够的信心，或者还不够了解它，我需要进行更深入的分析，查找到原因之后再继续交易。即使恐惧令人不安，但如果你知道它会帮助你，它就是一种有用的情绪。

恐惧是大多数人常出现的情绪

也许我的最重要的认识是：我连接在一种"高能"上，应该时刻保持连接状态，以获得指引。我曾长时间脱离它，这也解释了为何很多事情做得不理想。每个人都需要定义自己的"高能"是什么，与其保持连接，以便了解自己当下的处境，要往何处去，以及想要到达何处。

在本书后面，你会读到一个转型冥想（TfM）过程。"超级交易员"培训项目包括 28 天的转型冥想课程，它对我的帮助很大。那是我第一次能够明确我的人生目标，让我明白了我的目标是什么，以及我的前程充满无限机会。

3.2　交易游戏中的感悟

在接受范·K. 撒普培训时，我开始审视自己每天的活动，并用完全不同的方式进行交流。既然信念塑造现实，而交易完全与心理有关，我开始把交易看作一种游戏。和所有游戏一样，交易也有一套人们设计的规则。一旦你理解并完全接纳这些，就会发现没有什么可以阻挡你建立自己的游戏规则。创造出自己的游戏——设计这套规则就是为了让自己赢！我在范·K.撒普研究院"尖峰表现202"工作坊上接触到了这个概念，它给我很大启发。我想得越多，越能发现更多证明这个想法正确的例子。你在设计自己的交易系统方面是完全自由的，你的生活和你想玩的游戏结合，你将永远立于不败之地。

为了理解这个交易游戏，你得深入全面地了解这个游戏的方方面面——主要是涉及金钱游戏的那些内容。我们的金融体系和政府占据着金融食物链的顶端，它们合作起来管理我们的金钱——甚至在1913年通过宪法修订案取得了征收所得税的权力。我们对这个层级的规则没有多少影响力，但我们有能力让这些规则为我们服务。撒普博士在他前三本书的标题中用到了"财务自由"的说法，这是一个重要概念。至少财务自由是一种玩金钱游戏的不同方式。与大多数人为了钱而工作不同的是，你让自己的钱听命于你。当你的收入超过花费时，你就赢了。

这一点对我很重要，因为我从来没有从这方面理解财务自由的意义。我一直认为那些赚了最多钱的人是赢家。"系统"开始深深植入我的思考方式中。我过去接受的教育是，成功意味着去上学，然后找到一份好工作，贷款购置车、房，埋头苦干40年，退休时有一块金表，还有一笔不知道能否让自己安享晚年的退休金。

那就是我作为一名商业银行信贷员的处境。我赚到的钱仅限于工资和奖金，还得按联邦和州最高边际税率缴税。我可能获得的所有股票期权只能在几年之后才能行权，由于我无权自己管理这些期权，它们很容易受到市场价格的影响。

当我理解了被动收入这个概念，我知道自己应该会赢得自己的金钱游戏。我知道投资和交易会给我提供更好的机会，获得收入和达到财务自由，这种想法让我信心百倍，激动不已。

金钱游戏的"财务自由"版本在我的交易生涯中占据了重要位置。如今我经常寻找新的被动收入的来源，比如在 2008～2010 年从一个市政债交易中大赚了一笔，我把一部分钱再投资于房地产和油气，这让我在专注于股票交易的同时，收入也更加多元化。这种被动收入平滑了我的交易利润，降低了整体投资组合曲线的波动性，降低了交易风险。无穷多的财富是最高财务目标，任何人只要改变自己的信念，采取必要的行动向财务自由方向努力，就可以达到目标。

就在我辞掉工作去做全职交易员之后不久，一项低风险、高利润的房地产交易让我实现了财务自由，那个机会是我在参加"超级交易员"培训时发现的。我甚至还没有完成这个培训，但实现财务自由的计划已经展现在我的面前了。当我在做这项交易过程中与合伙人意外分手时，这项计划受到了考验，我重新检查和完善了整个计划，最终只是稍做调整，便达成了现在的目标。我所做的只是尊重过程，并将其作为承担责任并坚定迈向成功的结果。

3.3　理解交易游戏

任何形式的被动收入都需要下一些功夫。这和你每周在常规工作上花费 40～60 小时相比，这根本不算什么，但你仍需要做一些事情来维持它。如果你把房产租出去，也得花点功夫寻找好的交易，以使房租收入是正的现金流，而且还得能够维持住。如果你收取的是版权费，那么你首先要得到那些版权。我现在每周用 10～12 小时的工作获得被动收入。如果系统到位并投入使用，每周只需交易几小时，会不会是另一个被动收入的例子呢？当然是的！那就是撒普思维法的用武之地了。

根据撒普思维法，交易并非如何"选出正确的股票"——这正是许多图书的标题想让你信以为真的，而是"形成一个低风险的观念"，可以在短期抵御最糟糕的情况，从而实现你的长期预期。当我在读撒普的那本《通向财务自由之路》时，这个观念让我大开眼界。这让我把关注点更多地放在概率上，而不是选出"正确"的股票上。

我曾经也属于坚信选择股票就是交易的关键和全部的那种人，所以当我第一次见识到这种看待交易的新观念时，我需要说服自己。由于我主修金融专业且在银行工作，第一直觉就是拿出计算器，按照不同的可靠性、期望值和头寸模型进行情景分析。做了这些之后，我确信撒普所说的是对的。在学习了范·K.撒普研究院的几个技术分析课程之后，我更坚定了信念，在那里我看到了优秀的高质量的系统。我还帮讲师做了一些工作，比如在系统上进行计算，看看它们能做到多好。结果确实不错。

这个理念的一个推论是你的交易时机并不是那么重要。你不必因为知道市场将如何发展而成功。实际上，你可以借助一个随机交易系统盈利，你的成功机会为50%。这个概念是颠覆性的，它与我所想的必须在至少70%的时间里做对才能成功的想法背道而驰。

起初我不肯定自己可以接受这个撒普思考原则；我总是想通过控制所有事情而取得成功。但在读完汤姆·巴索（Tom Basso）在一项研究计划中证明的，通过随机交易系统也可以在现实交易中赚钱的文章之后，我也变成了相信交易时机并不重要的人。阅读了海龟派在20世纪80年代的成功经历之后，我更信服这个观点了。尽管他们使用很棒的交易系统，但成功率却明显低于50%。现在我评估交易结果，较少关心可靠性，而更多考虑预期、机会、方差以及是否适合自己使用。

这里需要记住的一件重要事情是：使用一个交易系统而不了解整个系统的情况，是本末倒置。你应该首先分析整体情况，然后据此设计出交易系统。你应该考虑这个问题,由于我此前一直是商业银行分析师,本应该懂得这些,但我得承认并不知道这一点。我算是一名微观分析师,努力去掌握如何理解整体状况,如何把我对微观层面的理解扩展到更宏观层面,从而帮助理解市场和我的交易策略。我做了许多研究,终于有信心从整体层面上理解正在发生的事情,而且这也改变了我的交易。

当你有能力看到全貌,知道把你的交易重点放在何处时,事情就变得水到渠成了。你的交易策略可以更容易组织起来,交易系统也不再那么神秘。但是系统的设计不能仅仅依赖于对市场的全面了解,也要和你以及你的理念相吻合。这看上去又是一个简单概念,但对我而言,却很难定义,至少实践中如此。我不得不通过试错找到什么适合自己,直到我转做全职交易和资金管理。凭借实践和经验,我发现了自己的交易方法。

为了建立一个适应自己理念的交易系统,必须先制定目标。交易者应该有很多目标。一旦你了解自己的目标,你会发现,所谓的"圣杯"系统无法帮你达成目标。相反,你是通过仓位调整策略达成目标的。仓位调整策略告诉你,在交易中做"多少"。

对于我来说,这是交易中最有趣的部分。我从中找到了建立在我的目标和系统交易特点之上的仓位调整策略,达成了目标。这样充分锻炼了我的分析能力,因为仓位调整策略可以让你充分施展身手,对你能做什么不加任何限制,给你创新空间,你可以基于你的目标和风险容忍度设计任何系统。

当我了解了仓位调整策略及其对达成目标的重要性时,我确信这是成功的关键。我放弃了许多指标,仅把重点放在系统设计的简便性上,以便让自己可以把更多时间花在重要事情上——良好的仓位调整策略。在我参加的一个工作坊中,看到同一系统被应用于3种不同仓位调整策略的多个交易，每次结果都不同。没有比这更好的证据证明仓位调整策略是交易盈利的钥匙。

人们愿意相信世上存在一个"圣杯"系统，也就是说，有一个系统可以让人们在任何市场都赚钱。但那不是真的。当市场变化时，你的系统也应该随之而变，一劳永逸的方法是没有的。这就是你为何需要了解全局的原因，当然，这要求你必须有跟踪市场情况的方法，这样才能发现变化。

你的系统会告诉你最后结果，但是拥有一个早期预警系统会更好。任何一个市场都能找到一个很棒的系统，就像在20世纪90年代末，但是假定同样系统可以适合所有市场则是错的，你应该为不同的市场准备不同的系统，当市场改变时，你也应做出调整。

无论是何种市场，你的系统都应具有正的交易期望值，这是我从撒普的书中获得的早期观点之一。有许多交易盈利的方法，但所有方法必须具有正期望值。一般而言，通过大量交易，每投入一美元都应赚钱，否则就是亏损的方法。

期望值是成功交易的一个核心原则。我相信如果你不理解或不关注它，你的交易将是盲目的。你的账户可能亏得一文不剩。

既然你的理念对于成功交易如此重要，明显的结论是你应该只使用适合自己的系统进行交易。这是另一个简单概念，看上去是这样的，但在实践中我更难定义它。我花了很长时间才找到什么适合自己。而且，过去我认为适合自己的，现在又不适合了。在我转做全职交易和资金管理之后，通过不断试错，知道了怎样做才可行。我认为自己已搞清楚了，而且觉得我设计的交易和资金管理业务很好用。

以适合自己的方式进行交易是非常重要的。正如我后来发现，我还在上班时认为可行的做法，后来不怎么管用。即使我转做全职交易工作，事情仍进展得不那么顺利。直到我真正决定自己想成为一名交易员/基金经理，决定采用什么样的交易系统以符合我对全局的分析时，情况才发生变化。当然，每个人都得从某处入手定义什么适合自己。你真的应该仔细想想，否则你只会得到很多不必要的烦恼。

另一个明显的关键点也经常被大多数人所忽视，那就是你应该确定目标，交易员可能有很多目标。一旦你明确了自己的目标，就会明白一个"圣杯"系统无法满足要求。这可能会有帮助，但你只能通过仓位调整策略达成目标。仓位调整策略告诉你交易"多少"。当我了解到仓位调整策略和它在达成目标上的重要性时，我相信这就是成功的钥匙。设计一个具有正期望值的系统，你将通过适当的仓位调整策略达成你的目标。

3.4 如何才能得到一个正期望值的系统

正期望值的系统通常符合那句交易金言，即"截断亏损，让利润奔跑"。第一个关键点是：时刻了解你的初始风险，我们称之为"1R"。你的平均亏损应该低于1R，利润才会更高。这对于正期望值的系统很重要。这完全取决于风险回报比率。

你应该用R确定你的初始风险，或由金额方式确定，即买入价和止损价之差乘以持仓头寸。如果不这样做，就不可能知道你的系统表现如何，因为一旦平仓，你就没有一个参考价格来计算交易的业绩。

建立正期望值的系统的第二个关键点是：只有潜在收益至少达到初始风险的2倍以上，才可以进行交易。一旦你认可这个标准，你会在每次交易时都考虑风险回报比率。实际上，你开始以初始风险的一个函数的角度，看待你的收益和亏损，这就是撒普博士所说的R倍数。

第三个关键点是：退出市场要比进入市场更重要，因为你是通过退出来控制风险回报比率的。我认为许多交易者避免退出，是因为他们过于在意"控制"和"做得对"这类事，一旦我意识到截断亏损和让利润奔跑是多么重要，马上就接受了这个观点。实际上，由于退出概念不仅应用于亏损头寸，在止盈上应用得也不少，所以当价格触及止损位时，人们低估了进行有计划止损的重要性。

另一个我从这个理念中获得的转变是：构建一个好的退出结构是非常难的。为保存资金而设置止损位是容易的，但是确定止盈退出则是另一回事。

第四个关键是：将系统理解为只有一个平均期望值和标准差的 R 倍数的分布。如果你无法从统计上量化以 R 倍数表示的交易样本的大小，则无法知道该对你的系统抱多大期望。我不会接受任何没考虑到 R 倍数分布的交易观点，如果不这样做，我就无法形成交易建议。

第五个关键是：相较于高度优化的系统，倾向于使用具有少量逻辑、可靠变量的简单系统。如同我在前面所说，我在市政债券交易方面取得过不少成功，并不是靠花里胡哨的东西，起作用的是供需关系。如果你喜欢复杂，那么就把重点放在仓位调整策略上，这值得你多付出时间和精力。对我而言，事实上我没把交易方法搞得那么复杂，只是根据需要而定，这令人感觉耳目一新。

3.5　建立一个可用的系统

随着交易进行，我已经脱离了基于指标的方法，采用更简化的方法，不用任何指标，这是一个聚焦价格和成交量的方法。我知道自己不用对其做出优化，这也提高了一个系统在未来仍保持稳健的可能性，因为其中没有什么设置是我可以修改的。保持简单是个好主意，特别是在做交易的时候。

当汤姆·巴索帮撒普教授工作坊课程时，他曾说过，在你还不理解你的交易系统时，密集回测是没必要的。起初我也很难接受这个观点，但很快留意到，每当我觉得需要测试一个系统时，要么是因为我不了解这个系统，要么是因为虽然了解，但没信心用它做交易。通过回测，我实际上是在说，我不信任我的系统，我需要某种证据证明它在过去是有效的。但是知道系统过去表现如何，与未来它将会如何表现，并不是一回事。

如果我必须密集回测的话，很明显我必须对相应的系统出现的与我的理念相冲突的情况做好心理准备。如今，我检查一个系统时，第一件事就是看其逻辑背后的理念是怎样的。

我认为你应该花时间做至少 30 个很小金额的交易，最好是 50～100 个这样规模的交易。一旦得到了足够大的样本，就可以算出 R 倍数分布，然后再进行蒙特卡罗模拟，得出对未来的期望值。通过这种测试方式，你把交易理念放入系统，让你自己了解那个交易思路是否可行。你也可以顺便看看合理目标会带来什么样的交易结果。我知道蒙特卡罗模拟有局限性，但是即便能够看到未来的一小部分，也胜过事后才知道结果。

衡量一个交易系统的好办法是使用系统质量分数（SQN）评估。我认为 SQN 概念最先出现在《仓位调整策略权威指南》（*The Definitive Guide to Position Sizing Strategies*）中，这对于交易者来说是一项重大突破。SQN 最先用来评估使用仓位调整策略达成目的的难易度。SQN 越大就越容易。SQN 的妙处是可以用一个数字评估任何一个系统，确定其是否适用。

而且，一旦你理解了 SQN 的原理，对于设计和管理交易系统的帮助会很大。了解获得高 SQN 的各种方法，可以更好地指导你找到想要的系统。

3.6 交易心理

现在我们对交易系统有了认识，知道如何用系统达成目标，是该考虑交易理念的时候了。很多交易者将交易失误与亏损混为一谈，但这其实不是一回事。交易失误是指没有遵守交易规则。

理解遵守交易规则的重要性，有助于理解什么是"正确"。我认为很多交易员对这个问题不甚了解，他们并不真正认同"承担损失是交易不可或缺的一部分"。相反，他们为了"正确"而违背规则，结果他们遭受了更大损失。

如果你遵守自己定下的规则，你就可以把精力集中在交易过程，把试图做对放在一边。我把注意力集中在规则上，可以帮我消除对价格波动的情绪化反应——帮我在混沌动荡的市场中保持平静。我发现在做了一笔大额交易之后，亏损问题会变得无关紧要。你可以从更大的分析背景下看待交易系统的表现，期望值、SQN，看看你的交易系统在当前的市场类型里是否能使用。

综上所述，合乎逻辑的结论是，保证良好业绩的关键是交易"效率"而不是"正确"。第 1 章主要讲了一个交易者遵循撒普思维法获利 130%，但同时也因为失误造成了 50R 的风险，而这有可能变成 50% 的利润。

我认为所有超级交易员现在必须以超过 95% 的效率从这个培训中毕业。我那时参加这项培训时，还没有这种考核标准，但这确实是一个值得努力的目标，所以我一直将其作为自己交易的标准。我所理解的效率，就是衡量在交易结果中有多少是由失误造成的。这个分数是用未发生失误的交易次数去除总的交易次数而得出的。所以，如果你想达到 95% 的交易效率，那么在 100 次交易里，只能有 5 次失误。

这个指标对我特别有用，有助于让我时刻关注规则，因为如果不遵守规则，就会降低这项得分。如果你诚实地面对失误，这个效率指标可以非常有效地让你避免失误，从而获得更好的交易表现。交易中的一件大事是你无法回避失误，它们会显示在你的交易结果中，做对事情意味着不要犯错，所以我可以做到 100% 的正确。

最后一点是，撒普研究的成功交易者可复制的交易做法是保持稳定交易结果的一个关键，这几项交易工作列在撒普博士的《顶尖交易课程》（*Peak Performance Course*）首卷中，包括：

- 分析自身，判断你是否适合做交易。
- 内心推演，防止失误。
- 每天聚焦于你的目标。
- 形成一套低风险观点（要在交易开始前完成）。
- 做较短线交易，把风险降得更低。
- 按照承诺行动，无须过多考虑。
- 监控以保持低风险。
- 如果交易与预期相反则取消。
- 交易的理由不再存在时，止盈退出。
- 每天简单总结，避免出现更多失误。
- 对于进展良好的状况心怀感恩。
- 定期检讨，确保一切正常。

我喜欢这 12 项交易规则是因为它们给我提供了一个一致的框架，让我可以管理自己的交易结果。它们在加强个人责任的同时，也提供了适当地设计、执行和管理交易系统的结构。一旦出现失误，我首先问自己，是否遵守了这 12 条规则，每次都会发现自己漏掉了其中一条或更多。我认为这 12 条交易规则是值得推荐和保持的一套通用准则。无论你是单兵作战，还是作为机构的一员。

3.7 我的生活变化

我非常开心地告诉大家，我最终实现了个人梦想，成为一名职业交易员和基金经理。我和妻子从 2006 年 6 月起不再为公司打工，把家从加利福尼亚州搬到了佛罗里达。我成立了两家公司，做自营交易和基金管理。

我的工作并不繁重，因为我听从自己的心声，我喜欢每天的工作。当遇到挫折时，我就会想到回到过去会怎样，我就马上会想起在那里所受到的种种限制，提醒自己已经无法适应不同于现在的生活。没有什么比实现了自己的梦想更让人心满意足的了。你实现了自己的梦想，而且每天都可以享受想要的生活。

我花了 24 年时间打造的财富，在我离职之后，不到 5 年时间就翻了一倍。事实上，2008 年金融体系濒临崩溃时，却是我所经历过的最好的一年，那一年的收获比之前 10 年的总和还多。我真的认为成功是因为我的转型和从撒普博士那里学到的新理念带来的。

我不再像搬家前那样害怕未知，虽然有时我仍会害怕，但那是一种完全不同的力量，我发现自己可以快速消除恐惧，只要我深入探究并发现其中积极的因素。我也相信生命中的高能在发挥作用，为我做好了规划，这让我得到了心理安慰。我是 A 型人，容易为生活中不重要的事情烦恼，但是我已经学会了打断自己，重新回到能够带来信心的轨道上。

我不再害怕未知的事情

我也发现自己更容易接受新思想了，因为我不再需要像过去在商业银行工作时那样，去想事情背后的很多东西。给思想解除枷锁真的让人感到轻松和快乐，特别是在做交易的时候。我现在最大的困扰是没有足够时间做我每天想做的事情！这可真是个大问题！

我已经成为一个比过去更好的独立思考者——这主要归功于我在"超级交易员"培训中接受的内省训练，但也是因为我不用去管理别人，只需要关心自己的事。当我回想在商业银行工作的经历时，简直不敢相信自己为别人工作和花别人的钱。现在我觉得自己更专心、更尽力了，因为我很享受这些工作。我在管理资金上的决策决定了成功或失败。以前我从未想过自己可以承担这种终极责任，而现在我已经须臾离不开它了。

撒普思维法的有趣之处在于，既能通过金融交易方面的隐喻来传授，也可用于日常生活之中，不管使用者是不是交易者。我觉得自己接受了一项专业交易教育，同时免费获得了崭新的生活。比如，我现在对生活中的每件事都充满感恩之情。这种态度是谦和的，这不仅让我在交易中脚踏实地，还让我更加虔诚地对待生活。我不再指望市场应该怎样迎合我，而是感谢它给我带来的所有成功。

此外，我对现在的生活更满意，因为不用过多担心其他事情。在我过去大部分时间里，我错过了很多东西，我太沉溺于过去的痛苦，或者太急于对未来抱有期待。然而未来毕竟是将来的事情，我无法控制，而过去已经擦身而过了。过去的事情不再来，再怎么想也是无益的。我能控制的唯一事情是了解自己的想法。为什么不立足眼前呢？这对于交易绝对重要。

我也认同我对发生在自己身上的所有事情都负有完全责任。我对自己的经验负责，我是造成结果的人。当我出了问题时，不管是否有意，是因为我不够重视造成的。为自己的失误指责他人，只是暂时找个借口不去面对自己的问题，但它会成为你的精神负担，让你无法前进。甩掉那个包袱会让你如释重负，重获自由。但我只能做到在承认自己对生活负责之后，才能放下这个包袱。这件事不容易做，但是一旦你这样做了，在出问题时问自己"我是怎样让这件事情发生的"，你会有神奇的发现。

最后一点是，我发现伟大的成功只需问自己想从生活中得到什么，然后让世界去做出回答。基本原则是有效的，我绝对相信这一点。我在"超级交易员"培训中的转型冥想部分，得到的最有益的原则是"你的所得源自你的专注，所以专注于你想要的。"我用这条原则得到了不错的结果，我相信这也可以成为让你成功的基本原则。

| 第 4 章 |

从陆军少校到交易系统专家

肯·隆（Ken Long, DM）

肯·隆博士是一名退役军官和战场老兵，他在美国陆军指挥与参谋学院教授战略战术和后勤管理，2011 年获得管理学（组织发展）博士学位，一直从事在不确定情况下通过行动学习改善决策的研究。肯·隆从 1982 年开始涉足交易，后来一直研究用在适应性系统中的基于统计的市场指标。他是陆龟资本管理（www.tortoise capital.com）的研究总监，这家机构拥有来自各国的客户。他是范·K. 撒普研究院的定期工作坊的导师。肯·隆是三个孩子的父亲，与琳达结婚 26 年。他还是柔道和柔术黑带以及青年竞技足球教练。

> 之前：高度紧张的交易者，饱受交易失败的困扰。
>
> 之后：统计交易者，自创交易系统。他的长期交易系统稳定跑赢市场，短期交易系统每天可以轻松达到盈利 5R 的目标。

我很久以前就开始做交易了，当时还只不过是一名列兵。我信奉"圣杯"是存在的，在短期交易中用了很多方法，包括威廉·欧奈尔（William O'Neil）的CANSLIM法则、达瓦斯的箱体操作法、圈叉图分析法、向量选股软件，以及通讯和投资类图书上推荐的各种方法。从1980年到1993年，我在各种方法之间换来换去，随着我对它们产生的平淡无奇的结果越来越不耐烦和沮丧，我在每种方法上所花费的时间也越来越少。我摸索出一套成功地在各个共同基金间转移资金的方法，我很明智地只用组合的很小一部分做投机交易，避免了发生重大亏损，但是我从没有研究过自己的业绩，因为我过于沉湎于寻找"圣杯"。

我从一个想法变到另一个想法

我看上去具备了成为成功交易者所需的知识、习惯和经验。得益于从军的经历，我接受过现代管理与领导力原则和实践方面的培训。我曾经是出色的学生和成功的专业人士，我甚至还获得了系统管理硕士学位。

而作为一名投资者，我也期望在投资方面取得成功。那些让我在生活的其他方面成功的品质和习惯，对我的交易帮助不大，从中筛选出哪些有用、哪些没有用，对我来说是个挑战，这让我沮丧了很久。正当我以为自己学到了一些有价值的东西时，"真理"就会改变，而我又将退回到原点。结果是我对交易变得十分随意和变化不定。我认为市场中有一些东西是可知的，我可以用其进行交易并改善交易结果。但我不知道如何去发现市场，而且担心交易会成为我生活中太大的一部分。

在20世纪90年代末期，我幸运地读到了撒普博士的《通向财务自由之路》，那本书让我了解了撒普思维法，让我开始了一生的旅程——发展适合自己的交易和投资策略。我从此开始应用撒普思维法，结果是我用低风险的观念、正期望值的系统、仓位调整和风险管理，实现了自己的个人和财务目标。

我很愿意有机会分享我学到的东西。正如前面所讲，开始时我只是一个旁观者，远远地看着，1999年参加了交易系统工作坊，之后又参与了一系列范·K.撒普研究院工作坊的活动。撒普博士经常提到我是他见到的唯一一个有"系统"学位的人，2000年他邀请我在一个工作坊课程上担任客座导师。不久之后我成了后备教员，现在我开始设计研讨班，分享我一路学到的东西。我愿意在这里和大家分享那些对我的交易产生了巨大影响的策略和原则。

在从事有趣交易的同时，我在撒普博士所说的另一个领域——不确定条件下的不寻常决策专业拿到了管理学博士学位。如果没有撒普思维法方面的经历，恐怕很难做到。撒普思维法在我寻找信念、情感、价值观和真理方面起到了重要的指导作用，鼓励我将行动和结果更好地与价值观结合起来。

4.1 我学到了什么

4.1.1 信念的力量

当我第一次听到撒普断言交易中的所有事情都与心理相关，我只能按照自己的理念交易时，我并不以为然。我的经验并不能证明这个说法是正确的。我的个人理念怎么会对最终结果有那么大的影响呢？肯定有一些外部变量会影响到交易结果。但我还是被撒普的想法触动了，他的名气如此之大，以至于我想在低风险的情况下，尝试一下他的建议。没用多长时间我就证实了撒普的说法是正确的。一旦我深入研究交易系统，就发现每件事都与我的心理息息相关，特别是在我准备投资的时候。

这里我举个例子。比方说有一位专家建议我用某种方法在某个市场上交易。我的心理会怎样影响我对这个建议的处理呢？

- 这位专家可能让我想起我父亲（好的方面）：我可能不会怀疑其建议的优点，即便对结果进行分析表明，他的建议不再满足这个系统的预期收益。
- 这位专家可能让我联想到我的父亲（不好的方面）：我可能会挑剔他的建议，用与他的建议相反的方法进行交易，哪怕那样是错的。
- 我可能会很顽固：这种心理状态会驱使我坚持做某些对自己不利的事情，这可能让我对证据视而不见，好长时间使用一个不佳的交易系统，或者在一个过低的风险水平使用一个好的交易系统，或者拒绝一个不符合我的理念的好的交易系统。
- 我可能会把舒适看得比风险回报比率更重要：我可能拒绝极端市场情况下发出的信号，或者以比系统保证的更低的风险水平进行交易。在系统依赖于有利的隔夜走势时，我可能会在过夜头寸上降低风险。这会让我错过系统发出的逆向交易的有利信号。
- 我可能会过度依赖自己的经验（过度自信）：这可能导致我根据在另一种不同的交易系统上的经验对现有系统做出改变，导致业绩低于预期。
- 我可能低估自己的经验（不自信）：这会使我错过改进系统的好机会，因为我不相信自己的技术、认知或分析经验。
- 我可能会不够有耐心：这可能导致我在系统确认之前依据一个信号抢先处理。如果系统的赢率比例很一般，我可能会在一系列输的交易之后放弃这个系统。我可能会因为正常的连赢而将每次交易的风险水平提高到超出我设定的限度，这使我变得过度自信。

- 我可能会过于激进：这会刺激我做有风险的交易，导致我因为惧怕损失而修改买入和退出标准。
- 我可能会有受迫害情结：我可能会调整系统的规则以满足我的心理需要，而在发生不同于系统宣称的结果时，把这种差异归因于系统或系统开发者，以让自己觉得心安。
- 我可能会过度深究某个交易的盈亏原因：这会让我寻求全面的解释和有关市场如何运行的过度复杂的系统，而这又会让我对系统做出更多修改，最终将一个简单的由 3 个规则构成的系统，变成有 40 页条件和规则的、无法实时得出结果的系统。

即便一个系统的基本决策是否专业可以归因于系统的作者或设计师，也会与我的心理状态建立关联——这取决于我对专家的信念，以及我应该在多大程度上相信某个领域的专业性。

上面 10 个例子仅仅触及了个人心理会如何影响我们选择、执行、修改和分析交易系统。而且我们的个人心理偏误不足够，认知神经科学的研究表明，人类大脑天生就带有数百种偏误，这些偏误已经存在发展了数百万年之久，它们曾经让我们适应石器时代的生活。然而，在当今高速发展的数字化市场中，这些偏误导致我们以看似非理性方式行事。换言之，我们的大脑实际上天生就不适应现代市场。

这可能听上去令人沮丧，但也有好消息：我们远非孤立无助。如果理解了我们的假设和行动之间的联系，理解了我们的理念和行为之间的关系，就能改变那些行为。我碰巧看到了撒普思维法，我检讨了自己的交易决定，分析自己的理念如何影响我的行为。我尝试追溯它们的来源，检查每项证据。保留那些有用的，监控其他的，目的是借助足够多的经过验证的理念，设计出简单而稳健的交易系统。后来我又能努力把对市场的理念减少到最少。我把理念看作限制我的眼界并扭曲我对世界理解的透镜。

通过这样的思考，我问了下面这些问题：

- 为了使用一个交易系统，我是否必须信任它？
- 理念的目的是什么？是只给我行动的足够信心吗？
- 理念是否应该是正确的才有用吗？
- 我的理念来自何处，有多少可供我选择？
- 理念和价值观之间的区别是什么？
- 我可以选择我的理念和价值观吗？
- 如果可以，我会选择什么样的理念和价值观？
- 是什么阻碍我做出选择并依照其行动？
- 有什么比遵循我的理念和价值观更重要？为什么？
- 我的目标是什么？
- 如何将每天的日常行为与生活目标统一起来，有意识地尽最大的能力的生活？

4.1.2 基于统计的交易

撒普思维法是建立在统计学上的。为什么这么讲？我认为这是由于统计学能帮我们理解复杂情况下的行为模式。有些事情相当复杂，无法简化成一套简明的规则，或像解算术题那样解决。尽管如此，即便复杂的事情也可以用概率和各种可能的结果来考量。这就是统计学所起的作用。

一个简单的例子是抛两个六面骰子。我无法预测下一次投掷会得到什么结果，无论之前我抛过多少次。无论做过多少研究，都不能提高我预测下次投掷结果的能力。然而，只要有足够多的机会，我可以知道投掷结果的概率。通过这样做，我可以根据两个数字的组合构造交易（确定如何下注）。例如，我可能赌两数字之和为 7 的次数会比其他数出现的机会更多。实际上，掷骰子游戏就是一个系统，旨在确保长期可以胜出。你的交易系统应该给你一个这样的保证。需要一个理念——在你的观察过程中，系统产生的结果是稳定的。同样地，对于公平投掷骰子的系统来说，这是一个合理的理念。

在个体结果无法预测而大量事件可以描述的复杂情况下，统计学可以大显身手。由于在一段长时间里许多市场的表现是有规律的，用统计的方式进行交易，可以帮助确定有利条件，这使我能够信任这个交易系统会保持稳定。使用统计学，在某种方式上可以帮我在一定的信心下做出确定性的交易。这里举一些例子：

- 什么是正常波动和极端波动（无论极度平静还是极度动荡）？
- 一只股票的日平均波动有多大，它的标准差是多少？
- 一只股票早上发生跳空的机会有多大？平均跳空幅度有多大？
- 在不同的市场条件下，一个交易系统会给我多少交易机会，期望值有多大？换言之，何时该用这个系统做交易，何时应避免使用它？
- 这只股票的 200 日移动平均线会偏离标普 500 指数多远？我可以用它描述市场状况吗？
- 有多少主要股票满足一定的条件（例如它们在 200 日移动平均线之下，按照某个指标已超买等）？

不仅如此，统计学还给了我评估潜在机会的方法，让我可以分析结果，确定交易系统和市场是否仍处于同步状态，回测给出我期望得到的结果。如果我理解抽样和我选取样本时的条件，我可以确定将来会出现的结果。

我最好的操作系统来自用统计方法分析结果的模式。首先我会先观察市场，用小的头寸按自己的想法做一些交易。然后我会检查一下结果以及影响结果的一些行为,这让我可以制定一些可评估和执行的规则。我将这种交易风格称为"准备、开火、目标"。为了让这个流程顺畅,我得将感觉转变为可以衡量的事实。统计学对我来说是一个不错的方法,因为统计可以描述出市场状态,那正是我对市场机会的感知方式。一旦描述出市场状态,我就能用规则进行测试,找出其中的交易机会。步骤是这样的:

- 当我对交易产生直觉时加以留意。
- 用统计方法确定市场条件,我一直都在这样做,所以我要做的只是查看一下具体情况。
- 查阅过往(和未来)的市场状况,看看这是否是个好机会。

基于统计的市场观点和决策过程之间存在着紧密联系,可以在思考和感觉之间达成良好平衡。短期交易系统为我提供了很多使用统计学方法的机会,同时也给了我很多做决定的机会。我相信(这是一种信念)这两者都是做好短线交易所必需的。

我发现那些有用的感觉似乎都来自多年的市场交易经验,它们总是以一致的信号出现;而那些无用的感觉好像都与认知偏误有关。然而,即便这些感觉也是有用的。在交易中,唯一没用的感觉是那些与交易无关的。我努力得到良好感觉,而且要让它们保持原样:这是我生活中的一个重要部分,但并不一定会主导我的决策。

我曾经尝试压抑感觉或者用理性思维去改变它,也就是说,我认为感觉是可以控制的东西。相反地,我的感觉似乎是一个潜意识的思维过程。当我意识到感觉时,它们已经畅快地发生而且已在我心中生根。我不认为自己可以控制已经发生的事情,但是我可以学习识别强烈感受带来的信号,而且用一种不抗拒感受的方式做出决策,让它以自然的方式发泄出来而不据此进行交易。这种做法的另一个名称是"控制冲动",这是行动和应变之间的差别。

撒普思维法的这个部分是我的压力管理策略的一个重要部分,在我使用短线交易系统时非常重要,因为这些系统让我每天遇到的潜在压力事件的数量最大化了。

4.1.3 极端情况下的交易

我的一个最有用的理念是:在极端条件下,任何方向都有可能出现极端变化。我相信极端市场情况更有可能引发羊群效应。当这种情况出现时,每个交易者对其理性推断出的规则的信心都会受到考验,情绪反应更有可能取而代之。

极端条件会产生极端走势。

市场可以快速从正常转变为恐惧或贪婪,在两个方向上产生大幅波动,通常会让交易者措手不及。我们应该相信市场基本上是可以解释的、有序而且具有确定性的,而市场表现与预期相反时,我们的反应通常是没有心理准备的,会感到恐慌。

使用统计学和各种时间框架,可以让我准确定义极端变化。极端情况可以是在某一时间范围里,市场发生明显更大的变动或者没有任何变化。我可以根据回归均值或恐慌的持续来确定接下来的市场变化。异乎寻常的安静期会产生令人惊讶的巨大变化,正如极端变化之后会发生反向变化。

市场可以快速从理性变为恐慌或贪婪

我喜欢这样看待问题：安静的池塘突然产生涟漪意味着一个重要事件，一个突然出现的大波动预示着后面还可能有更多的大波动。

4.1.4 收益与风险的评估

撒普思维法的一个重要特点是强调风险回报比率，而非试图每次都做对。比如，如果我的回报是你的3倍，那么即使我只在一半时间里是正确的，我仍然可以赚很多钱。我认为在给定时间框架里，与可控风险相对应的回报是否合理和能够争取，要考虑滑点、流动性、天数以及其他市场变量。采用这个风险回报视角，可以让我思考交易的另一面。我已经学会尝试理解别人是怎样做决定的，这种方式尤其适用于在横向波动的市场上做交易，因为此时方向要不如波动和后续跟进的程度重要。

我也发现用风险回报比率捕捉新交易机会的能力，让我可以随时退出和在合适的机会再次进入市场。它让我可以做出前后一致的决定，这样免去了每次担心交易是否正确带来的心理压力。

这里有个不错的例子：当我用3分钟蜡烛图做交易时，这是一个赚钱的交易，而30分钟之后，盈利会减少。我的退出规则要求我在利润缩水太多之前就先获利了结。有些时候，股价不会继续下跌，在盘整3～5个蜡烛体后，开始回升，我通常会在靠近上次退出的价位再次买入。我曾认为这种止盈退出是"错误"和"浪费"，后来意识到即便在10分钟里，风险回报条件和市场心理都可能发生巨大变化。我现在认为这种退出是"正确的"，因为它是建立在现有信息基础上的。过往的交易可以轻易地追溯到我当初买入的时候，我的止盈退出是为了兑现盈利股票，以防煮熟的鸭子飞了。对我而言，在退出的时候，下跌暂停并不是新信息。一旦发现价格保持在支撑位并会继续上涨，我会用风险回报分析法确定新交易是否有利，如果是，则会重新买入。

4.1.5 R倍数

撒普思维法进一步强调了风险回报比率，要求人们用初始风险的某个倍数表示交易结果。例如，如果我在初始风险水平退出，那么我的亏损是1R，如果我的利润是初始风险的3倍，那么盈利就为3R，依此类推。

交易系统可以用其产生的R倍数的分布来描述。我发现对于不同市场条件下的R倍数，可以用于在不同时间范围内确定组合资产配置。我想对它们的风险回报特点进行系统间的比较，以决定在每个系统上投入多少资金，R倍数可以让我做到这一点。下面举一个例子。

我有几个波段交易系统，当市场向上或向下波动长达一两周时，这些系统的表现相当不错。在这段波动期间，这些系统可以捕捉到有意义的价格变化。R倍数的直方图显示出一组交易在这段时间的表现情况。当市场条件开始变化时，直方图的形态也相应改变。通过分析，可以知道市场正变得更动荡还是趋势变得更持久。对于更动荡的市场，我更偏爱短线交易系统，以更快地兑现利润，随时准备好市场会转向。在趋势更长久的市场，我喜欢用较长线的交易系统。

4.1.6 仓位调整策略和子弹

撒普思维法的一个关键原则是使用仓位调整策略去实现交易目标。仓位调整策略不是一个内部系统标准，比如进入或退出，而是帮助确定在当前市场采用交易系统的合适的风险敞口。一旦我开发出一系列适合各种投资期限和市场条件的稳健交易系统，我可以在每个系统上采用仓位调整策略。作为一个短线交易者，通过使用仓位调整策略，我可以用一个标准单位的风险进行交易，在每日或每周基础上使交易结果可以进行比较。

由于我过去有当兵的经历，我喜欢用"子弹"比喻风险单位。对于我来说，一个单位的风险就等于一定数额的钱，能够让我抛开情绪处理每次交易。当我在一个头寸上承担了超过一个单位的风险时，我的情绪会比较明显，我会想要改变规则。我把子弹的概念做了内化处理，这样就可以用我的惯常方式执行一个标准单位风险的交易。在按月、季和年定期评估了我的业绩之后，我已经可以提高风险水平。这样我成为更好的交易者，我的风险水平也会逐步提高。

因为我限制自己的风险水平，在交易短线系统时，我只选择最好的投资标的。我想确保自己明智地使用弹药，这个比喻对我非常管用，因为它和我一生的军旅生涯联系相关，这有助于我将军事纪律引入交易中。我喜欢凭直觉采用各种新想法，特别是当市场快速变化而我近期又经历了一连串盈利或亏损之时。连续盈亏激发了一系列人们熟知的认知偏差，这会影响我的判断，让我失去作为交易者的心理平衡。用子弹作为术语确定我的仓位调整策略、日常风险忍耐度和每次交易的风险水平，是受到了撒普思维法的启发，它为我的短线交易带来了一个重要的优势。

4.1.7 用 SQN 衡量系统、目标和市场表现

撒普思维法取得最新进展时采用了 SQN 对系统进行评估，可以让我清晰地分辨不同时间范围和市场类型的系统。撒普博士观察了系统的平均 R 倍数、标准差和交易次数，以确定在 R 倍数下，系统的表现到底有多好。

我清楚地记得那天坐在范·K. 撒普研究院工作坊的后排，突然想到 SQN 也可以用于比较单只股票、可交易基金或其他交易标的的相对质量和可靠程度。这个想法导致我开发了一系列不同的市场分类策略，可以匹配不同回测期的 SQN，得出当时的混合 SQN。

通过观察一段时间的 SQN，并用描述性统计量找出正常和非正常条

件间的不同，交易者和投资人可以调整系统，使其更好地适应市场条件。此外，我可以从中找到表现最好的股票。

例如，有关动量的学术文献发现了一个很小但很稳定的规律，在过去12个月里表现优异的股票，下一年也会表现不错。通过分析过去12个月跑赢市场的系统3～6个月的SQN，你可以找出一组你想要的收益和波动性组合目标。而且，你可以进一步确认哪些股票的收益相比波动性有更大的改善。

我觉得那里还有很多宝藏等待发掘。就在最近，我研究了SQN在过去不同时期的变化率，以得到市场状况或个别目标的质量状况变化的早期指标。这些状态的变化不能从图表上看出，也不能通过感觉发现，因为有太多变量，而且我们的记忆可能会被误导。

4.1.8 市场分类策略

撒普思维法的一个基本原则是，你不能期待一个系统在某种类型市场（动荡熊市）中用得好，也会适用于另一种市场（平静牛市）。这是基本的抽样理论，是说你越是小心地确定你的样本，越能得出更好的见解，但这只适用于总体与你的样本非常接近的情况。从不同类型市场选择样本，会更容易发现适合每种市场的系统。

我认为这个概念是非常有用的。即便市场是多种类型的混合体，我相信仍有可能识别出适合某种特定交易类型的条件。通过为这种市场类型设计一个系统，一旦市场进入这种状态，我就可以盈利了。在平静牛市，我寻找的是相比同类股票有更强突破力度的标的。在动荡熊市，我不会持有过夜风险敞口，而是对突破前一天低点的股票做空，并买入当天处于低价位的股票。

我没有理由也没有必要相信这两套不同的规则应该适用于所有标的，

也不可能在任何时候适用于各种市场。它们各自针对的是特定的市场类型。一个高尔夫球手会在不同场地使用特别的球棒，我尝试在交易中采用同样的观点。5 号铁制球杆是通用球杆，不会打出推杆那样的球，也不会像 1 号木杆或者劈杆那样打出陷在沙堆中的球。

用更长的时间框架观察市场，对我而言，市场具有天气和气候的特点：具有长期缓慢的发展趋势，间杂以或长或短的波动性。也许这些周期是与商业周期一致的，这样我就可以在气候还没改变时，选择具有持续价值的策略。我当前的做法是用长期市场分类策略持有长线仓位，用间隔足够大的止损位过滤短期噪声和波动性。我的市场分类策略必须有足够高的敏感度去发现气候变化，同时也要有足够的平滑度，让我可以在坏天气时保持好的仓位。

对于日内交易系统，我考虑的是最近 10 天的市场状况，对于波段交易系统，我用的是 6 个月的回顾期来了解市场状态。我用这样的时间范围帮助我了解市场状态和我的交易风格是否匹配。这些回顾期有助于我预测未来同样期间会发生什么情况。我认为这样会让我在估算风险回报比率时更有优势。有意思的是，撒普博士和我在判断市场类型方面用的是完全不同的方法。这些方法似乎都很管用，而且在多数时候会给出相似的结论。

4.2 转变

使用撒普思维法的 15 年，让我的交易产生了深刻变化。对我而言，最重要的是五个方面的转变。

4.2.1 业绩产生系统性的改善

在采用撒普思维法之前，我的业绩乏善可陈。我甚至没有一种分析自己业绩的方法，识别哪些可用、哪些不管用。我没有一套正式的规则可用于获得可靠和一致的交易结果，我也无法确定发生了什么错误。这是一个问题，它导致我输给了市场。我也有过大赢的记录，但是大输一次就会把所有盈利清零。在接受了撒普思维法之后，我变得更加系统化了，我把可以实时执行的规则写下来，加强了遵守这些规则的纪律性，而不再顾及自己的情绪。我把交易记录下来，以便可以分析业绩表现和做出改进。我开始在短线和长线上达成自己的财务目标，在特定的市场条件下使用特定的系统。

4.2.2　针对特定市场条件使用特定系统

在接触撒普思维法之前，我有很多交易策略，我忙于为各种时间框架找好点子，没考虑过市场条件以及对交易系统的影响。在了解撒普思维法之后，我使用同一个决策框架，将资金放在三个时间框架，用月度再平衡系统处理长期财务目标，用波段交易系统在市场变化时收获几天内的波动，用日内交易系统在市场回归均值时，通过统计上的极端情形获利。我把注意力放在适合每种系统和时间框架的理念和技术上，让它们各自发挥作用。我的交易结果得到了改善，让我得以达成短期和长期的财务目标。

4.2.3　对交易做详细记录和分析

在采用撒普思维法之前，我查看的唯一内容是账户余额，没有详细的证据用于做决策。由于我没有一个记录交易决策的系统性方法，我无法把那些可行的做法和失败的做法区别开来。在用了撒普思维法之后，我可以把军队生活中的纪律性和对细节的专注运用到交易过程中来，打下一生的守纪律的交易基础。我用交易日志、案例分析和"12项交易规则"养成了穿越动荡市场的习惯,并充分利用了我在军队学到的技巧。

4.2.4 基于事实的管理

在采用撒普思维法之前,我依据最近交易的感觉,对下一次交易做出决定。我基本上是按照随机事件和当时的心情做交易的。在用了撒普思维法之后,我会等到从系统中得到足够数据之后,再做出深思熟虑的决定。这样有助于我将自己和交易系统隔离开,使得我可以基于系统表现,而不是根据我作为交易者怎样看待自己,去做出评判。我现在可以客观评估一个系统,这样是对的。

4.2.5 减轻压力

在采用撒普思维法之前,交易给我带来了极大压力。作为战场老兵和陆军军官,我在压力来临之时能够感觉到。我冒着很大风险做交易,当走势与我预期相反时,我就会改变交易的理由。我每时每刻都饱受煎熬,压力之大让我夜里难以入睡,这损害了我的健康和与别人的关系。在采用撒普思维法之后,我的交易压力大幅降低。我减少了每次交易的风险,捕捉更易掌握的机会,对不同市场采用合适的系统,学习用仓位调整策略去适应风险。交易从一种冲动活动变成了支持我的价值观和人生目标的专业活动。

采用撒普思维法之前,
交易给我带来了极大压力

4.3 业绩表现

既然我已经和你分享了过去15年我学到的一些知识,我愿意给你看看实践中运用这些想法所取得的成果,其中有我自己的,也有别人的。

4.3.1 长期交易系统(每月重新平衡)

从1999年开始,我一直公布基于撒普思维法的长期核心投资系统的业绩。在网络泡沫时期,这个系统的表现也不错,除掉1999年的异常情况,年度收益显示在图4-1中,这个图在那段时间是定期发布的。

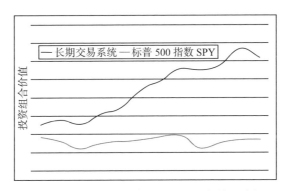

图 4-1 长期交易系统(10万美元投资组合)

在12年里,标普500指数下跌了14.32%,而这个系统盈利211.37%,如表4-1所示。

表 4-1 与标普 500 指数比较(长期交易系统)

开始年份	长期系统	标普 500 指数 SPY	开始年份	长期系统	标普 500 指数 SPY
2000	100 000	100 000	2007	246 301	92 572
2001	126 600	90 200	2008	279 305	96 451
2002	139 108	79 268	2009	273 915	61 864
2003	127 117	60 759	2010	289 528	75 282
2004	155 973	74 241	2011	334 810	84 835
2005	172 225	79 980	2012	311 373	85 683
2006	219 931	82 779	总计	211.37%	-14.32%

4.3.2 周波动交易系统（每周调整组合）

我根据撒普思维法为一组私人投资者开发了一个只做多的波动交易系统，基于每周数据和每周一次的投资组合调整，其表现如图 4-2 所示，这几年经历了史上最糟糕的熊市。

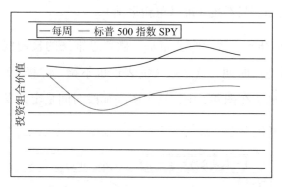

图 4-2　周波动交易系统（10 万美元投资组合）

在那 5 年里，标普 500 指数下跌了大约 7.44%，而这个系统赚了 25.76%，如表 4-2 所示。

表 4-2　与标普 500 指数比较（周波动交易系统）

开始年份	每周	标普 500 指数 SPY	开始年份	每周	标普 500 指数 SPY
2007	100 000.0	100 000.00	2011	135 228.1	91 642.15
2008	112 810.0	104 190.00	2012	125 762.1	92 558.57
2009	110 632.8	66 827.47	总计	25.76%	−7.44%
2010	116 938.8	81 322.34			

4.3.3 模式波动交易系统（每日收盘数据）

一个用撒普思维法为二组私人投资者设计的基于模式的波动交易系统的表现如图 4-3 所示。

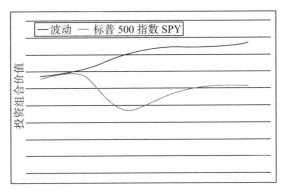

图 4-3 模式波动交易系统（10 万美元投资组合）

在 6 年里，标普 500 指数盈利 3.51%，而该系统获利 54.16%，如表 4-3 所示。

表 4-3 与标普 500 指数比较（模式波动交易系统）

一年初始	波动	标普 500 指数 SPY（每日收盘数据）	一年初始	波动	标普 500 指数 SPY（每日收盘数据）
2006	100 000	100 000	2010	148 784	90 943
2007	114 970	111 830	2011	149 231	102 483
2008	122 765	116 516	2012	154 155	103 508
2009	139 142	74 733	总计	54.16%	3.51%

4.3.4 实盘交易工作坊的表现

在写这篇文章时，我已经办了 4 个实盘交易工作坊了，第一个是在 2011 年 5 月的正常牛市条件下（VTI 模式）。第二个是在 2011 年 10 月的动荡熊市条件下，第三和第四个是在 2012 年 3 月和 9 月，当时是淡静牛市。大多数参与的交易者是做得比较好的超级交易员候选人。

2011 年 5 月（正常牛市条件）一组 10 名交易员，一半人是"超级交易员"培训班学员，使用撒普思维法进行短线交易。即便这些交易者是首次使用这些系统，在工作坊结束时，他们的交易结果都是相似的。最近一次工作坊的结果见表 4-4。

表 4-4　培训正常牛市交易系统之后（2011 年 5 月）的实际交易结果

	交易次数	净 R（盈利/亏损）	平均 R	占比
盈	187	209.44R	1.12R	46.0%
平	27	0R	0R	6.7%
亏	193	−122.88R	−0.64R	47.3%
总计	407	86.56R		

- 5 天时间里做了 407 次交易。
- 187 次盈，27 次平，193 次亏。
- 盈的比例 46.0%，平的比例 6.7%，亏的比例 47.3%。
- 平均盈：1.12R。
- 平均亏：−0.64R。
- 一周净 R 倍数：86.56R。

交易室里有 13 名交易员，但不是每个人都坚持了 5 天，每周每个交易员的平均值达到 7R，每个交易员每天的交易盈利大约为 1.45R。

2011 年 10 月（动荡熊市条件）

2011 年 10 月（动荡熊市条件），一组 16 名交易员，大部分是超级交易员培训班学员，使用撒普思维法做短线交易。尽管他们大多是第一次用这些交易系统，但工作坊结束时他们的成果都是相似的，如表 4-5 所示。

表 4-5　培训动荡熊市交易系统之后（2011 年 10 月）的实际交易结果

	交易次数	净 R（盈利/亏损）	平均 R	占比
盈	123	156.06R	1.27R	50.8%
平	36	−0.74R	−0.02R	14.9%
亏	83	−49.70R	0.60R	34.3%
总计	142	105.62R		

参加交易的有 11 名交易员，并非每个人都交易了 5 天。每周每个交易员的平均值达到 9.6R。每个交易员的每周交易盈利大约为 2R。

2012 年 3 月 26 ～ 30 日（淡静牛市条件）

2012 年 3 月 26 ～ 30 日（淡静牛市条件），一组 10 名交易员，一半是参加超级交易员培训的学员，用撒普思维法做短线交易。尽管大多数人是第一次使用这些系统，但在结束时大家的结果是相似的，如表 4-6 所示。

表 4-6　培训淡静牛市交易系统之后（2012 年 3 月）的实际交易结果

	交易次数	净 R（盈利/亏损）	平均 R	占比
盈	136	168.66R	1.24R	44.7%
平	55	0R	0R	18.1%
亏	113	−88.14R	−0.78R	37.2%
总计	304	80.52R		

参加交易的有 10 位交易员，不是所有人都做了 5 天交易，每周每名交易员的平均值达到 8R，每名交易员每天的交易盈利大约为 1.6R。

2012 年 9 月 24 ～ 28 日（淡静牛市条件）

2012 年 9 月 24 ～ 28 日（淡静牛市条件），一组 16 名交易员，1/3 来自超级交易员培训班，用撒普思维法做短线交易，结果如表 4-7 所示。

表 4-7　培训淡静牛市交易系统之后（2012 年 9 月）的实际交易结果

	交易次数	净 R（盈利/亏损）	平均 R	占比
盈	175	191.49	1.09R	47.3%
平	35	0R	0R	9.5%
亏	160	−109.05	−0.68R	43.2%
总计	370	82.44R		

16 名交易员中有 10 名完整地参加了 5 天交易，大约每天有 12 名交易员，所以平均值为 6.87R，每位交易员每天的交易盈利约为 1.37R。

注意看这四个实盘交易工作坊的结果相当近似。而且并非每位交易员都赚了钱，但有些人赚的确实远多于平均值。

在每个时段，波动交易或日内交易，撒普思维法的重点是根据目标设计系统，建立可以执行的一套规则，而且交易结果可供专业人士分析。风险管理的仓位调整策略也纳入系统规则之中，交易者对结果和表现很满意。

时间和基于撒普原则的交易系统以及技术带来了令人惊讶的结果，这些结果最终证明了自己。在过去的15年里，我目睹了我的交易随着思考方式和对各种市场条件的加深理解而得到改善。市场是一个剧烈动荡且无法预测的地方，你无法控制它，但你可以控制你自己。要做到这一点，你必须了解自己，而撒普思维法可能比其他任何东西都更能帮到你。

| 第 5 章 |

从经纪人到全职交易员

马丁·赫西（Martin Horsey）

马丁·赫西从 1985 年开始做期货，他在一家斯堪的纳维亚大型银行工作，在办公室和场内做交易。之后他又为几家大经纪行做了 18 年的机构期货经纪人。2005 年，他和太太共同成立了 Gavalo 交易公司，并开始用自有资金做交易。他基本上全职做日内交易，交易产品遍及所有金融领域。

> 之前：顶级机构经纪人，可以在客户中找出一些优秀的交易员。
> 之后：稳定获利的交易员，他现在可以赚到和过去佣金一样多的钱，但压力更小了。

那是 2005 年 2 月，我在职业和生活模式上做了巨大改变。之前的 20 年，我在伦敦做机构期货经纪人，在期货交易大厅处理买卖单，之后负责管理一组经纪人。我放弃了安定和收入颇丰的工作，成了我自己的雇主，用自己的钱交易金融期货。这是我在当经纪人时一直想做的事情，我想成为亲自动手的那个人，而不是为别人作嫁衣。多年来，我一直在和客户说我将来会成为什么样的交易员，现在我要用行动做出证明了。

我要亲自动手做，而不是为他人作嫁衣

回顾过去，那些年里我为 200 多个机构客户处理过交易，但我只把自己的钱交给其中很少几个人去打理。他们大多数人为银行工作，底薪优厚，不在意所管理的资金，他们的目标很低。是的，他们擅长处理客户的业务，靠从给客户的价差中赚钱。但是在交易中，他们落在市场后面，要等到分析师提供研究报告之后，才会采取行动（大多数交易建议可能至少晚 24 小时）。他们看上去很少遵守规则或承诺，这些交易员让我接受了不少经验教训。日复一日，我了解到了很多会让人损失金钱的方式。我从中学到了一些非常有价值的经验——如何不要像大多数不成功的人那样交易，如何像我认识的赢家那样交易。我把这些经验带到了我的创业公司。

5.1 我的创业公司

在独立做了 8 天交易之后，事情开始变得不像我计划的那样美妙，盈利只有 1 天，其他日子都是亏损的，本金已经损失了 4%。我按照经验进行日内交易、差价交易和按技术图形交易。我听从自己的直觉，毕竟我过去20年都做得不错，我很自以为是——当你心里只有赢家时也会如此。

在开始的那些日子里，有一件事让我仍能坚持玩下去：我总是及时止损。这是我从一种固定赌注的体育博彩上学到的。如果你参加这种体育博彩，最多只会输掉你的赌注。用撒普的术语，这就是风险，R值。你得到的是你的R倍数。如果你以3倍赔率赌一匹马并且赢了，那就是3R盈利。体育博彩的问题是你可能会遭遇很多1R亏损，这会吞蚀掉很多盈利。你也可能变得非常迷信自己喜欢的马匹、团队或骑师。偶尔我会意识到那些对市场的看法并不是那么重要，而实际上却具有决定性。大多数新闻和研究是已知的，并且已经在价格中反映过了。有关未来走势的唯一早期指标来自对价格的观察，用股票术语反映就是行情（tape），这个想法逐步成了我交易的基础。

2007年3月，我的账户余额跌到了一个低位，"我做不好这个"，我对太太说道。我已经做了两年多的自营交易，我又一次过度交易了。过去我通常交易10手或20手，那时候却交易100多手。那是周五早上7:40，那一周是亏损的，我试图做一次快速交易把所有损失追回来，而实际结果是损失又增加了一倍。我现在知道那是一个报复性的交易，也是我曾经犯过的最大错误。"好吧，"我太太提到了我的未来规则，"这就是为什么你要参加这个课程了。"

5.2 前往北卡罗来纳

非常巧合的是我已计划那一天离开伦敦去凯里市（北卡罗来纳州），参加撒普博士的"尖峰业绩101"工作坊。我第一次听闻撒普博士的大名还是在多年之前，那是1988年，当时我的一个前雇主在新书《金融怪杰》出版后参加了撒普博士的一个课程，那本书有一章介绍了撒普和他的交易心理学思想。后来在 2006 年年末我又想起了这一章，当时我和 12 岁的女儿在参加一个网球心理课程，她是国家网球队选手。罗伯托·佛左尼（Roberto Forzoni），一位运动心理学家，为提高我女儿的网球水平提供了一些建议，我听后觉得也有助于改善我的交易。体育运动的概念，比如路线、纪律、计划、准备、归位都适用于交易。我想起了撒普博士的那一章，幸亏有互联网，很快找到了范·K. 撒普研究院的网址，在上面找到了为初学者和超级交易员准备的课程和书籍。我选择参加尖峰业绩工作坊，因为这个课程看上去和我当时的交易相关。

头两年我没有达成预期的结果，两年的回报大约为 15%，这看上去还不错，但只是我做经纪人时赚的一个零头，除了要支付买电脑、上网和订阅投资简报的费用，剩下用于生活开支的钱并不多。2007 年 2 月，我原来工作的公司上市了，如果我没有辞职，从上市中可以赚得更多的钱。结果呢？2007 年 2 月的市场下跌 14%，将我打回原形，当时我真是处在信心全失的人生低谷。

"尖峰业绩 101"工作坊的课程由撒普博士亲自讲授，时间 3 天。在那之前几个月，我读过了《通往财务自由之路》，这本书让我大开眼界，告诉我要像做生意一样做交易，因为这就是一项生意。我过去的交易一直没有计划和目标，规则也很少，唯一的目标就是在最短时间内赚到尽可能多的钱。为了成功，我需要做好准备，制订计划并严格执行。我应该建立股价上涨和下跌时的目标，最重要的是，我得在自己身上下功夫，检讨自己的交易方法，看看什么样的交易系统适合我。我可以接受回撤吗？我需要一个能赢的系统吗？通过问自己这些问题，我可以找到一个适合自己的交易方法。

在工作坊中，我学到了更多的那本书中所说的如何将准备工作付诸实践。回到家后，2007年剩下时间我都用于改善自我，以成为一个成功的交易员。2007年最后9个月市场下跌，我很少交易，而是用大量时间在做准备。

撒普博士教给我的最重要的概念是，错误会让你损失多少，以及消除这些错误的重要性。错误指的就是未遵守你订下的规则。换言之，任何未遵照计划进行的交易都是错误的。报复式交易、无聊时的交易、对于标的没有任何了解——这些就是我以前的做法，需要消除。

我也需要照顾好自己，确定是否适合做交易。我平生第一次参加了一项运动，它不仅让我变得头脑更清醒，而且让我减了28磅[⊖]体重，这让我感觉很棒。

2007年11月，我又去了北卡罗来纳，和撒普博士的短暂交流对我的交易产生了巨大影响。我在那里参加了"如何建立适合的交易系统"工作坊，撒普博士最后一天告诉大家，他在写一本书名为《仓位调整策略权威指南》的新书，阐述为何仓位调整是交易系统的关键。正是在那个时候，弹球游戏的意义和R倍数的重要性给我留下了深刻印象。我想起了《金融怪杰》写马蒂·施瓦茨（Marty Schwartz）的那一章，他说最重要的事情始终就是"资金管理、资金管理、资金管理"。施瓦茨是我心中的英雄，他以前也是经纪人，最后成为传奇的日内交易者。现在我意识到仓位调整就是资金管理。这是一个重要提醒，是我所做的准备工作的最后一部分。我现在打算将仓位调整——资金管理作为交易的基石。

撒普说，"正是通过仓位管理，你才能达成目标。你的交易系统越好，越容易通过仓位管理达成你的目标。也只能是通过仓位管理，你才能达成目标"。我无法重新强调这个概念对我多么重要，我的目标是在回撤幅度不超过5%的情况下，每年实现20%的收益。

⊖ 1磅 = 0.454千克。

5.3 重新交易

2007年年底我制订了一项计划，2008年1重新开始全职交易。我有一个很好的起点，我获得的知识不只是交易方面的，还有有关我自己的。我读过一篇关于资金管理的老报告，是撒普在20世纪90年代写的，其中包含了一些原则。我开始在期货交易中使用杠杆，这意味着每日、每周和每月的交易结果与我的净财富会有更多关联性。

撒普博士播下的种子开始开花结果。我从2007年开始每天记日志，这很快变得非常有用。我跟踪和记录每一次交易的风险或R，然后是R倍数。例如，如果我冒了5 000美元的风险而损失了4 000美元，结果就是-0.8R。由于交易频繁，我现在已经有大量样本，支撑了我的交易理念。

撒普的新书出版之时，正好2008年金融危机爆发，市场剧烈波动，但由于我使用了自己设计的仓位调整策略，我可以控制住下跌风险，同时寻找市场给出的日内交易机会。

在《仓位调整策略权威指南》中，撒普介绍了一种名叫SQN的新指标，用于评估交易系统的质量。我有大约20套交易系统，我用这个指标评估每个系统。对于高SQN的系统，提高风险的金额，对于低SQN的系统，要么降低风险金额，要么放弃不用。整个2008年，我的交易业绩都不错。我能很好地应对市场波动，由于做期货交易，所以可以灵活运用多空操作，也因此能够利用2008年秋季的市场大跌赚钱。我将撒普书中提到的资金管理原则运用在盈利时进取和回撤时回避风险。结果如何呢？

我赚了50%以上，而且因为使用了新杠杆，2008年是我第一个入账超过百万美元的年份。

市场在 2009 年第一季度继续波动，我在 9 个月里基本没赚到钱，但对我来说，重要的是我在这段时期也没有亏钱。我坚持执行我的新计划，遵守我订下的规则。正是范·K.撒普研究院教授的心理学伴我度过了这段动荡时期。

我留意到新的数据样本让我的交易系统 SQN 产生了变化，我意识到市场形态发生了改变。撒普博士强调，为某个特定类型的市场设计一个好的系统是可行的（比如淡静牛市），但是不要寄希望这个系统适用于所有市场类型。你通常需要为不同的市场条件准备不同的交易系统。

我的收益和情绪如坐过山车

股票现在处于淡静牛市时期，与 2008 年的动荡熊市截然相反，我调低了波幅扩大时的风险水平，提高了仓位调整策略的风险水平。在不同市场改变 R 倍数这件事，让我明白了识别市场类型并相应调整仓位的重要性。2008 年一些 SQN 大于 4 的策略，在 2009 年却变成了期望值为负的系统，反之也是如此。我在做经纪人时就擅长同时看不同的市场，现在我要在市场上检验不同策略，找出其中最适合的一些市场，比如大宗商品，仍然非常动荡，我就用波幅扩大的策略进行交易，而其他市场，比如股票指数和债券，则更适合使用均值回归策略。关键在于适应市场，想方设法搞清楚市场类型并进行相应的调整（使用 ATR、图表）等。

5.4 现在的我

当我开始第 8 年交易生涯时，回顾过往，一直是收益伴随着市场起起伏伏。2008 年金融危机让我得以观察和参与这段金融历史。让我自豪的是，在这 4 年里，以每月月末的数据计算，最大回撤只有 4.13%，而年盈利平均增长了 27.58%。这段时期的市场一直在剧烈变化，我必须经常适应这些变化。

我每年都会去一次北卡罗来纳州凯里，强化我的方法，我和来自四面八方的交易员沟通交流，这可以带给我新想法，了解别人的观点，并向他们学习。这让我了解到别人对不断变化的市场有何看法。有些从别人那里得到的正的期望值的系统，直到今天仍在使用。

在写本书时，我参加的最后一门课程是在 2011 年 11 月，这门课程的老师是肯·隆，本书第 4 章的作者，重点讲的是系统思想，这方面我现在已经做得很好了。肯·隆在交易上的热情和精力令人敬佩，他对市场机制的理解是无价的，将其与撒普博士的交易心理学和资金管理概念结合起来，简直可以所向无敌了。

表 5-1 展示了我在使用撒普思维法前后每年和每月的业绩表现。

在采用撒普思维法之前的 35 个月里，我盈利的时间只有 20 个月，即 57.14%，平均每月盈利只有 0.22%。我最好的一个月盈利 5.80%，最差的一个月是 −14.80%，每年平均盈利只有 2.60%。

在采用撒普思维法之后，结果完全不同了。在 2008 年 1 月到 2011 年 12 月的 48 个月里，37 个月盈利，即 75%，平均月盈利 2.30%。我最好的一个月收益是 10.30%，最差的是 −3.65%，平均年收益 27.58%。

表 5-1 年度和月度业绩: 2005 年 2 月到 2011 年 12 月

	1月	2月	3月	4月	5月	6月	7月	8月	9月	10月	11月	12月	年小计
2005		-0.70%	3.20%	5.80%	-1.70%	5.20%	3.50%	-0.70%	-3.20%	1.30%	3.80%	-2.90%	13.60%
2006	1.90%	-4.00%	3.90%	2.60%	0.70%	1.30%	2.50%	-0.10%	1.40%	5.40%	2.10%	-2.10%	15.60%
2007	-7.90%	5.40%	-14.80%	-3.00%	0.70%	0.90%	-1.70%	-4.00%	1.50%	-0.20%	1.80%	-0.10%	-21.40%
													2.60%[①]
2008	9.70%	4.10%	1.80%	10.30%	2.70%	4.20%	0.44%	1.93%	10.17%	5.60%	-0.74%	0.53%	50.73%
2009	5.33%	9.38%	9.13%	-1.92%	2.77%	1.00%	-0.85%	0.30%	-2.98%	4.06%	-2.62%	0.12%	23.12%
2010	2.12%	1.29%	4.00%	-3.65%	1.81%	1.96%	1.76%	1.84%	3.34%	0.82%	-1.69%	6.55%	20.15%
2011	2.75%	-2.21%	4.36%	1.38%	0.65%	1.98%	0.61%	5.14%	-2.47%	5.48%	-0.35%	-1.02%	16.30%
													27.58%[①]

注: 阴影部分是采用潘恩思维法之前的交易。
① 年平均值。

| 第 6 章 |

在交易中运用撒普思维法

范·K.撒普博士（Van K.Tharp, PhD）

> 之前：1964年开始交易，之后20年里几乎犯了所有可能的交易错误。
>
> 之后：现在管理范·K.撒普研究院退休基金，而且每年总能跑赢市场。

在20世纪90年代初，我所做的教练工作中，90%是和心理学相关的，我通常在周末两天为学员培训，帮助他们取得巨大突破。当时的目标是在两天内教会学员所需的所有技能，以便他们可以更有效地交易，而不需要再来找我。这种做法对很多学员是管用的。

我记得有一位学员是在一家大型对冲基金的伦敦办公室工作。如果我说出这家基金的名字，大多数读者应该知道。这家基金曾在内部培训中用到了"交易员禁闭"的概念：如果你遭遇了超过10%的回撤而失去了一半资本，你的操作将被严格限制。那名学员还未遭遇过足够大的回撤，他被这种可能性吓坏了。我们一起解决了这个难题和其他潜在问题，他开开心心地离开了。我再也未听到他的消息，所以不清楚后来的情况。

可能会禁闭令他胆战心惊

大约 4 年后，我接受了那位学员推荐的来自伦敦的另一名学员，我当时想："他大概干得不错吧，所以才会推荐学员给我。"情况显然如此，他现在成了那家基金的伦敦办公室的负责人。

那么为何我要提到这件事呢？我总说要成为一名好交易员，需要付出和其他职业同样多的努力（如果不是更多的话）。要成为一名医生，你需要上大学、读医学院、实习、做住院实习生。而现在大多数医生似乎很乐意拿余钱在券商那里开个户，只看了几本如何选股票的书，未经过培训就开始做交易。这就相当于，如果谁都可以在网上买卖股票的话，那么你也可以。

这和其他职业一样，无论是工程师、会计、建筑师还有管理人员，要经过严格的学习和培训，学习行业所需的技能，但他们以为自己只需开个户头，进行交易，就可以从市场上立刻赚到几百万美元。其实不是那样的，要成为一名成功的交易员，需要做很多工作。一些最好的交易员愿意历尽千辛万苦，以获取并保持他们的成功。在 10 亿美元账户上持续取得 15%～20% 的收益并不容易。

我用这种方式告诉你，我在这章所要说的原则，需要你做大量的工作，这是值得的。好消息是，成功的交易是有章可循的，而且可以传授给别人。

也就是说，在你的交易道路上，你需要在五个方面做出努力。第一个方面将在本章介绍，即使用撒普思维法的原则，第二个方面将在第二部分介绍，最后三个方面会在本书第16章介绍。

6.1 第一个方面：充分领会成功交易的规则

这些规则就是我们在本书的第一部分所说的撒普思维法，参见后面各表格，当你读这些规则时，留意你的想法是怎样的。如果你的反映是"啊哈"恍然大悟，你可能理解了所读到的东西。如果你不理解，认为太过简单，或者只是想知道去买入或卖出什么，那你还有很长的路要走。

让我们先列出撒普思维法的主要假设条件，前面我们已经提到过，然后讨论每个假设条件的各种含义。

第一个关键假设是交易和其他职业是一样的，需要一段时间（几年）学习以及成为成功交易者的坚定承诺。马尔科姆·格拉德威尔指出有可能需要花费 10 000 小时的出色练习才能完全掌握一件事。这不意味着 10 000 小时的正常练习会让你成为一名熟练的交易员，而是指 10 000 小时出色的练习。

我是模拟方法的坚定信奉者，因为你随时都可以使用这种方法。有了一个不错的模拟软件，你可以在 3 天时间里研究 100 次模拟交易，而在现实交易中这需要几个月的时间。通过这种方法，你只需一两年时间，就可以完成 10 000 次出色的交易。

我们有一个模拟交易游戏，前三级可从我的网站上下载免费玩。这个模拟游戏可以：

- 帮你理解 R 倍数。
- 让你更好地优化目标。
- 告诉你无须在 50% 的时间里做对才能赚到钱。
- 为你展示大 R 倍数的威力。
- 帮你理解仓位调整的威力。

第二个关键假设是交易反映出的人的表现就和顶级运动员的表现是一样的。你必须理解你要为得到的结果负责，因此你应该投入大量时间，以便能够获得成功。

看看下面的陈述，注意你可以用交易表现和运动成绩互相替换：

- 如果你内心充满矛盾，很容易让交易变得一团糟。
- 如果你担心亏损，那么你就很有可能会亏损。
- 如果你有各种无用的理念，你在市场上的表现可能不顺。
- 如果你心中充满负面情绪，可能会影响到你的交易。
- 如果你身体状况不佳，交易表现也不会好。

尽管这些说法有各种含义，它们主要涉及本书第二部分的转型。然而好在成功的交易有章可循，也可以传授。我们一起看一遍撒普思维法的 6 个关键部分，我将简要说明每个方面有用的理念，然后通过回答常见问题进行说明。

6.2 部分 1：学习交易是一项辛苦工作，但可以学得会

要做好交易需要学习和多实践（见表 6-1）

第一个问题通常会问：

我是需要找一位老师，还是可以依靠自己？

我写本书的目的就是让你可以自学但这不意味着每个人都能做得到，总有一些人常需要额外帮助。例如，我认为本书已经讲清楚了所有问题，但还是有人问一些问题。所以我回答这些问题时的想法是，这样有可能帮助更多的人自学。

表 6-1

序号	撒普思维法则	勾选
1	成功的交易可以模仿并传授给其他人	
2	学会交易需要和其他职业一样的辛苦工作和大量实践	

你是怎样评估成功的？有无统计数据？

这个问题让我想起了曾经有位金融学教授想确定我的仓位调整策略以及《通向财务自由之路》中的一些概念是否正确，但没有在分析中考虑到心理因素。大多数人没有考虑这个方面，因此他们的交易最终失败了。你不能将撒普思维法和造就它的心理因素隔离开来。

大多数接受过"超级交易员"培训中心理部分的人都干得不错，我们所有毕业的学员都很成功。除了一个人在为我工作，其他人都以交易为生，而且尽享其中的乐趣。

辛苦工作是你的主要理念吗？

我重复一下早前说过的话，伟大的交易要求做大量工作——大约10 000小时高效实践。如果你把10 000小时用在实践无用的理念上，最后以亏损收尾，那么你所做的都是无用的。这就是为什么你需要转变自己，以达到第一层次的转型要求。

6.3 部分2：了解自己

成功交易的关键是了解你自己。只有了解了自己，才能形成适合你的目标和交易系统。换言之则如表6-2所示。

表 6-2

序号	撒普思维法则（续）	勾选
3	你需要找到适合自己的交易系统	
4	为此你需要了解自己： (a) 你的价值观 (b) 你的长处 (c) 你的弱点 (d) 你的内心 (e) 重要的理念（精神、自我、市场、系统） (f) 交易优势 (g) 交易劣势	
5	你应该根据你的市场理念做交易，而不是随波逐流，所以，你应该了解自己的理念，知道哪些有用，哪些无用	
6	系统的确定是100%的理念、心理状态、心理策略，所以100%是和心理学有关的	
7	你应该了解自己的个性，这样才会有信心用系统做交易	

我应该重点解决弱点还是只需确保意识到它们？

大多数弱点会导致你犯错误，所以你应重点克服弱点。如果你完成了三个层次的转型，其中包含提高你的意识，就会解决许多弱点。

你所说的用理念进行交易是什么意思？

市场就是执行大量的买卖交易，你无法将其概念化，所以就发明了蜡烛图这些工具，用来表示价格。说它代表了价格，这是一个理念。大多数人走得更远，可能决定在看到一系列绿色蜡烛时就买入，或者价格必须高于或低于某条线，作为判定交易的平均水平。这些也是理念，除非你的心智水平非常高，否则你无法摆脱理念，但你可以检查并决定哪些是有用的。

你能给出一个交易优势的例子吗？

当然，下面就是一些例子：

- 你不必每天都交易；你可以等待绝佳机会的到来。有一些机构交易员被要求每天进行交易，哪怕没有太大的机会。
- 理解仓位调整策略以及如何达到你的目标，做到这一点可以让你成为顶尖10%的交易员。

- 了解自己的想法和感受，在它们消失之前充分利用好它们。
- 了解你在交易中的风险回报比率。在开始交易时通常应该是 3∶1 或更高，而在最后应该至少达到 1∶1。当你知道了你的风险回报比率，就可以把握好你的退出时机。

有很多这类优势，你应该学会识别。

你所说的交易系统的个人特点是什么？

你可以得到一个很棒的交易系统，但无法用它做所有交易。这是因为：

- 系统所依循的假设条件和理念可能与你的理念有冲突。
- 你可能对这个交易系统缺乏信心。
- 时间可能不适合，例如，我作为一名全职教练和公司总裁，也管理着公司的投资账户。我们有不少不错的短线交易系统，但我没时间使用它们。
- 也许你在盯盘时会过度兴奋，最终却做了傻事。你最好是用那种只需每天结束前看一下的系统，或者修改止损价格。
- 一个特定的策略对你来说过于复杂，导致你在交易时频繁犯错。

是否有很多交易系统适合我，而且我可以用许多系统做交易？

任何事情都有可能，但可能性不大。我们在工作坊上讲授过许多好的交易系统，我发现，当我的"超级交易员"培训班的学员征得我的同意使用他们想用的系统之后，他们通常会对其加以改进并继续使用。

6.4 部分 3：错误

一旦开始做交易，你肯定会犯错。我将错误定义为没有遵从自己的规则。当你了解了什么是错误时，你应该会有一种新视角改善你的交易效率

（即更少犯错）并提高你的收益。下面包括了这方面的规则（见表 6-3）。

表 6-3

序号	撒普思维法则（续）	勾选
8	错误意味着你没有遵从自己的规则。如果你没有规则，你所做的任何事都是错的	
9	用一个低 SQN 但适用你的交易系统，远好过用一个高 SQN 但不适用你的系统	
10	你对所有发生在自己身上的事负责。只要你明白了这一点，就可以纠正自己的错误。我们将此称为担当能力	
11	不断重复同样的错误是自毁长城	
12	一个交易者在 10 次交易中犯 1 次错，他的效率是 90%，10% 的效率下降，可能足以让他成为亏损的交易者	

通过我为交易者建模的工作，我们已经开发了一系列用来避免和消灭错误的交易。它们通常假定交易者已经提出并解决了一系列导致犯错的心理问题。我们将在第 18 章讨论如何避免那些错误。

如果一个人没有做足够的心理准备，他如何知道期望的系统表现和错误造成的影响之间的区别呢？需要具备一定的认知水平，才能看到错误。

了解是否遵从了自己的交易规则并不困难。只要有一次没有遵从你自己的交易规则，就犯了一次错误。因为不遵守规则就是错误，就这么简单。牢记这一条，你可以用 R 跟踪你犯的错误对交易的影响。这在第 18 章给出了一些例子。用这种方法你可以看到，当你以 75% 的效率交易时（即每 4 次交易出现 1 次错误），可理解为 1 次错误能让你亏损 3R。每 4 次交易亏损 3R 仍能盈利吗？大多数人做不到。

6.5 部分 4：目标和仓位调整

一个关键理解是：①目标远比大多数人想的更重要；②你可以通过仓位调整策略达成目标。你的交易系统的质量决定了采用仓位调整策略达成目标的难易度。大多数人除了想赚很多钱，根本没想过目标。很多专业交易者也不了解仓位调整策略。他们知道资产配置是重要的，但是不懂数量这个因素使其变得重要——这正是仓位调整策略的核心所在。

我们看看这方面的影响（见表 6-4）。

表 6-4

序号	撒普思维法则（续）	勾选
13	系统研发的一半工作是思考和清晰定义一套书面目标。目标应突出你期望获得的收益、可接受的最大回撤以及它们的相对重要性	
14	你需要设计适合你的核心目标	
15	有多少交易者，就有多少潜在目标	
16	你能通过仓位调整策略达成目标	
17	你的业绩大部分由仓位调整策略以及交易效率决定	
18	你应该了解你的生活使命/目标，并将其融入交易之中	
19	你需要知道自己的财务自由标准（每个月的被动收入减去每个月的支出）。如果得到的结果是正数，那么你已经实现财务自由了	

下面是一些人们对目标和仓位调整所提的问题。

目标对于设计一个好的交易系统为什么如此重要？

这最好是用另一个问题来回答：如果你不知道自己想要什么，又怎么能获得想要的东西呢？

大多数人不知道自己想要什么。

你可以给出一些关键目标的例子吗？

你应该自己决定想要什么。例如，我管理着范·K.撒普研究院的退休金计划，我的核心目标是在年底不要亏损。尽管如此，我仍愿意放弃年内赚到的大部分利润，以换取潜在的更大收益。而且我有一个不错的策略达到这些目标。

如果我只是为自己做日内投机交易，我的目标就会是每月将亏损限制在 2% 以内，并力争获得 25% 的收益。我仍然愿意放弃一些利润以换取更大收益，这些就是月度目标。

我的目标不可以只是"以尽可能小的回撤赚到尽可能多的钱"吗？在目标里应该定义多大的回撤呢？

如果你不知道你的回撤是多大，那么"赚到尽可能多的钱就是一个比较模糊的目标，它过于宽泛，无法让你有效使用仓位调整策略"。

我听说每次交易只承担账户资金的 2% 的风险赚不到多少钱。

2% 的风险已经算很大了。在肯·隆博士那一章，他举过一个例子，一位参加日内交易实战工作坊的学员在 5 天内赚了 52R。如果你冒 2% 的风险，就意味着你一周增加了 100% 的收益。但是，每一股的风险是如此小，在一次交易上冒 2% 的风险，会突破大多数账户的边际要求。所以，你能在靠近止损位时突破你的账户边际要求，以及冒 2% 的风险每周赚 100% 吗？我很担心在这种情况下，你可能遭受巨大损失。

你可以用总金额/回报率给我一个仓位调整策略的最小改变对交易系统产生影响的例子吗？

我们假设你交易的系统每年赚 50R，而年内最大回撤为 22R。再者，我们假设你的账户起始金额为 10 万美元，表 6-5 展示了各种仓位调整策略的影响。但是记住，这些只是大略数字，实际数字将取决于实际的 R 倍数，这是因为风险比率是用在当前的资金量而非开始时的资金量上。为了方便起见，该表假设所有的数字是按照起始金额计算的。正如你看到的，如果你冒 5.0% 的风险，22R 的回撤将让你破产。

表 6-5　不同风险水平对回撤和股票的影响

风险（%）	年末（%）	年末收益（美元）	回撤（%）	回撤损失（美元）
0.25	12.5	12 500	5.5	5 000
0.50	25	25 000	11	11 000
1.0	50	50 000	22	22 000
2.0	100	100 000	44	44 000
3.0	150	150 000	66	66 000
4.0	200	200 000	88	88 000
5.0	250	250 000	破产	破产

6.6 部分5：概率和风险评估

交易/投资与特定市场条件下的概率和风险回报比率有关。只要你随时理解这些规则和市场条件，你就可以用统计学预测业绩表现区间。尽管无法预测未来，但借助统计学和在不同市场条件下所做的恰当抽样，就可以更好地了解你的业绩。一旦理解了这一点，你会被发生的改变吓一跳。

这条规则的含义非常丰富。首先我们看看风险回报比率和R倍数，以及它们在交易系统中意味着什么（见表6-6）。

表 6-6

序号	撒普思维法则（续）	勾选
20	绝不要在不知道初始风险的情况下建仓	
21	用你的初始风险的R倍数定义盈利和亏损	
22	将你的亏损限制在1R或更低	
23	确保平均盈利大于1R	
24	除非风险回报比率达到2:1甚至3:1，否则不做该笔交易	
25	你的交易系统是R倍数的一个分布	
26	如果你理解了第6条，就应该可以听到/看到一个系统的说明，而且知道它会产生什么样的R倍数分布	
27	该分布的均值是期望值，告诉你交易的平均收益水平，它应该是正数	
28	均值、标准差和交易次数决定了交易系统的SQN	
29	你的SQN告诉你使用仓位调整策略达到你的目标有多难。除此之外，你的交易系统与实现你的目标无任何关系	
30	交易系统通常以其设置条件命名，通常是为了预测未来的价格，预测与交易的好坏没有任何关系	
31	系统的表现与风险控制以及退出时的仓位管理有关	

如果预测与交易好坏没有关系，那么当你建立一个头寸时，你试图实现什么目标？这不就是预测吗？

你不应预测市场将要怎样，你只需做出一个合理的估算，使得风险回报比率至少达到2∶1。如果这样做了，而且至少一半时间你是对的，那么你就得到了一个期望值为正数的交易系统。

为什么用 R 倍数计算风险要好于其他方法？

有两种方式计算风险：方法一建立在知道你何时在交易中出错了，当这种情况出现时退出，这时的风险是 1R；方法二是华尔街所说的风险，即波动性。我的看法是，这基本上是一个没有意义的风险定义。你可能会说期货比共同基金的风险更大，尽管期货确实有更大的杠杆，如果你用资金的 1% 冒险，无所谓你是投资不加杠杆的股票，还是高杠杆的期货。一个缺乏经验的人投资共同基金的风险，要比专业人士投资期货的风险更大。

R 倍数对于计算风险没有用处，但与你如何度量盈利和亏损大有关系。当你用初始风险测量盈利和亏损时（即 R 倍数），你开始考量交易的风险与回报，这对你很有好处。

在计算 R 倍数的分布时，需要使用回测结果还是前向测试结果？

回测结果是有用的，但有些人使用过度了。用小头寸进行前向测试也是有用的（如每只股票买 1 股）。

为什么我们不该做风险回报比率低于 2∶1 的交易？是否有可能建立一个短线交易系统，因为赢面要比输面大？

任何事情都有可能。一方面，由于其中包括了心理问题，试图做对是通往灾难的必经之路，试图做出预测也会导致灾难，因为在我看来，没人能够做出正确预测。另一方面，留意一下风险回报比率，这更容易让你在进行一些交易之后获得净收益。

为何一个具有很大赢率（80% 以上）的交易系统，平均收益却小于平均亏损？这违反了撒普思考法中有大风险回报比率的交易系统，使用期望值和 SQN 进行评估也应该是不错的原则。许多出售期权升水的交易系统就属于这类。

你通常在这些系统中看不到的大的负 R 倍数可能产生不利影响，你只看到了小的亏损。长期看，这类系统是个灾难。

即使下行风险有限，一个大的正 R 倍数会对 SQN 产生负面（降低）影响吗？如果说会，我们如何处理？

设计 SQN 的目的是向你展示如何用仓位调整达到目标。如果你试图通过几个大 R 倍数赚到大部分利润，你可能无法承担那样大的风险，因为你会连续遭受巨大的亏损。

如果冒太大风险而连续发生 20 次亏损，意味着你可能已经所剩无几。

例如，假如你在 10 万美元账户上每次冒 1% 风险交易并发生了 20 次亏损。1% 是指以你账户剩余金额计算，20 次亏损之后，账户余额将下降到 81 796.60 美元。如果你有 30R 的赢面，并在这余额上冒 1% 的风险，如果发生 20 次亏损和 1 次盈利，账户余额将达到 106 327.90 美元，那么你的盈利仍大于 10R，而账户余额增加了 6.3R。

但是我们假设在你的账户余额上，每次交易冒 5% 的风险，20 次亏损之后，余额将下降到 35 772.89 美元，即下跌 64%。如果你在此金额上冒 5% 的风险，你有 30R 的赢面，余额可上升至 89 621.48 美元，增加了 10R，尽管你做了仓位调整，余额缩水仍超过了 10%。

然而，一个每做 21 次交易会有 20 次 1R 亏损和 1 次 30R 盈利的系统，SQN 只有 0.65。如果你的交易系统的 SQN 为 7.0 左右，那么每次交易冒 5% 的风险还是相当安全的，而且可以期望在 21 次交易之后，账户余额大幅增长。一个 SQN 为 7.0 的交易系统不大可能连续亏损 20 次。

你在设计交易系统时强调退出和仓位调整策略比进入更重要，但是对于低风险的交易是否意味着进入很重要？我将"好的进入"定义为有很大可能选择对了价格走向，风险最低，而且最重要的是，有不错的风险回报比率（2∶1，3∶1 则更佳）。这样在改善进入时机的同时，不是

也大大降低了风险吗？

你的进入和初始止损位定义了你的 1R，这样做，你可以估算出一个目标值和可能的风险回报比率。即便如此，退出和进入结合在一起才更重要。从进入本身来看并不重要。在定义 1R 时，进入和初始止损位是非常重要的。

6.7 部分 6：系统和市场类型

下一个关于概率和风险回报的要点是：所有市场都是不一样的。当你买一个交易系统或一只基金时，你通常被要求签一些文件，声明你明白过去的业绩表现并不一定反映未来的表现。这反映了你对统计学缺乏基本了解。应该这样说：

- 我们在特定市场条件下用这个系统进行交易，我们了解在那些条件下它的表现，但无法知道这样的结果能够在多大程度上代表那些市场条件下的交易表现。
- 如果我们的样本是准确的，我们仍无法用它们模拟出足够多的表现，以预测在那些交易条件下可能发生的结果。
- 如果我们没有在某些市场条件下使用这些系统交易过，我们不会知道这些系统的表现如何。实际上，我们甚至没仔细想过，如果关于这个市场的某些情况将发生改变时，我们是否已经设置某些会停止退出的假设条件。
- 将来我们使用这个系统时可能会犯错，这肯定会导致该系统在那些市场条件下表现不佳。这一原则反映为下面这些概念（见表 6-7）。

表 6-7

序号	撒普思维法则（续）	勾选
32	至少存在6种不同的市场类型。你应该明了你的交易系统在每种市场中的表现 （1）动荡牛市 （2）淡静波动 （3）动荡波动 （4）小幅波动 （5）淡静熊市（几乎不存在） （6）动荡熊市	
33	对于上面6种市场，容易设计出"圣杯"系统（具有高SQN）	
34	期望交易系统在各种市场中表现得好是不现实的	
35	人们所犯的最大错误是试图设计出一个适用于所有市场的交易系统	
36	你只应该用专门设计的交易系统在特定市场交易	
37	好交易都了解整体形势，知道如何评估，能够觉察到形势变化	
38	媒体和学术界不了解这些，也不会教你这些	
39	对每个市场，你需要大量样本来评估系统的表现	
40	你也应该用系统R倍数做蒙特卡罗模拟，更好地了解将来可预期什么，如果样本很接近总体，这样做是有用的	

在市场类型改变时，你能解释一下何时使用/停用一个交易系统吗？这是一个两种选择的转换吗？是否你会因此增加/减少资金配置？

市场种类的改变是渐进的，假设我们处在一个强劲的牛市里，在两周高波动之后，价格没有任何变化，它向下进入牛市。然后下跌了三周，市况转为中性。如果你有一个只能用在牛市的交易系统，应该停止使用。

但是一些好的交易员用的另一种方法是交易股票曲线，如果曲线开始下跌，就将资金撤出。如果下跌达到10%，你应该从那个系统中撤出90%的资金。当曲线开始上升时，可以投入更多资金。

有没有一种适合日内交易的市场？

衡量市场类型存在很多不同方式，你应该找到适合你的那种。毕竟建立在100天基础上的长线市场，对于日内交易者没有意义。但是波动性肯定是有意义的，你遇到一个有趋势的交易日还是一个无方向的交易日,这种差别很重要。你可能需要在前半小时交易中做出估计。

这些规则多数出自伟大的交易者,其中有一些很独特。我之所以将其称作撒普思维法,是因为我们的项目将这些规则放在了一起,这是很独特的。

这些规则的共同之处是对市场采用了统计学方法,依靠的是风险回报而非预测是否正确进行交易。它们也强调优异业绩是市场、交易系统和你共同作用的结果。

6.8 学习撒普思维法的步骤

首先,学习本章提到的各项规则。其中有一些很明显,读到会有一种恍然大悟的感觉,请在这些规则旁边的框上进行勾选。如果有些没搞明白,可以再读一遍本书的第一部分。

对于很多人来说,这些规则未必那么明显。可能需要你多读几遍,并且运用它们,直到完全理解。例如,R倍数是重要的,可以让你在交易中时刻想到风险回报比率——这真的很重要。但是我看到在博客上有人评论道:"为什么我必须把所有东西转换成R倍数?我对收益和亏损已经很满意了。"如果你这样想,或者觉得有些规则不是那么显而易见的话,你大概还得多学一点,这里有一些建议:

- 在 www.vantharp.com 上查阅术语表,学习本章提到的术语,看看自己能够理解多少。
- 订阅我们的免费通讯《撒普观点》(*Tharp's Thoughts*),我们经常在上面那个网站讨论这些术语。
- 书中的大多数概念在过去的通讯中出现过,网站免费提供过去的通讯。

如果你仍然完全没搞懂，我建议：

- 阅读《通向财务自由之路》（第 2 版），读的时候记住自己想要理解的那些关键概念。
- 阅读《超级交易员》(*Super Trader*)(修订版)，脑中要有同样的目标。
- 阅读《仓位调整策略权威指南》。
- 我们会定期举办关于撒普思维法的 1 天工作坊或包含 6 个部分的讲座。可在 matrix.vantharp.com 上找到更多信息。如果你报名时提到本书，会得到 15% 的折扣。
- 正如前面已建议的，下载我们的交易模拟游戏，可以让你边用边学习这些概念。这个游戏的前三级是免费的。

你可以在 www.vantharp.com 上下载这款游戏。

| 第二部分 |

TRADING BEYOND THE MATRIX

心理转变助你成为超级交易者

在第一部分，我们介绍了第一层级的转型，其中包括接受一套称为撒普思维法的信心理念。这部分包括 6 章，详细讲述了人们在交易中奉行撒普思维法而收获的成功。

通常在你完全接受撒普思维原则之前，你的生活中还有一些问题需要移除或"转变"，这些转变称为第二层级的转型。本部分向你介绍的一些，通过这一阶段的改变，发生了巨大变化的人。撒普思维法的心理学适用于此，这些原则在第 12 章进行总结。

我们的"超级交易员"培训班学员通常在个人转变方面要花 1 000～1 500 小时。他们参加 4 个心理学工作坊——通常每个工作坊会参加几次。在我的"尖峰业绩"课程里，有 20 节心理学课。他们要参加一门 28 天的转型课程，每天要在这门课上花费 3 小时。我也会要求大家参加一些外部培训，比如为期 365 天的"创造奇迹"课程或者"圣多纳方法"课程。大多数学员也会报名参加 OBG 培训，我发现这个课程极具转型力。

本书的第二部分主要讲述心理/精神旅程，但是这个旅程的某些部分会比其他部分更重要，各章聚焦转型的不同方面。

第 7 章讨论信念。你知道，信念形成你对现实的一个过滤器。就像电影《黑客帝国》里，只有机器人编程看上去是真实的，而这也源于你的信念。当你认识到这一点，就可以开始系统地审视每一个信念，并确定它是否适合你。作为一名交易者，每个信念是否对交易有益？

最终每个信念会在某种程度上限制你，因为它们会让你无法保持一致。但你必须在某个范围内操作，在你了解这种操作模式之后，就拥有了巨大优势。就像影片主角尼奥，你可以去除无用的信念，不断吸收更有用的信念，重新编程。当你这样做的时候，你的生活将彻底改变，成功将不期而至。

当你发现一个信念是无用的，改变它很容易。你所要做的就是注意到它是无用的，并找到更有用的信念。但这只在无用的信念与费用或情绪没有关联时才有可能。一个有关联的信念是指当你想到它时，会产生强烈的负面情绪。当一个信念具有这种特征时，你必须通过某种感觉释放，将这种影响去除。

在第 8 章，一位超级交易学员讲述了他曾经历的一个紧张情绪释放过程。放松情绪可以有很多过程，至少有 5 种会在"圣多纳方法"（Sedona Method）培训中教授，另外 3 个会在"尖峰业绩"培训和"尖峰业绩 101"工作坊中学到。有一位学员讲述了他长达数月的尝试情绪释放的经历，告诉你他做了什么以及发生了什么。

去除无用的信念

第 9 章讨论了人自身身份的内部冲突，以及如何让它们协调起来。基本上，人是一个矛盾集合体，你在生活中扮演了很多角色，每个角色都被认为是"你自己"。例如，你可能是工程师，因此有一个工程师角色。整体上看，通过所有这些角色，你对自己是谁有了一个认识。我将在第 9 章讨论这些角色。我会带你做一个 1987 年和芝加哥期权交易所（CBOE）场内交易员做过的角色协调练习——那时正好是 10 月 19 日市场崩溃前几天。那位交易员每年可轻松赚到 10 万美元，但他很难赚得比这更多。他自己觉得赚不到更多钱。在我完成对他的训练之后，也就是角色协调之后，他已经可以做到在 1987 年股市崩溃中避免亏钱。这是很大的进步，因为与别的交易员相比，CBOE 期权交易员在那场崩溃中破产的人数更多。后来他在市场崩溃后几周里赚了 70 万美元。显然，他的 10 万美元收入天花板已经被突破了。那一章的内容摘自我的"交易员和投资人尖峰业绩"课程。

那位场内交易员后来成了一个大人物。他为芝加哥高中生上课，帮助孩子们体验成功。他从一个难以相处的人变成了一个精神富足的人，14年后平静地离开了这个世界。他是伟大的朋友，我很怀念他。

也许你在交易旅程中可以做的最重要的一件事是跳出身外，让高级自我（Higher Self）引导你。一个非常有说服力的例子发生在20世纪90年代中期，当时我和一位退休的工程学教授一起工作。他花了两天时间解决问题，最后做了一个与高级自我相关的练习，确实很有效果。他学会了如何做交易，在后来的14年里积累了巨大财富。就在2008年市场崩溃之前，他结束了交易，为退休积累的财富，足以让他舒舒服服过几辈子了。

第10章讲述我追随内在指引的旅程。这是一个很有趣的故事，也是我最熟悉的。我记得自己经常想着要做点什么事，但不知道是否能把直觉和"内心期望"区分开来。后来一个内心声音指引我，但有时是高级自我发出的建议，有时只是自己的某个角色在试图模仿高级自我，很难区别是哪种情况，所以不知道是否可以信任它。

2008年，我开始参与全球"万物合一"（ONENESS）运动，这是我经历过的最有力的转型之旅。我发现所有事情都改变了，包括我和那个内心声音之间的关系。我的精神之旅还远未结束，但我会在第10章和大家分享。

最后一点，我的一位助手开发了一种角色工具，她将其称作转型冥想（Transformational Meditation，TfM）。当进行TfM时，你仍然在进行角色协调，但其中一个角色是你的高级自我。这种方法确实消除了内心矛盾，带你走向合一境地。在第11章，我的一名"超级交易员"培训班学员讲述了他在TfM过程中的感受。

| 第 7 章 |

信念：交易的基础

范·K. 撒普博士（Van K. Tharp，PhD）

范·K. 撒普博士的简历在本书最后。

> 之前：未意识到自己的行为经常与信念不相符。
> 之后：看到信念的影响，能够按意愿改变它们。

信念是什么？无论你我做了什么，都有一个或多个信念，例如，我可以声称"我是一名交易员"。这就是一个有关我是谁的信念，或至少是我认为自己是谁。

我在本书里说过，我的使命是帮助别人在财务方面做出改变。这也是一个信念，反映了我的价值观。我可以说有可能每年做100%的交易，这是一个有关能力的信念，这类信念通常含有"能够"或"不能"这样的字眼。

下面这个故事来自大约20年前题目为"内心平静的基础"的通讯简报。这是一个真实的故事，显示了信念的长期影响。

有一个 5 岁孩子的家庭，女主人怀孕了，那个孩子知道将有一个新生命降生，他一直和妈妈说，"他出生后，我想和他说说话。"当新生儿被抱回家里，这个男孩的要求还在继续，他总是请求："妈妈，求你了，我想和他单独说说话。"最后这对父母让步了，但为安全起见和出于好奇，他们安装了一个婴儿监控器，这样就可以听到他们说话。当这个 6 岁男孩独自和婴儿在一起时，他说了一句话："请告诉我上帝的事情，我开始有点忘记了。"

请告诉我上帝的事情，我开始有点忘记了

那个男孩当时只有 6 岁，已经能够清晰表达，已经被灌输了信念，对于接受信念之前的生活仅有模糊的印象。

7.1 理解信念对生活改变产生的影响

如果你觉得这个概念很陌生，那么你很难全面理解和掌握它，然而一旦你完全理解了，你的生活将永远改变。让我们先谈谈大多数人是怎样形成信念的。

人们不会根据直接和现实世界的信息采取行动，那些信息需要先经过神经、社会和个人过滤。神经过滤器是用感觉机制的限度定义的，人们通过感觉器官接收信息，例如，我们只能"看到"可见光或"听到"响声。我们不能够察觉到环绕在身边的能量波。我们可以感受到指尖皮肤上相距一毫米左右的两点之间的差别，而无法感受到背部皮肤上相距 1 英寸⊖远的两个点的差别。我们无法认知全部的真实世界，因为我们只

⊖ 1 英寸 = 0.025 4 米。

能感知其中一小部分。你对世界的认识开始于你通过神经过滤器获得的感官信息。

我们用到的第二种过滤器是社会过滤器，这些是由普通人共用的，包括语言、共同的认知和道德观。你的看法都会受到社会过滤器的深刻影响。例如，假如我让你去购物中心，并要求你和5位陌生人拥抱。马上各种各样的社会过滤器就会涌出来。你可能想到：

- 我不会去拥抱别人，这不可能发生。
- 有病吧，听上去像是个探险。
- 我不会去接近陌生人，那样可能不安全。
- 我甚至不喜欢和陌生人讲话。
- 我今天要拥抱5个人啊，多美妙的体验！
- 如果人家拒绝我而走开怎么办？

神经过滤器指出了人类在信息方面的局限性，社会过滤器把人分成不同群体。讲英语的人和讲迈杜语（Maiduan）的人有不同的过滤器，后者只能分辨出3种不同的颜色，而一般人的视觉器官能分辨750万种颜色。迈杜语对颜色感知的独特过滤，使得那些只讲这种语言的人认为世界上只存在三种颜色。你怎么看？你知道我们用来指代颜色的那些词汇吗？你相信至少存在750万种颜色吗？比如，靛蓝是怎样一种颜色？

社会过滤器的另一个例子和纳瓦霍人（Navajo）有关，他们没有"未来"的概念——只有永远不会结束的现在。因此，提供一个巨大的未来收益，比如从投资中赚钱的前景，对于纳瓦霍人而言是没有意义的。

图形、表格和统计方法，在使用它的投资者之间甚至特定的交易员之间也构成了社会过滤器。例如，使用江恩数或江恩角度线的人，对市场的看法，和那些不用这些方法的人是不同的。类似地，采用随机方法的投资者，对市场的期望，和不使用这种方法的人是不同的。如果你不知道随机方法或江恩那些概念，你在看图表时会和经常使用这些方法的人有不同的感受。

最后一点是，每个人都有自己的过往经历，会形成一套独特的观察世界的过滤器或信念，这意味着不会存在两个人会用同一种方式看待世界。你的独特经历塑造了你对世界的看法。开始投资就在熊市取得成功的投资者可能只会在熊市才感觉舒适，这是由于种种原因，他开发的模型可以让他在这种下行市场中获得预期的成功。由于某种原因他没有经历过上行市场，因此在牛市中可能感觉不适。

信念可以多种多样。你有几千个信念，早在你学说话和与周围的人互动的时候，信念就开始形成了。这些信念创造了现在的你。

一方面，你的个人经历让你在投资世界，也可以是其他世界，看到了各种机会；另一方面，你的个人经历也可能会限制你看到机会的能力。对于交易抱有先入为主之见的人，无法觉察到所有机会。

我经常说你不只是在市场上做交易，而是用你的信念在市场上做交易。市场是什么？是众多交易集中在一个地方进行买卖，买卖下单中倾注了情绪和想法。你不是简单地做交易，而是在看一张图——可能上面有很多指标。你可能对这张图表或指标形成各种信念，你交易的是这些信念。

例如，我每个月测量市场的 100 天 SQN。一个特定的 SQN 告诉我是否我们处于：①一个强劲的牛市；②牛市；③中性市场；④熊市；⑤强熊市。换言之，我相信 100 天 SQN 对于帮助我确定市场类型是有帮助的。而我每月都会在免费简报上公布这个信息（撒普观点）。2011 年 9 月底，我说过我们处在熊市中。

图 7-1 展示了标普 500 指数的月度蜡烛图，你怎样解读？

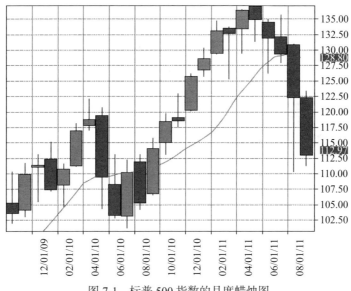

图 7-1 标普 500 指数的月度蜡烛图

这个图看上去十分明显，你不觉得吗？⊖但有人对我的结论，做了如下评论：现在是熊市，但市场还在继续上涨，实际上，过去 10 天至少上涨了 10%。你们都有几十年的经验和丰富的市场分析知识，为什么总是出错？

我对这个评论的回复是，我不是在预测市场，我只是告诉大家，市场此时正在发生什么。他看到市场在我发出报告之后又涨了 10 天，他认为：①我预测了市场；②我的预测能力很糟糕。

好吧，让我给你看一张包括 10 月前 12 天的图（见图 7-2），市场是在上涨还是在下跌？

⊖ 肯·隆（见本书第 4 章）喜欢交易出现极端变化，比如 5 个蜡烛柱体都向下。他对这个图形的反应是，"我想找到一个向上移动的趋势并做多。如果走势持续向下，我的持仓会创新低。如果趋势始终向上，我就能赚钱。我会有一半时间是猜对的"。市场从那个时点下跌到更低了，但是之后几个月屡创月度新高，我们得到的是绿色柱体。事实上，这是一个新牛市的起点。

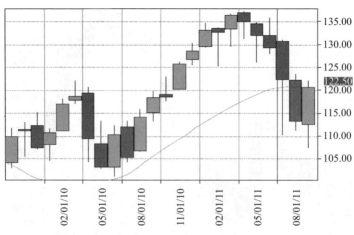

图 7-2　标普 500 指数（向后多延长了 1 个月）

市场创下新低，高点也未超过上个月，这是上涨还是下跌？我只是请你看看现在发生的事情，而不是做出预测。我想说的是，从月度周期看，市场已经停止下跌，仅此而已，没有预测价格会怎样变化。

如果写评论的那个人是日内交易者或波段交易者，那么肯定认为市场在短期内是上涨的。这就是我所说的信念的意思。你是怎样的人，你看到的就是什么，每个人对熊市的定义也不同。

我们再看另一个方面，图 7-3 是上面那条评论之后，我贴出来的上周市场的小时蜡烛图，市场是在涨还是在跌？能否从图上看出明天的走势？在此做交易是否风险比较低？你看到下行有无交易机会？这些全有赖于你的信念。你的信念决定了你对某件事的看法。

我喜欢的一句有关信念的话来自 Avatar 创始人哈里·帕尔默（Harry Palmer）。哈里说："你相信什么就能感受到什么，没感受到，那是因为你不信。"

哈里的意思是说，你的信念塑造了你的生活。

那时有读者说我的预测是错的，我把那张图拿给肯·隆博士看。肯·

隆喜欢在极端下行时做交易，他认为图 7-1 是未来上升的最好交易时机。如果图中下一个方柱不创出新低，高点与前一个接近的话，就很适合做一个不错的上行交易。

图 7-3　同一时期标普 500 指数的小时蜡烛图

讽刺的是，价格又创新低（大幅度），但是高点确实非常靠近，除了风险回报比率（假设止损位就在低位之下）小于 1∶1，其他条件都不差。图 7-4 显示了这种情况，大家可以看到之后发生了什么。

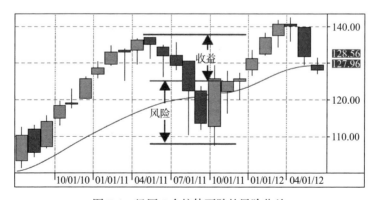

图 7-4　经历 5 个柱体下跌的风险收益

所以，当我说我们处于熊市时——那是对市场下行的一个观察。读者认为我错了，是因为看到它在反弹，但那是在我的报告发出后几天里发生的，读者却假设我做了一个预测。肯·隆将极度下跌的情况视为一个交易机会，他也是对的，但是那种交易（至少是以月为周期）的风险回报比率很糟糕。

留意那些说法中的信念的力量。

我最近让一名"超级交易员"培训班学员简单写了一下他的体验。他写得很好，我征得他的同意，在这里将这篇文章分享给大家。

7.2 我的体验

在"尖峰业绩202"工作坊上有一个课后作业，让我非常想从中获得自己的体验。我参加了"超级交易员"培训，我们花了很多时间探讨信念。这个过程的一部分是指出我们的信念是怎样促使自己进入和退出市场的，以及它是如何限制我们的。这个过程对我而言非常奇妙。作为一名工程师，我想出一种展示信念创造过程的方式，以及它是如何对现实产生影响的。图7-5中的流程图就是我理解的过程。

对于这个流程，有很多有趣的现象。首先，一旦开始，这就是一个自我强化的过程；其次，解读这个流程的最容易的时间就是清醒状态下刚开始产生想法的时候。在那之后，需要更多能量才能解释或去除这个信念，特别是它和情绪结合在一起的时候；最后，由于信念充当了经历的过滤器，情绪或想法实际上可由信念创造出来，这类似一个自我强化的循环。这种情况在多个层面都会发生，而且确实在发生。

在最简单层面上，一个人只能观察到和信念相符的事实，而忽略掉那些不相符的。第三方可以容易看到别人这样做，是因为第三方没有这个过滤器，所以可以发现那个人的疏漏（这也是主观的，因为种种原因，第三方有自己的过滤器）。一个例子是当人们被要求大声读出一些东西时，他们会在其中插入或略去一些词句，以符合按照其信念过滤的认知。这个过程支持说法"人们只能看到他们想看的东西"。在这个层面上，人们在创造出现在他们的头脑中的经历。但是在现实中，他们只是无意识地选择忽略一些东西。

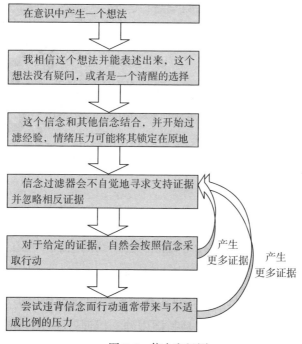

图 7-5　信念和经历

尽管如此，通过信念形成经历的过程会变得很复杂，因为人们基于信念采取行动。一种可能性是你可能用自己未受到控制的想法去形成经历。例如，最近我去凯里参加"尖峰业绩 101"工作坊，第一天结束得比较晚，而我还没办理酒店入住手续。我承诺参加两小时工作坊并办理入住手续、吃晚餐以及完成课后作业。我觉得时间很紧张。实际上，当我离开工作坊时，就在想可能会迟到。这个想法没得到控制，而且因为在当时情况下是合理的，我相信了（这是完全下意识的）。在那个时刻产生了一种负面情绪，因为我有一些价值观念，比如"守时很重要"和"履行承诺很重要"。在这种情况下，信念和行为产生了冲突，而且我不愿意发生这种违背信念的迟到。

在我和这些负面情绪做斗争时，错过了第一个路口，这让我更觉得会迟到了，接着又错过了另外两个路口，最终我开上了一条不想上的高速公路。当这些事情发生时，我变得越来越生气，直到错过了第二个我应该掉头的高速出口，我使劲拍着方向盘，嘴里骂着脏话。我意识到又要浪费30分钟了。最终的结果是我确实迟到了。感觉真是糟透了，整个经历都是种种我无法控制的想法造成的。

我使劲拍着方向盘，嘴里骂着脏话

这一系列事件发生了，导致我迟到了。这不只是观察或者疏忽。我无意识地错过了路口，这些行为支持了会迟到的信念。现在我很容易从受害者的角度（天太黑，我不熟悉那个地区，路标不清晰等）找到很多理由解释这件事。但那只会强化这个我不愿经历的过程，导致自我破坏。对我来说，更有用的是指出我是怎样做的，以便：①不再重复自己不想做的事情；②做自己想做的事情。所以我分析了事情是怎样发生的，开始寻找积极的经历（那些促使我在生活中理智地做自己想做的事，以便可以分析事情经过，最终想出一个改变自己的方法）。

几年前，我决定去墨西哥定居。我妻子来自墨西哥，我去过墨西哥几次，所以很喜欢这个想法。我想象搬迁和在那里生活的情况，以及如何达成这个目标。基本上我一直对此抱有强烈愿望，我执着于这个想法，并通过想象加以确认。在我结束了工程师生涯之后，我一直认为自己早晚会搬去墨西哥——主要是因为我对何时"退休"有一些想法，也知道需要多少资金才能去做这件事，移居墨西哥是将来要做的事情。但是移居墨西哥和我的其他信念，以一种我未预期到的方式结合在一起了。

我的信念很快开始创造我的经历。在去墨西哥休假之前，我在公司里巧遇某位高层领导，他问我准备去哪里度假。当我告诉他要去墨西哥时，他问我有没有去过公司在那里的办公室，我回答没有。他告诉我，他的部门需要派一名高级管理人员到墨西哥公司。我跟着他的话头，说如果他们想派人过去，请考虑一下我。8个月之后，他发来一封电邮，表示情况发生了变化，另一位同级领导正在招聘，所招聘岗位需要出差到墨西哥。他从未告诉过我这个工作要搬到墨西哥，但我的信息过滤器忽略了这一点。

我联系了负责招聘的人，告诉他我愿意去墨西哥工作。他说他确有派人过去工作的想法，但还没有提出申请，也未告诉别人，还说我的经验非常符合他的要求。后来他设立了一个新部门，招纳了很多我愿意共事的前同事。看上去老天带给了我一个比当初设想的更好的去墨西哥的机会。后来发生的事情是，我的想法实现了。

在这件事上，我的想法受到有创意的意识控制，我认同这个想法，我的过滤器在新信念结合进来后开始工作。我通过这个过滤器观察现实并采取相应的行动，创造了这个经历。但其中有些事情并非来自我的直接行动。例如，我没有促使公司在墨西哥设立新部门，但这个部门正好是我之前和他聊到我想搬到墨西哥的那位高层领导管理的。我想表达的是，信念并非仅仅是通过认知过滤物理世界的经历，也是一种创造性力量。信念很强大，尽管我说的每件事情都包括了信念，如果信念不能很好地结合起来，也会有其他更好的配合方式，这些信念对我很有帮助。

7.3 你是自己想法的旁观者

艾克哈特·托尔（Eckhart Tolle）要求人们在静思的时候这样做：①把注意力放在呼吸上；②保持安静；③感受身体的活动；④感知现况。当你这样做一会儿（用四种方法中的任何一种），你可能会注意到：

首先，你会发觉想法开始涌现。如果你注意到了这一点，这就是正在发生的事——思想流动。直到你开始识别它们只是知觉的产物，在那一刻，你可能认为自己本身就是这个想法，或者你在积极地思考。你是这样做的吗？你有清醒地努力思考那个脑中最后出现的想法吗？或者它只是下意识产生的念头？如果是这样，那么它来自何方？你是这个想法的思想者还是旁观者？

如果这种体验足够多，你会注意到，你并没有那个想法，你只是一个旁观者。这是一个非常有力的介入位置——知道这个想法正在发生，而你只是一个旁观者。

然而我们绝大部分人不是站在这个位置上，相反，我们认为自己是想法的创造者，或者把自己当作那个想法。例如，想象你感觉良好，然而，当你去卫生间的时候，发现自己在流血。你去看医生，过了一段时间，你得到结肠癌晚期的诊断结果，只能再活6周。

突然你相信了这些，你成了一名癌症患者，是一个6周后会死去的人。你确定这是真的吗？当你有这样的信念时会发生什么？如果没有这个信念，你将会怎样？这是一个有用的信念吗？

你很可能相信这是真的。毕竟医生是这样说的，在认可了这个信念之后，你的行为有可能产生非常大的改变。你去接受一些让你感到更虚弱的治疗，也许会导致脱发，这加深了你觉得自己有病的看法。但是记住，在你注意到流血和得到诊断结果之前，你是开心快乐的人。是什么改变了你？只是因为你相信了这个想法，而不是置身事外成为这个想法的旁观者。

也许你会对这两段话感到恐惧。我怎么可能说出这种话呢？如何让我相信你是一个将要死去的癌症患者呢？如果你自己不走出来，可能相信自己会死去，甚至更快死去。但这是真的吗？你是否真的很肯定？

也许有其他方式解释你是谁。如果你只是你的信念的旁观者会怎样？如果你不是你自己会怎样？当然，这不是本章的论题。我只想现在把这一点提出来，说明信念力量的强大。

7.4 信念的层次

格里高利·贝特森（Gregory Bateson）观察到人类思维是按照逻辑层次组织的。每一层都需要得到下一层的支持，实际上，第一层的作用是组织下一层的信息。所以，X 层必须得到下一层 Y 资料的支持，类似地，Y 层必须得到更下一层（Z 层）的支持，结果是最低层决定了对最上面层的支撑。

我们看看这种从最下层到最上层的结构是怎样搭建的。考虑超市里堆起的罐头，想象从最下一层抽走一盒——组织的最下层，这样做很难。堆在上面的罐头很重，如果你真的抽走了底层的一盒罐头，这一堆罐头可能倒塌——特别是由那盒被抽走的罐头支撑的那部分。

现在问自己，如果信念也构成这样的层次结构会怎样？考虑一下这种信念层次结构改变人类思维过程的革命性影响。最深层次的改变将永久性地改变整个系统。表面的东西如果得不到深层次变化的支持，则无法保持稳定。这就是为什么改变信念可以让人产生如此巨大的变化。

信念层次结构的另一个影响是表面的改变很容易做到，但它们的影响不大。而且，这种改变如果得不到各层的支持，也保持不久。所以表面改变虽然容易做到，但并不稳定。我们再用罐头堆做个类比。从顶部取走一盒罐头，再换一盒放在那里，这件事很容易做到。但是那盒罐头可能放不稳，除非它的下面有支撑。如果你试图小心地把它放在边缘上，它很可能会掉下来。

如果这样的逻辑结构包括了几个层次的信念，这些层次都包含什么？罗伯特·迪尔茨（Robert Dilts）提出了一个信念层次：

- 环境信念与组织对这个世界做出观察的尝试有关："市场会出现趋势。"
- 行为信念与你的行为有关："我在趋势市场做交易。"
- 能力信念与你能或不能做什么有关："我做趋势投资，每年的收益可达到100%。"
- 价值信念与什么对你最重要有关："关键是抓住趋势。"
- 身份信念与你是谁有关，通常以"我是"开头："我是趋势跟随者。"
- 精神信念（或可能）超越你并且意味着世界如何组织：上帝热爱趋势跟随者。

如图7-6所示。这个金字塔结构显示了每一层信念之间的支持关系，而且下层的信念比上层的信念更强。这个金字塔结构没有展示每一层次的信念数量。实际上，环境信念要远多于精神信念。

让我们更仔细地看看下面的层次，因为你要靠下面两层"活着"。首先，身份信念决定了一个人认为自己是谁，这是一个人的人生使

图7-6 信念的层次

命。身份信念，通常以"我是"或"我觉得"开头，可能包括以下例子：

- 交易时我很无用。
- 我是一个技术高明的交易员。
- 如果有更多钱，我的感觉会更好（这意味着这个人对自己的状况不太满意）。

这层次发生的问题，我称作"个人问题"。如果你发现在交易过程中不断产生某种情绪，这可能就是个人问题。想想你童年时的那些人——你的母亲、父亲、继母、继父、兄弟、姐妹、叔婶等，想象拥抱他们每个人。如果你发现有一个在你成长过程中很重要的人，而你不愿意拥抱他，你肯定有这种个人问题。你可能会说："我不想拥抱他，因为那样就得原谅他。"但你并不是真的要拥抱那个人——那只是他在你脑中的形象。所以，你不原谅的人其实是你自己。那个形象就是你自己的一部分。

一般来说，当个人问题解决了，会产生巨大的生活变化。人们的内心冲突忽然消失了，压力变得微不足道。

精神信念决定了一个人的生活哲学。基本上每个人对于世界的本质都有一些简单的选择。你的选择决定了你认为你是谁。

每种宗教都赋予人们精神信念。你的个人信念会支持和安慰你，一些信念支持强烈的自尊和提高交易技能，另一些则不会。下面是一些人们在成长过程中产生的精神信念的典型例子：

- 人无法控制发生在自己身上的事情，当然我也是这样的。
- 世界是完美的，每件事的发生都有原因。
- 当你死的时候，事情就是如此——你死了！

其中只有一个信念是支持你的，是哪一个？为什么其他两个不支持你？

7.5 改变你的信念

当你我的信念控制着自己的现状，只要改变信念，马上有机会彻底改变你在这个世界的经历。但你怎样改变你的信念呢？实际上很简单，如果一个信念受到了情绪影响，你可以用下述简单流程改变它，我将其称作信念检讨撒普思维法。

- 辨识信念。
- 问自己，这是自己精心选择的信念，还是别人给我的？如果不是你的，那么问一下，是谁给你的。
- 问自己，这种信念给我带来了什么？用拜伦·凯蒂（Byron Katie）的说法，就是"当我产生那种信念时发生了什么"，列举出 5～10 件事。
- 问自己，这种信念让我产生了什么变化？这会是一个较难的问题，因为你从一个有这种信念的人——你的角度看这个问题。所以也许你可以采用另一个问题，也是出自拜伦·凯蒂："如果没有这种信念，我会是怎样的人？"有时候几乎对于每个你能想到的信念来说，这个问题的答案通常都是"并非孤立的"。
- 下一步你需要问自己，这种信念有用吗？如果第 4 个问题没有处理好，你可能会认为你的大多数信念有用。
- 如果这种信念是没用的，你可以找到一种更有用的信念替换它。但是这只在信念没有和情绪绑在一起的时候才可以。如果信念被恐惧、愤怒或其他负面情绪控制，你必须先释放出这些情绪，才能用更有用的信念替换它。

现在我们用上面的 6 个问题检讨这种信念。

第一，你已经认同了这种信念，这是个身份信念，认为自己是无用的人。你的自我价值感和自信心都很低。

第二，你认为自己经历的事都很糟糕，这些不可能发生在那些重要的人或有用的人身上。

第三，这对你产生了什么影响？当你认为自己没用时，会发生什么？我们列个清单。

- 你不去追求自己想要的东西，因为你认为自己不配拥有。
- 你认为别人会亏待你，因为你是个没用的人。
- 你在别人面前表现不佳，因为你认为自己没用，因此行为也相应表现出来了。
- 你随时都在为自己打抱不平。
- 你想到过自杀。
- 你无法正常做交易，因为你觉得自己不配赚钱。实际上，你觉得自己如此无用，你甚至不愿意尝试去做一个好的交易者。你觉得自己不值，所以那样做无用。

去哪里得到交易理念

我可以举出更多例子，但你实际上应该已经明白，想象你有这种信念，结合自己的情况再列出 5 项。

第四，你如何从中解脱出来？如果你没有这种信念，你将会是怎样的人？

- 你可能会更快乐，因为你觉得自己是有用的人。
- 你会追求自己的目标，因为你相信自己值得去追求。
- 你会注意到是什么给了你快乐，你可能甚至认为那些事预示了你的目标。你可能会发现或找到你的目标，因为你一切顺遂。
- 你可能会建立支持自己的关系。
- 如果你的一个目标是成为一个伟大的交易者，你无疑会接受相关的培训和教育。现在，你再列出 5 项。

第五，你应该问自己的问题是，这个信念有用吗？答案当然是否定的，所以你也许要用一个新的信念"我是有用的人"来替换它。

但是，此时你可能发现自己很难这样做。为什么？因为这个信念上附着你的恐惧和怨恨，因此你需要做情绪释放练习，我们在下一章中会谈到。

我们再看一个例子，我过去曾有过一个信念："我是世界上最好的心理交易教练。"从表面上看这个信念似乎很有用，但是大约 10 年前我用信念检讨撒普思维法对它进行了检验，以下是我的看法。

第一，我已经告诉你这是一个身份信念。

第二，我问："这个信念来自何处？"我之所以选择它，是因为我认为这样可以提高我的工作效率。而且一旦采用了，我发现有很多支持它的证据。

第三，我问："这对我产生了哪些影响？"下面是我的清单。

- 我定义的一个优秀的心理交易教练是每周两天和客户在一起（通常是在周末），发现和帮助他们成为伟大的交易员。因此我周末没有空闲时间，我的周末过得很充实。

- 我每月只这样做 3 次（我想空出一些周末），但我的客户排期已到半年后。
- 80% 的客户容易相处，分手后他们都成了更好的交易员。
- 我的目标是让客户不再依赖我，但是我发现，另外 20% 难相处的客户似乎认为，"虽然你已经帮了我这么多，但我还有很多东西要学，而且只有你能帮到我"。
- 这 20% 客户是精力吸干器，每次结束会面时我都觉得筋疲力尽。
- 这 20% 客户一直回来找我，所以我的一半时间是和这些将我的精力耗尽的人在一起。
- 和他们在一起，我不是那么开心。
- 当时我只有 3 个收入来源——我的尖峰业绩课程、尖峰业绩工作坊以及顾问业务。这很浪费时间，我的收入受限于我的时间和精力。
- 我不断提高收费标准，但那些客户还是一直回来找我。

实际上我可以继续坚持下去，但你可以看到，我对这个信念的解释方式让我陷入了很多无用之事中。

第四，如果我不那样想，会怎样呢？我将会成为怎样的人？

- 我可以有更多时间做各种交易。
- 我可以提出同时和更多交易者共事的方法，这会让我更有效率。
- 我可以把周末的时间用在更有趣的事上。实际上我们周末还会有工作坊，所以这个计划并不完全正确，但以我目前的生活方式，周四和周日其实并无分别，我每天所做的事情是一样的。
- 我可以获得更多收入。
- 我可以做一些不会吸干精力的事情。

第五，我应该自问："这个信念有用吗？"你可能认为，把自己看作最棒的，这是有用的，特别是我有很多证据作为支持。人们确实想和我一起工作，而且我还有积压了 6 个月的客户，但我过去不这样想，这部分是因为我解释信念的方式以及我赋予它的意义，从中又产生了其他一些无用的信念。比如：

- 我需要周末去做一对一的咨询。
- 我没法筛掉会吸干我的精力的人或者不让他们回来找我。
- 我对我的生活所能做的改变真的很有限。

一旦我清楚了这些，我便选择了一个更有效的信念："我是世界上最好的交易教练；我做各种交易，而且只需做让我快乐的事情。"

第六，开始时的那个信念并没有附带情绪，所以很容易接受一个新的信念。

现在，在你面前有一个挑战。列出 200 个左右你的身份信念。将每个信念过一遍"信念检讨撒普思维法"。找出那些不附带情绪的信念加以改变，列出那些带有情绪的信念，以便你完成下一章之后，可以去掉这些束缚。第 12 章给出的多步流程将为你提供一种简易方法，找出那 200 种信念。

7.6　每件事的意义来自你

比如股价下跌令 5 个人遭受了亏损，可能他们每个人都会从这件事中得到不同的结论。

- A 交易者："我的止损位让我卖出了。我有 52% 的时间是错的，这只是又一次损失而已。我对自己完美执行了交易计划感到自豪。"
- B 交易者："为什么我要听从那个推荐啊！他又错了，我就不该听他的。何时我才会接受教训啊！"

- C交易者:"哦!这次交易之后,我的账户缩水了70%。我差不多赔光了,我真是个白痴。"
- D交易者:"伙计,我很幸运只用400美元冒了这个险,毕竟我觉得把握不大。"
- E交易者:"我的交易系统在这种市场的期望收益是1.2R,做10次交易可能会赚12R,这只是10次交易中的一个。"

注意,一件事情发生了,5个人各自赋予了不同的意义。

现在,我们用一棵树打比方。想象一棵树,你看到了什么?如果我问100个人,也许会得到100种不同答案。一个人可能会想到松树,而另一个人想到的是垂柳,或结满果实的苹果树,或结了橡子的橡树,或一棵已经枯死的树,或一棵高大的红杉。一些人的想象会比其他人更具体或者赋予个人色彩,比如我推荐给妻子的树,或者最近一次我们野餐时那棵用于遮阴的树,或者我祖父在乡下大院里那棵我喜欢的树,或者记忆中其他的树。所以一个简单的词"树",对于不同人意味着不同的东西。

由于不同的词对不同的人意味着不同的含义,所以两个人可以拥有同样的信念,比如"我很强势",但是对其意思却有不同的看法。结果是,"我很强势"信念的信念检讨撒普思维法也会因人不同。

那个信念实际上出现在最近一次课上。那个产生这个信念的人将其完全视为限制他的因素,这意味着他是顽固的,意味着他在很多方面受到限制。同时,班上其他5个人也有这个信念,但是他们觉得这个信念是有用的。对他们来说,"我很强势"意味着他们可以应付坏的境遇,我敢肯定,如果我问他们"那个信念对你们产生了怎样的影响"或"当你有信念时发生了什么",我一定会从5个人那里得到不同的回答。

另一个表述方式是，每个信念都有可能在不同人身上产生不同的结果，这只是因为对于词汇的理解不同。

最后，我们看看我在谈到信念时，从很多人那里得到的惯常回应。他们可能会说："事实是一回事，信念是另一回事。"

为了回应这种答复，我们列出一些典型的事实。

- 市场会产生趋势。

  反应：什么是趋势？连续 5 个上升或下跌柱体吗？5 个月上涨或下跌？如果没有产生趋势会怎样，大概 85% 的时间是这样的，这取决于你如何定义趋势。

- 重力是一个事实。如果你登上高处，扔一个物体，它会落在地上。

  反应：重力是相对的。

- 我父亲经常骂我，这绝对是实情。

  反应：你父亲儿时可能被骂过，所以抚养你的时候，他只是用拥有的资源尽了最大努力，他其实很爱你并以你为荣。

- 我坐的这把椅子很坚固。

  反应：你坐在椅子上的一小部分，大部分都是空的，只是看上去比较稳固。

- 地球是圆的，这绝对是事实。

  反应：地球实际上有点接近梨形，但是过去有很多人认为地球是平的。而且你看到的是很有限的，如果你的视野没有限制会怎样？这个世界还是圆的吗？圆是否还是个有意义的概念？注意，我们只是用文字给出意义，并将我们看到的东西组织起来。

- 我是一名工程师，这是事实。

  反应：你是否根据自己做的事情定义你是谁？当然你可能拥有工程方面的学位，而且你现在的工作也属于你所说的工程领域。但是你也可以称自己为问题解决者，而且那也说明了你做什么，而不必说明你是谁。当你声称自己是一名工程师时，你只是用过去所做的事情定义自己，而不是现在的事情，对吗？

希望你明白我的意思。信念是我们对事物赋予的意义，它形成了现实。但那些信念是由我们的神经过滤器形成的，它们之间是关联的，它们依赖于语言。那不代表着你是谁，而是形成你的经历。

你想证明自己是对的吗？不用多此一举，你是正确的。一方面，人们对于自己的信念，总会认为是"正确"的；另一方面，你可以假定你不知道，因为你想理解你是如何形成经历的，你可能想调整自己，以更有用的方式进行操作。如果是后一种情况，那么继续，看看下一章是如何释放情绪的。

| 第 8 章 |

穿越情感和情绪世界

匿名

本章的作者希望不公开自己的身份,他要写的是一段精彩的个人转型经历。转型使他在个人生活和职业上都取得了自己从未预料的成功。

> 之前:受累于在个人生活和工作中的无用和无奈感。
> 之后:在人际关系和事业上充满信心和活力。

我一直认为自己是一个调节得不错的人。我来自殷实家庭,有出类拔萃的朋友。我有很多机会,无论从什么标准看,我在生活和事业上都很成功。但是我也有我的问题,我的问题主要是纠结于"我很无奈和无用"的信念。这种信念经常浮出来,而且全然没有道理可言,它困扰着我。

直到最近我才留意到这种无奈感。大约一年前,我开始接受治疗,这在帮我发现我的信念及其对生活造成的影响方面起了很大作用。其中首先是我的人际关系,因为这个信念,我一直在折磨自己,我陷于不正常的人际关系,而不是寻找正确做法。

我感觉自己无奈和无用

尽管我知道了这些情绪，但那种无奈和无用的感受一直都在以各种方式影响我。这种信念和情绪绑在一起，深深地影响了我。尽管很容易摆脱不含情绪的信念，代之以更有用的信念，但是和情绪相关的信念并不容易清除。我不得不找到一种处理受到情绪左右的信念的方法。当我开始这样做时，还不了解范·K.撒普研究院有关情绪释放的资料。

8.1 转折点

2010年5月末，我参加了一个"发现你的浪漫蓝图，改变你的浪漫命运"的工作坊，讲师是埃尔文和阿利西亚·达文（Alicia Davon）。这个工作坊的关键部分是处理受情绪影响的信念。

我们大多数人处理信念和情绪的方式是对抗。对抗实际上是一种自我破坏，反而造成这些信念和情绪更加顽固地保持下去。埃尔文的方法恰恰相反——接纳你的全部负面信念和相应的情绪，让自己充分感受它们。一旦你这样做了，就会在一个非常基本的层面上发觉它们错在哪里，它们自然会消失，他将这个过程称为核心工作（core work）。

我回到家就开始尝试。三天里，我大部分时间躺在公寓的地板上，让自己感受"我很无奈和无用"的信念，以及我从儿时就开始有的一些核心信念。然后，正如埃尔文所说，我达到了一种境界，这些信念自然消失了。几天之后，那些信念又冒了出来，说明这个方法不是一次就可以见效的，我需要定期这样做。

从那时开始，我已经花费了几百个小时做这种"核心工作"。我坚持这样做了两个月，在前几周，我能感受到情绪大量顺着血管流动，这种感受以前从来没有——也许是因为种种原因，过去我从未让自己如此深入地感受过自己的情绪。这个过程把几十年的记忆带了出来，而且释放出了更多情绪。大约在头6周，我冥想时的信念是"我是无奈的"，我会让自己感受到那种与信念相关的情绪，直到它们全部消失。我尽可能把这种情绪发泄出来，最终那些感觉都消失得无影无踪。

逐渐地我认识到：①我没必要从一个"话题"开始，我只需从当时的情绪入手；②有意识地放下和信念相关的想法，用心感知情绪会更有效。这么做可使冥想成为一种完全不同的体验，与我曾陷入的思想和情绪往复穿透的循环不一样，也不同于试图产生出一种不存在的情绪。

这些做法从根本上改变了我的生活，通过这样做，我经常可以达到一种"澄明"状态，或去除了一切不好的情绪和信念。处于这种状态的我，没有"自我"，可能是因为我已经脱离了原来形成自我的各种错误观念。相反，留下的是这个世界，简言之，就是现实。

如果我"尝试"进入这个澄明状态，我不会达到目的。秘诀在于接受你现在的体验，不管它是什么，充分地接纳。我现在完全相信这个说法："如果你想开心快乐，就接受现有的一切。"在很长时间里，我总是发觉自己排斥负面情绪，因为我想进入我未曾经历过的澄明状态。从此，我变得善于接纳自己当时的情绪和发生的任何事情。

但是我相信自己已经找到了一种方式——也许就是那种方式，来管理我的情绪和生活中发生的事情。两个核心原则是：①立足当前，或走出想象进入现实；②全面接纳自己经历的事情——也就是说，不要有任何抵触。如果感受到了抵触，我会接受这个事实，也会去感知它。

我可以想象许多读者会怀疑这一点，但是任何一个了解我的人都可以向你保证，任何人都没有我之前那么排斥这类心理/精神上的东西。你可以让自己的生活完全改变，但你真的亲自去体验它，这就是我所经历的。

我发现的最重要的事情是，我不用再害怕体验我的想法和感受了，因为它们只是一些想法和感受而已。我过去那种受到情绪主导的信念肯定并没有彻底消失，但已经不能再控制我了，而是我掌控它们。当我清醒地从想象中走出来去感受自己的体验时，当我接受了那个体验时，很容易马上做到让那些想法和感受停止影响我。我让自己的身体感受它们，而不去想它们。这样做完全改变了我与这个世界的互动。

我认为一个核心原则是：你并非你的想法和感受。大多数人认为它们是，其实并非如此。我们都不是。我们只是感知了自己的想法和感受。痛苦来自你认为它们就是你自己，这就是我从自己所做的事情中理解的道理。

8.2 自我破坏模式

当我在范·K.撒普研究院的资料上看到各种情绪释放模型时，我发现它们之间的共同点要比差异点更能打动我：

- 不愿意面对情绪（UEF）的模型。
- 不愿意面对我们的创造（UEC）的模型。
- 合一模型。

我将用自己的话向读者介绍这些模型。

UEF模型认为自我破坏是我们避免面对信念和情绪的结果。按照UEF模型，解决自我破坏的方法是与抗拒相反也就是全面接纳你的信念和它们带来的情绪。一旦你这样做了，它们就会消失。

我自己常觉得无能为力，但是一旦这种情绪出现，我总是想忽略它或尝试推开它，这样做可以让自己不去真正面对这种情绪，结果是它仍和我在一起。一旦我开始让自己去面对，就会意识到，不仅从表现，而且会从情感深处认识到它是完全错误的。

UEC模型将自我破坏视为我们回避经历的结果，不是我们的信念和情绪，而是我们曾经的所作所为。例如，你的某个部分可能是一个创造，正如第9章所说。然而当学习这个模型时，对我来说，探讨的很多种创造只不过是某种特定类型的信念和感受。也就是说，我发现它的用处只是界定了我们的信念和感受可能采取的各种重要的表现形式（如游戏、身份等）。UEC模型中解决自我破坏的方案和UEF模型类似，就是接受和完全面对你的创造。

合一模型假定任何想法、感受或行为如果造成了隔离感或使你失去平和、快乐，就是自我破坏。这个模型解决自我破坏的方法是回归到合一境界，做一切可以让你感受到合一、平和、快乐和欣喜的事情。第一次碰到合一模型，会觉得它和UEF、UEC模型非常不同。但后来我记起最好的——实际也是我所知道的唯一的达致合一境界的方法，就是彻底接纳和去感受（也就是像UEF和UEC模型那样去做），只有如此才能让那些"错误"认知，那些构成你独特"自我"并把自己与其他东西隔离开的认知消失，然后将你带回到合一境界。

因为我已经做了很多情绪释放的练习，我发现了三个清醒意识阶段：第一个阶段是抗拒，你抗拒自己经历中所有自己不喜欢的东西，正是由于抗拒，它才会缠着你不放；第二个阶段是接受，当你停止抗拒时，它就出现了，真正和完全地接受；在第三阶段，在你完全接受它之后，你超越了自己的经历。UEF 和 UEC 模型似乎在第二阶段有帮助。在第三个认知层次——超越，我认为合一模型是完全适用的。

合一的核心理念是没有思考者，只有思考本身，因为你不是你的想法和感受，它们只是在那里，出现在你的脑海里，你只是知道它们。但你总是将你的信念定义为你自己，认为它们决定了你。这是我所学到的最重要的概念。

8.3 接受我的感受

开始做我的核心工作时，我付出了很多努力，抗拒我的负面情绪，无论它们何时出现，特别是那些和我的无奈和无用感相关的感受，因为我一直努力达到一种澄明状态，我会做出判断和抗拒。这只会导致它们继续存在，反过来又阻挡我进入那种澄明状态，这就是我一直在做的博弈，我一直半知半解。在冥想的日子里，我开始接纳所有出现的情绪，原因是我已经将目标从达致澄明转移到全面体验自己的情绪。

我现在意识到冥想功课的主要目的不是达致澄明状态，尽管这是一个会令人愉悦的副产品。其目的应该是感受情绪，而不受其影响。当然，自从做出这种转变，我处于澄明状态的时间要比过去长很多。我仍能感受到我的情绪，但已经不再去辨别它们。这是一种大的转变信号。在大部分时间里，我甚至完全无法察觉到我的情绪，这是一种完全入眠的状态。这是一种抗拒情绪的方式。另一种方式是否认："我没有感觉到。"当我察觉到某种情绪时，我只是否认这个事实，当作它们完全不存在；或者我将自己引向别的事情——哪怕只是挪动一下身体，特别是在出现无奈和无用的感受时。

很多痛苦来自对自己的判断。通常在感到无奈时，会发现大概 85%

的那种感觉只是来自我觉得自己无奈这个事实。"我不是已经结束这些事情了吗?""为什么我还是能感觉到?"一旦我感受到这种反应,经历那种无奈感,这种情绪的强度会比开始时减少15%。

我经常将一些个人感受映射到其他事情上,经常采用很多种形式:

- 回避。为避免一种感受,我将想象一个剧情,比如某个人和我发生争执,并与我心中的他的形象产生强烈的情绪冲突。
- 否认。有时我试图否认自己的过去,我在身边人身上也看到了这些情形,反过来这又引导我回到过去。
- 互相依存。为了避免出现不希望出现的感受,我会尝试解决其他人的问题,从而重新让自己获得价值感。

当我第一次释放情绪时,我会去公园里放松大约50分钟。我每天都用这种方法,选一种感受,让自己强烈感受它,全面接受它。我发现尽管这种方法暂时可以消除信念和情绪,但必须定期去做。信念和情绪不会永远消失——即使每天这样做,连续做6周。但我认为值得多做几次,因为自从第一次这样做,我对信念和情绪的抵触感就减轻了许多。

当我发现自己仍存在抵触时,我决定找一天在公园里试试做点别的事。这后来变成了一种有趣的对抗练习。我坐下来,用手机设好50分钟提醒,这样就不用老是看时间了。然后我开始体会那种想要抵触自己情绪的感受,全面体验它。主要有以下三方面:

- ▶ 我仍能定期感受到无力感引发的情绪困扰,尽管我已经尽了全力,这种感受仍会定期出现。
- ▶ 和负面情绪一起出现的不开心感。
- ▶ 害怕与别人交流,当感觉到负面情绪时,比如无能为力,我会产生负能量,让别人扫兴,这种信念是最强烈的。

大约40分钟后,这些感受似乎都散去了。当手机提示铃响,我睁开眼,站起来,心中有一种与社交中无力感相关的恐惧。这种恐惧来自我第二天要约会的一位女士。我怕在约会时,她会发觉这种无力感并拒绝我。我四处走了走,花一点时间去感受,但这种感受仍未散去。我慢慢发现自己在等着它离去,而这是一种抗拒的方式,而任何抗拒,反过来不会让这种感受离去。

我在手机上又多设置了20分钟,用这段时间去体会这种无能为力的恐惧感。花时间去体会这种感受的做法,有助于减轻压力,消除这种感受。换言之,可以暂时赶走我的抗拒。效果很明显,只过了两分钟,我的恐惧就消失了。我肯定这是因为我不再抗拒这种感觉了。

但是这种感觉又回来了。我马上又开始感到困扰。这种困扰当然夹杂着抗拒。我意识到后,开始对感到困扰这个事实更加困扰。不用说,这种混杂的困扰把原来的恐惧感留了下来。这就是我结束那个练习时的

我害怕被拒绝

状态。我了解到,即使这个过程起了作用,那些感觉仍可能再次出现。教训是当这些发生时,要有耐心,要充分感受它,而不要去抗拒。

另一个例子:最近我经常会有一种对交易的恐惧和悲观,这种想法是不合理的,因为我过去一直是赚钱的。但是最近用新策略做了几个模拟交易都不成功,所以有了这种想法。

我做了一些努力去释放这些感觉,但是不管如何努力,一直都出现这种感觉。我尝试感受这种恐惧和悲观,以便从错误中学习和改正,这当然是一种健康心态。我过去的经历并没有离我而去,我通常下意识地激励自己从强烈的失败感中走出来(用负面激励对抗正面动机)。最终我不再感受到作为交易者的恐惧和悲观。

8.4 现在的我

我已经在两周内去同一地点感受我的无力和无用感,每次用 45 分钟到 1 小时,我已经把地点从公园转移到我家附近一座山的观景点。尽管我无法每天这样做,但我争取至少每隔一天做一次。大多数时候,一小时后那种感受就消失了,我感到特别清醒和自信。这种感觉会持续到一天结束,对我的情绪特别是社交互动产生了巨大的影响。

而且最近一段时间,那种无力感已经越来越难以激起,强度越来越小,消除它所需的时间也越来越短。我认为这是改善的标志。

在这一章内容发表时,我与那位曾让我为约会而焦虑的女士结婚了,她说当初我最吸引她的优点就是自信,这说明我们的大多数焦虑都是没根基的。

我现在定期做两个练习。第一种方法就是我上面所说的,引出一个特别的信念或感受,去室外一个中性的地点,花 40 分钟到 1 小时,努力激发那种情绪,我坚持每天做这个练习,直到开始看到真正的变化。再强调一下,重要的是尽力做每一件能让我激起这种情绪的事情——使用想法、思维、图像,任何东西都可以,不要放弃,连续做一小时。而且要接受你在练习中感受到的一切,这一点非常重要。

我已经发现这种方法对于消除我对自己的主要信念很有帮助。效果是巨大且持久的。我变得心境更澄明和自信,过去那些无力感更少了,强度也减小了。

第二种方法就是停止思考,把自己带回现实,让自己充分感受到真实的情绪。在上面第一种方法里,你是有意识地激发某种情绪,用包括想法在内的各种东西去达到目的。第二种方法是不同的,因为你不是去激发,只是去面对发生的情绪。目的是完全从自己的头脑中走出来,也就是完全忽略想法,回到当下。当下意味着留意你的身体、周边的声响以及你的所有感觉。然后找出那种已出现的感觉——不要去想，只是去感知。想法是头脑中的，感觉是身体上的，包括了物理感觉，有时有图像，要感受全部情绪并完全接受。

第二种方法包括将当下和接受结合起来——从头脑中赶走，让它进入你的感觉，并完全接受它。你可以安排，比如每天花 20 分钟坐下来，真正集中精力做这个练习。实际上我随时都在做这个练习——开车时、与别人交流时等。通过练习，我已经能更好地留意和接受我任意时候的情绪，而且经常发觉它们只用几分钟就从我身上流走了。我已经形成了上面说过的那种能力，我可以感受到身体中的情绪，而无须用头脑去确认它。

两种方法各有用武之地。你已经花了两周时间用第一种方法激发一种情绪，发现它还是会出现，但频次已经减少而且强度也降低了。当它再次出现时，你可以使用第二种方法，让这种情绪尽情通过你的身体，而不要去想，不要影响你的行为。

记住两种方法的关键是接受：不管何时感觉到它，都去接受它。不管你做了什么，只需接受它。如果做这个练习时你遇到了困难，发现自己走神或者沉浸在思考中，也要接受，并把自己带回当下。接受也和其他技巧一样，需要耐心、实践和坚持。

有些读者可能会想，"这听上去痛苦而且无聊，我才不要花几个小时去体验负面情绪"。这就是抗拒，是它让那些负面情绪留在那里，并下意识地随时浮现出来。

对于我来说，这就像是在说"我拒绝刷牙"。如果我不花时间照顾我的牙齿，我会有麻烦，正如我如果不花时间有意识地体验我的负面情绪，我会出现问题。体验情绪已经成为我日常生活的一部分，和刷牙同样重要。

这就像是在说"我拒绝刷牙"

任何人都可以这样做，而且你不需要像我一样花几个小时时间躺在地板上，我采取了很难的方式并找到了适合自己的方法。这样做的时候，我希望为读者找到更有效率的方法。连续几周，每天花 45 分钟去公园，感受一种情绪，有可能带来很多好处。如果你真的需要，就在一两周里用这个替代身体锻炼吧。这样做对我身体的益处超过了体育锻炼和冥想。如果你没时间去公园，也可以用我上面所说的第二种方法，也就是每天花几分钟把自己带回当下，感受并接纳你的情绪。

你可以尝试避开你的情绪，但那样不会赶走它们。它们将继续影响你的生活，甚至是在无意识的情况下。你可能得学习接纳它们，只有那样才能管住情绪，而不是被情绪控制。

正如许多读者可以证明的那样，很少有像交易和投资这样的活动可以激发你的情绪。你可以拥有一个很好的系统，但是如果你在用它做交易时受情绪驱使而犯错的话，正如许多人那样，很难得到应得的结果。由于我做了所有这些心理工作，现在已经能够在不受情绪影响的情况下感受我的情绪。人们经常说在市场上需要有优势，这就是我的优势！

除了对我交易产生影响，这种练习的更重要的影响是我的心理和生活状态。在不受拖累的情况下感受情绪，改变了我的为人处世。而且在做完这个功课之后获得的那种澄明感觉，是无与伦比而且难以言表的，就像你的眼前呈现出一幅这个世界的清晰图景，上面没有任何模糊不清的地方。

澄明境界是难以捉摸的，有时会出现，有时不会出现，不管如何，我的生活已经彻底改变。直到最近我还时常生活在忽略、否认和压抑自己感受的状态中，但现在，我第一次感受到了现实。有时它是平和和美妙的，有时是原始而强烈的，但却难以置信地就在那里。

8.5 编辑的话:感觉释放是一种觉醒方法

范·K.撒普研究院认为,一种感觉在 30 分钟之后消失时,你就处在觉醒状态。这不是说你停止了想它,两天之后,它又再次出现了,而是说这种感觉消失了,而且不会在同样场合或同一个人身上再次出现。当这种情况发生时,你就开始觉醒了。

用于情绪释放所需的时间会逐渐变短,直到突然间无声无息地从你身上穿过。也许那只需要几秒钟时间。在那一刻,"觉醒"⊖就是永久的。所以,你应该按照本章介绍的方法做情绪释放练习,你可将带有情绪的时间长短作为意识状态的衡量指标。如果持续时间达 1 小时而次日又再次出现,你就还有很多功课要做。在几个月里,每天抽出一两个小时做情绪释放练习是值得的,它对你的生活会产生巨大影响。

⊖ 按照我的定义,拜伦·凯蒂是醒着的人,她说她不知道什么是"真正的唤醒"。相反,她说你只是"在一段时间内感觉到一种信念"。

| 第9章 |

你是一个矛盾的集合体

范·K.撒普博士（Van K.Tharp, PhD）

注：这位芝加哥期权交易所场内的交易员起初想匿名，因为他担心那些投资者发现他"去见过心理医生"后会出现恐慌情绪。果然，有一个投资者，是我很了解的人，他用了我的方法。这世界简直是太小了。场内交易员年复一年地带给客户巨大的回报。他还开发了对待生活的心灵探索术。他给高中生做演讲，讲述他以前的成功经验。他后来成为斯坦尼斯拉夫·格罗夫（Stanislov Grof）认证师，还给我们做了几场全息呼吸法讲座和一次技术培训。2003年，他做完一个前列腺癌的手术后不幸辞世。我把他视为一位非常亲密的朋友，非常怀念他。由于他是最早要求匿名的，我决定尊重他的意见。

以前：接受采访的场内交易员收入上限是 100 000 美元。
之后：几个月内解决冲突问题后收入突破 700 000 美元。

这份材料已被改编过了，它原来被编入《投资者和交易员最佳业绩教程》（the Peak Performance Course for Investors and Traders）第 4 卷。我建议人们开展"身份协调"。本质上说，身份协调源自这样的想法，即在你的内心中有许多身份。我们将在这一章节中探讨这一想法是如何和不同的身份联结在一起的。

你的思想取决于你的身份。这些身份甚至出现在你的语言里。例如，当你说：

- 我竟做了那种事，恨不得踢我自己几下。
- 我不明白这种事为什么会发生在我身上。
- 一方面我真的渴望成功，但另一方面我又太懒惰。
- 有时候我做事情看上去像是自我毁灭，然后我问自己："为什么？"

"我""我自己"，在这些句子中，并不代表"完整的你"。相反，它们代表着你们彼此间交互的不同身份。例如，第一个句子中，一个叫作"我"的身份想要踢一下"我自己"的那个身份。

为了帮助你领会"不同的身份"，请考虑下列事项：

▶ 你在生活中扮演了什么角色？你可能会有很多身份，分别代表一个或更多的人。也许你有一个交易员的身份。你的另一个身份是一个完美主义者，不停地进行研究。你还有一个身份是想让自己兴奋起来，抛弃所有规则的束缚，并把它视为乐趣。你也许还有一个"银行家"的身份，你只是不想亏钱，不想承担任何风险。也许交易员的身份是矛盾体中能够引发兴奋的角色，这样能够使自己始终处于兴奋状态。从字面上看有数以千计的可能性。

▶ 你还有一个身份代表你生活中最重要的人，可能是为了保护自己。也许你的爸爸是一个完美主义者。你回家时带回一张得了95分的试卷，他会说："你为什么没有得100分呢？"最终，你开始批评自己，保护自己免受爸爸的批评。即使过了很多年，他去世了，你可能仍然有一个身份在说话，而且用你爸爸的声调："你为什么在那次交易中亏了钱呢？"

▶ 身份可能还包含你不想要的那种感觉，所以你身上可能也有"保护自己免受这种感觉伤害的那种身份"，它在那种感觉来临时通知你，然后用储备的感觉提醒你避免这种情况发生。

建立每种身份的意图都是积极的，因为你要保护你自己，但是一旦建立后，人往往会忘记每一个身份和它的意图。因此，其中的恐惧身份本来用来保护你免受恐惧之苦，结果却时刻引起恐惧，在你的生活中制造恐惧。你需要回溯到产生身份的初衷，并赋予它积极的意义。各个身份之间的协调是至为关键的。

你是一群冲突身份的集合体

你并不是天生就有各种身份。相反，随着成长和成熟，是你创造了它们。因为它们是你的作品。你根据不同的剧情需要，赋予每个身份积极的意向。下面是一些你可能存在的潜意识的身份且有着积极意图的列表：

- 保护你免遭失败或防止自尊心受到伤害。
- 帮助你赢得赞誉，或者至少引起别人的注意。
- 帮助你将一个特定的价值观融入于你。
- 保护你远离痛苦的回忆。
- 激励你前行。
- 帮助你活下去。
- 帮助你感觉好一点。
- 关注你未来的福祉。

9.1 练习：开一个身份派对

通过下面的练习来了解你的一些身份。

手里拿着一个写字板、一支钢笔或铅笔上床睡觉。在入睡前唤起买了这本书的你的各种身份。它既是你的交易员/投资者的身份，也是你对自我开发很好奇的身份。

以那个身份开始，寻找对你积极的意图并感谢它帮助你。然后盘问它还有哪些内在身份——你可能会经常与之发生冲突和碰撞。如果你跟你交易员的身份交流，它可能会同时跳出你的完美主义者的身份、兴奋的身份、保守的身份、研究员的身份、恐惧的身份、"找份真正工作"的身份及其他若干可能的身份。

现在，请向每个身份提出问题："你想帮我解决什么问题？你积极的意图是什么？"

你可能无法立即获得任何答案，但是没关系。准备好把可能的答案都写下来吧。

这个练习的主要目的，是要找出是谁在你的身体里面，发现至少两个处于冲突状态的身份。

如果你发现有两个相互冲突的身份，可以进入下一个练习，让两个身份展开协商。

9.2 身份协调练习

以下是身份协调练习的步骤：

- 识别两个有冲突的身份。你应该用这样的描述来陈述你的寻找过程，如"我想要 X，但总有什么东西阻拦我得到 X"。你的冲突可以这样简单描述，"我想成为一名交易员，但我似乎没有勇气去交易"。这只是两个例子。还有许多语句可以用来描述内部冲突。

以下是一些最常见的冲突身份：

- 一个身份想要交易，但是另一个身份阻拦你"扣动扳机"。
- 一个身份想要交易，但是另一个身份想要充满兴奋的感觉。
- 一个身份想要交易，但是另一个身份希望找到最完美的交易系统。
- 一个身份想要交易，但是另一个身份却拒绝承担任何损失。
- 一个身份想要交易，但是另一个身份说你没有足够的时间。
- 一个身份想去交易，但是另一个身份说你应该做些更有成效的事情。
- 希望你明白这一想法。你需要做的就是让两个相互冲突的身份继续进行练习。

▸ 在你的左手和右手中分别放置一个身份，注意观察它们的样子。你可以任意想象它们的样子（例如，一团白雾、一顶牛仔帽、一个九岁的小男孩等），但还好，因为它来自你的潜意识中的某个地方。如果你不能想象出一个具体事物，就想象一种能代表这个身份的感觉。如果你能做足够多的二级转型，你会发现你的想象力又回来了，甚至加强了。尽管去做吧。

▸ 作为某个身份去询问其他身份。重复说一次，尽量去与这个身份关联，即使你认为这一切都是假的。这样就能得到其他身份的意见。它是做什么的？它们到底在什么地方有冲突？它是如何看待其他身份的？你要得到所有的细节。最后问一遍那个身份："你对我有何意图？"记住一定要弄明白这一点，它是协商的基础。关于正面意图的例子早些时候已经阐述过了。

▸ 对其他身份也做同样的动作。要清楚另一个身份是如何思考的，一定要关闭那个身份的积极意图。在这一点上，你应该熟悉所有身份的积极意图。

- 确保你有的是意图（通过交易赚钱）而不是行为（帮助你交易）。
- 此外，请确保每个身份的意图是积极的（"我想要保护你免受恐惧"相对于"我想搞砸你的生活"）。每个身份都设定了积极的意向。

▶ 我们再重新走进去，和那个有创造性的身份沟通。我们请这个创造性身份用三种方法满足其他身份的意图。如果一个身份看上去相当消极，就要做一件事情帮助消极的身份去满足其积极的意向。

- 恐惧的身份将努力地进行情感宣泄，而不会持续地给你带来恐惧。
- 保守的身份将为你制订业务完善计划，或者负责风险控制。
- 兴奋的身份将在周末带你去跳伞，而不会做愚蠢的事情影响你的交易。

希望你能够理解这个想法。继续保持这种心态，直到所有的身份都感到快乐。顺便说一句，它们会用两周的时间一直保持沟通和处理，直到一切水落石出。如果沟通未果，它们会重新进行协商沟通。

▶ 当两个身份达成一致时，需要询问其他身份是否同意这个协定。例如，两个身份会协商利用你醒着的全部时间，然而发现其他身份却不同意。

▶ 如果其他的身份都不反对，你就可以把达成协议的两个身份带回你的身体。你就完整了。

▶ 如果一个身份表示反对，一方面将达成协议的两方放到一边，另一方面把提出反对意见的一方放到另一边，重启协商谈判，从步骤2开始。

这项工作中你唯一会碰到问题的情形是：

- 你对做练习缺乏认识。例如，你刚开始无法找到你的那些身份，或不能想象出它们的样子。如果是这样，事情就会变得很糟糕。我对很多客户说过，需要让你的想象力驰骋起来。这句话至今仍然有效。
- 你对每个身份都没有积极的意图。你可能只有负面的行为或意图。如果是这样，你要继续工作，直到你产生积极的意愿。

由于顽固的一方不能达成协议，这时候非常有必要给那个似乎是最消极负面的一方做事，来帮助它满足你大部分积极的意图。按照我的经验，这项工作就要这样进行。

我们来看一个例子。以下的访谈发生在 20 世纪 80 年代末，我的一个客户通过这个练习经历了巨大的变化。

9.3 采访芝加哥期权交易所交易员

我第一年交易时，我的银行账户只有 7 000 美元。当时我借了 15 000 美元在交易所开了账户。那时我妻子怀孕七个月，我们没有买任何保险。我只好投资 4 000 美元到我的交易账户，剩下 3 000 美元用于生活，还要支付即将发生的医院账单。我可能会告诉自己的孩子，如果他也想像我那样做的话就是疯子，可当时我很年轻，就想着开始自己的交易。我真的没想过有什么危险。我只是想到这是一个机会，我这样做很高兴。

从那年开始，我的账户从来没有一年低于过 100 000 美元，但钱似乎永远不够。我也从来没有真正满意过，我不停地问自己：“为什么我能赚足够的钱来生活，却没有足够的钱让自己成为一名百万富翁呢？"无论什么时候我都要赚钱，我也赚到了钱。但是如果我赚了很多钱，我也只是轻松混口饭吃而已，直到需要我再去赚钱，我才会去付诸行动。我预测市场的能力比平均水平要高出一筹，但我不能真正地"扣动扳机"启动交易。唯一的一次投资是因为不投资的恐惧远大于其他任何恐惧。例如，1985年我正好遇到股市几乎直线上涨。我一次又一次地得到信号，就把消息告诉了办公室的同事们。他们全都出去交易，于是挣到了钱，但我对自己说："再等下一个机会吧。"我终于等到了那个点，"再不投资我会恨死自己的"，于是我建仓，而且赚到了钱。但我做的一切都是出于恐惧。

焦虑感终于达到了顶峰。15年的交易经历之后，我第一次对自己的仓位愈加焦虑起来。我有一个仓位，风险值为15 000～20 000美元，潜在利润超过10万美元。市场正值下行，我开始为之疯狂，即使我的风险是有限的。我几近疯狂了，不得不减掉所有的仓位。如果当时按照我的逻辑思考，假如有持同样仓位的朋友前来咨询我的话，我一定会告诉他，如果这时候减仓一定是疯了，因为这个仓位还有很大的空间。事实上，我的另一个身份告诉我，"这很愚蠢"，但我还是失去控制了。我不得不忍受肉体和感情上的痛苦，选择了清仓。过了三四天，我居然患了焦虑症。我和伙伴们正要去吃午饭，我说："吃饭前我必须把这些仓位都清空。"他回答道："两天前你都已经清空了。"

我会告诉别人如何操作，我自己却做不到。我记得有一个家伙很特别，他开始操盘时大概有60万美元，后来亏了40万美元。他把铅笔狠狠地摔到交易台上，对我说："我要做点事来赚钱。"我说："你这么做吧。"那个家伙就按照我的方法操作了，他赚到了200万～300万美元，我就坐在那里看着他。我比他的账户里有更多的钱，但是他有胆量做交易。我和好几个客户都这么做过。我说，"现在可以建仓了"，这些人都积极行动了，我只会坐在那里对他们说，"哎呀，我是对的"。

大家都认为我是个大好人，知识相当渊博，但内心深处我知道我真的不是。我会莫名其妙地感到消极。如果我看见有人在像我这样做交易，我会说："嘿，那家伙真的知道他在做什么吗？"但当我审视自己的内心深处时，就马上变得消极起来。

有一天，我在餐桌旁拿出一个笔记本，记录下家人和我对自己的每一个负面评价。我的妻子给出了8条，儿子也是8条，女儿给出了10条。他们都是开玩笑或者取笑别人，或者批评什么东西，于是我意识到是我营造了这种消极的氛围。我想要改变这种局面。最终我承认自己成功了，但在这之后随之而来的又是新问题。在内心深处，我被我的父亲所困扰，他在我这个年龄的时候获得了成功，但染上了严重的酗酒恶习。这实际上很消极地改变了我对成功的看法，我每每相信快要成功了的时候，便会停下脚步放弃赚钱。我不再套用已经轻车熟路的交易模式，我不想再去拼力一搏了。我认为我努力的方向不是去赚钱，是找借口放弃我曾经常操作的事情。

我以这种方式限制自己的生活和选择简直是无比愚蠢的，但我分明就是假装失明，看不到发生了什么。有的时候你需要一种调解和干预，让别人问你正确的问题，因为你看不到自己的东西。你根本看不到你自己的观点，因为你对思维过程设置了过滤程序。

9.4 和撒普博士一起工作

和我做事的时候，你别告诉你的投资者，你要去做一名心理学家和交易教练，他们会认为你一定是疯了。因此，对我来说寻求帮助是非常重要的一步。但很高兴的是我确实这样做了。我曾经在一个培训班里说过："如果你投入10 000美元后亏钱了，你获得的是经验，你没有亏什么。你已经从一项资产转移到另外一项资产。但如果你损失10 000美元后没有学到任何教训，那么你就是亏钱了。"如果投资者因为我与教练/心理学家通力配合而面露不悦，那么我会因此失去他们，但我变得更了解自己并能更多地解决问题，这时候我也不需要他们的钱了，我会用自己的钱。我读完撒普博士1986年4月发表在《股市和商品技术分析》(*Technical Analysis of Stocks and Commodities*)中的一篇论文后，决定打电话给他。我们似乎在要做什么的意愿上是志同道合的，所以就花钱参加了"尖峰业绩家庭学习课程"(*The Peak Performance Home Study Course*)。

这个课程对我很有意义。做放松练习似乎是有点傻，但我意识到，他说的很多事情我以前从来都没有设想过，所以我说："管他呢！我要做放松练习。"刚开始的10～15次课程我都是这么做的，我曾想："我从这里根本得不到什么。"但在撒普博士的建议下持续做了30天后，我有了一种随时能够放松下来的感觉。

如果在书中有看不懂的地方，我就会跳过去。有一部分课程我一直想读，但我的大脑想要跳过它。这是相互冲突的信息。我一遍又一遍强迫自己去读它，有点像一个身份在强行拉自己去阅读这些章节，但另一个身份不让我去理解它。

我能感觉到确实发生了变化，但我认为自己仍然很忧虑，我想这是我原有的那些忧虑。我一直害怕亏钱，总是害怕我会失去这个或失去那个。这是最初的条件反射："我已经从这件事情中得到了足够多的好处；如果我平仓，就能省下几千美元。"最后，我对自己说："我已经做出承诺全力去做这件事，我要坚持到底。"这就是为什么我后来做到了。这是一个巨大的变化过程。你彻底改变了，而你并没有意识到这一点。我现在是意识到了这一点，因为我把所有的东西都写出来了，我也发现自己已经完成了当初设定的所有目标。

学完课程之后，我没有花更多的钱找撒普博士做一对一的咨询，但我还是想搞清楚，那到底是什么鬼东西？相比我没有参与的"交易"，我失去的要更多，所以我还是下注好了。如果赔钱了，就算我不慎丢了它。我把它看作只是一个交易，而不是人生发展过程中的一件大事。这是我为自己提高能力所做的交易。但它实际上远不止这些。这也是我做过的最好的事情之一！

9.5 处理冲突身份

做"处理冲突身份"练习，应该是我生命中最令人震惊的事情。

我们已经花了一个周末的时间试图区分并识别出问题，现在我们可以对冲突身份进行分析了。我以为："嗯，这只要花几分钟就够了，然后我们很快会恢复平静去进行交易。"对于将要发生什么事，我真的没有做准备。

我被要求伸出双手，把我"家人"的身份放到一边，同时把"成功"放到另一边。这听起来有点奇怪，但我答应了。撒普博士要求我看着它们，告诉他这些身份看起来是什么样子。我看了看右手的"家人"，它看起来仿佛是一个非常清晰的水晶球。我看了看左手中的"成功"，说道："我看的什么？"不知道为什么，它看起来像一团红色的雾。直到今天我仍然可以看到它。我说："这简直不可思议！我的手中其实什么也没有，但我还是能够看到它们。"

撒普博士随后问我，每一个身份是如何看待彼此的，我说："它们并不真正关心彼此。"我以为我说错了什么，但撒普博士告诉我，它们不会互相冲突的。他告诉我把"家人"的身份还回去，就会发现是否有其他的身份想要出来。

我说:"我已经走出了这么远,还不如找出来。"然后我竭尽全力静静地坐在那里,仿佛一切都停滞了(大概30秒),于是我说:"我发现唯一的东西就是成功。"

于是有一件新的东西溜进我的手,简直比水晶球或红色的雾还要快。这是一层类似于另一只手中"成功"的薄雾,只不过它是白色的。

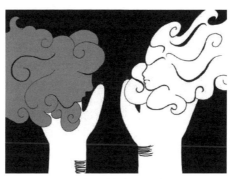

红色的雾与白色的雾

"成功是怎么看待这个新身份的?"撒普博士问道。我发现所有这些感觉都陆续冒出来了,我感到非常震惊。就在我们进一步深入其中的时候,我真的开始流泪了,因为我意识到,这正是我习惯保护自己免遭坏事的那个身份,我曾经把这个身份与我父亲的成功关联过。

当撒普博士告诉我所有身份都有良好的意图时,我的第一反应是:"这家伙在这里到底想做什么?它搞砸了我的生活!"但当我看了看那白色的雾,在想它能让我做什么的时候,它变得更加清晰了,它确实想帮助我。突然间我觉得对不住它。我说:"它一直在那里,而且它始终在辛苦工作。"我一旦屏蔽了它,就能理解它想要做什么了,我被感动得哭了。我感到它是那么的孤独,也察觉到它为我做出的贡献。

我结束了每只手中的各身份间的谈判。我们达成了妥协,同意在一段时间内要协同努力。然后,我们把手放在一起,并将所有的东西放回原来的地方。我知道这听起来很难令人相信，但确实是真的。

撒普问起我的感受，我说："我觉得自己像个傻瓜，不知道究竟发生了什么事，但我很清楚肯定是有事情发生了。"

9.6 自那以后发生的改变

我不认为风险环境比从前好多了，我也不认为10月9日（1987年）大崩盘会重现。1988年1月和2月没有太好的机会，但我做到了最好，我毫无遗憾。我觉得我做过的事情非常积极。本来我只需把少数几个事情处理得稍微好一点，但我想我们能全部做到。总的来说，我对自己做过的事情还是比较满意的。

但我不想仅仅是满意。我想要成为更加优秀的人，我知道要做的事情还很多。有一件事情令我时常疑虑："我如何能够再一次凤凰涅槃？这件事会阻止我在浴火重生中锻炼我自己，并发现一个备选方案吗？"

有一件事我可以说出来，那就是大崩盘后我们赚了很多钱（注意，他用了复数的"我们"，而不是单数）。做练习和尖峰业绩课程，帮助我们降低了焦虑水平，有助于我们在一两个月内去更好地选择仓位。如果在这个疯狂的市场发生某些事件，那损失可能是很惊人的，所以我们不得不开发新的替代方案并对他们说："如果发生了事情，我们能做什么？"

我认为当时对我而言，最重要的事情是我和我的合伙人赚取了 700 000 美元（1987年10月股市崩溃后的两个月内）。对某些人来说并不是很多，但是对另外一些人来说这可能很多，但对我们来说，我们承担着风险，这回报已经很好了。我们不得不管理这种风险，然而，这不是一个囊中之物。你还要持仓60天。一切都要正常进行，我们还有很多必须弄清楚也不得不接受的后果。

只要坚持做交易，就会有机会的。你设计出一个满足交易的规则，就可以让自己达成最高业绩。3月初，我在一个很小的仓位上连续超过三个星期赚了67 000美元。有大约两个小时，我差不多亏了一半的钱，但我的规则开始生效，到头来整个仓位为我赚取了35 000美元。我不责备自己亏空了32 000美元。在以前的那些日子里，我会说："我赚了67 000美元，但是我又愚蠢地亏了32 000美元，那不算成功的投资。"但是现在对我来说，成功的投资就意味着遵循我的规则。能赚到钱，就是最好的。

9.7 我现在的状态

我想我现在的认知水平更高。我知道我不得不做出选择，我必须（不得不）要更加开放。其实我不应该说"不得不"。我是指在倾听别人和倾听自己方面要更加开放，这方面我已经有了十足的长进（其中很多不是金融方面的长进）。我摈弃了咬指甲的毛病，我咬指甲的嗜好已经有30年了。以前我在交易所场内会一边咬指甲一边不停地骂人。接下来我戒了酒。我每天坚持锻炼身体，保持营养平衡，带领我所有的自我在一个积极的环境中一起工作。我对眼前这些事情感觉非常好。

我明白了"亏钱并不是很大罪过"的道理。那不是你的幸福、自尊或自我价值的个别陈述，那只是一次亏空而已，这就是实质。一旦我把这个理念植入脑海，事情就开始好转。我告诉你，我可能很快赚到100 000美元或者更多，而且只需一年中的三个月而已。

我想通过了解市场，我一定会成功。我花很长的时间去了解市场，分析各项指标和资料，甚至分析经纪商的心理和交易的人群，这样我可以充分利用他们。但我发现需要了解的东西比我了解市场的还要多得多。我必须相信自己，做自己认为对的事情。就交易而言，这对我来说是至关重要的。

我其中一个信念就是市场会给我机会。我不用刻意去寻找它，它会待在那里冲着我尖叫说："做这个吧！它是为你准备的！"但我必须要有足够的内力抓住，然后去做它。

最重要的是要知道，做那些积极的事情会让自己感觉良好并且从中获益。它不会一夜之间就来到你的眼前，要知道它是恒定的东西。为自己控制不了的事情而责备自己，也不会有任何好处。我意识到，我是一个人，是人就会犯错误。我并不是完美的人，这就是生活。我只是抓住它努力再试一次而已。

如果我有目标的话就会写下来，这样我可以每周或每两周做一次评估，看自己完成得如何。当我翻到下一个列表时，发现有一两件事情做得并不如期待中的那么好时，我也不会为那些事去责怪自己。我看到自己做过的所有好的和积极的事情时，意识到责怪那些未尽事宜显得对自己特别不公平。我看到那些事情还是作为未来的目标时，只好到此为止了。

我发现这个问题已经五年了，知道在某些时间点，必须从内心深处做好准备改变自己，可是在这个时间点上，我并没有做好改变的准备。我所有的自我必须都做好准备，并达成一致意见。在日积月累的基础上我和每个身份对话，但是其中几个身份还是没有做好准备。它们不愿放弃巧克力圣代，宁愿继续吃下去，然后通过锻炼来弥补。这就是身份间协商的结果：研究出替代方案。我能想得出一系列备选方案，用同样的方式去完成交易。选择的技能是最重要的。

我现在已经抵达想要去的地方了吗？还不知道，但我比一年前有了进一步的飞跃！

| 第 10 章 |

创建你自己的世界

范·K. 撒普博士（Van K.Tharp, PhD）

> 之前：努力采用撒普思维法。
>
> 之后：明确无误地采用撒普思维法，交易就会变得毫不费力，马到成功。

我假设，在这一点上你认为这样做会让你成为一个伟大的交易者。我还假设，你现在理解了建模工作背后的撒普思维法的关键规则。你要么已经掌握了这些规则，要么至少知道怎样做才能掌握它们，并且要计划这样做。如果是这样，你下一步是要驾驭好你自己。那就是第二层次转型要解决的问题。

表 10-1 中，我列出了撒普思维法中关于驾驭自我的所有概念。此表每个概念后面有一个空格，当你觉得完全理解它后，就可以在上面打个钩。如果你仍然不明白，我建议你阅读本书第二部分所有章节的内容。

前四个概念在第一部分和第二部分中多少已经有些提及，里面包括了很多观点,例如你自己才是交易的关键因素,你对你所得到的结果负责。这一点在第一部分中强调过,这里再重复一下。如果你不理解它,你就永远不会改正错误,这意味着你将不会成为一个有效率的交易者。

创建你自己的世界

表　10-1

序号	撒普思维法的心理规则	规则检查
1	你要对发生在你身上的东西承担全部责任。当你理解这一点时,你可以改正你的错误。我们把它称为"责任感"	☐
2	当你没有全力以赴,你遇到障碍的时候,只是与其周旋,并不能深入其中直抵你设定的目标	☐
3	如果你不是竭尽全力去做那些自己和交易必需的事情,你是不会成功的	☐
4	做你喜欢的事情,但如果其中不包括交易,你就不可能成为一名交易者	☐

你还必须尽力去做那些必要的工作。为什么呢?因为当你没有责任感的时候,遇到第一个障碍你就会退缩,会让所有通往目标的进展停滞下来。你应该做你喜爱的事情,但如果其中不包括交易的话,那么你想成为成功交易者的企图心还远远不够。

有些人可能会认为,个人责任只能延伸到你所做的事情,而不是发生在你身上的事情。但恰是你对发生在你身上的事情的反应才为其赋予了意义。你的现实是由你所赋予的意义所塑造的,它永远是你信念的功能。所以,如果你亏了钱,你会感到震惊,你要对你的损失负责任。同时，你要对你可能的损失负责，因为在交易或投资时，你需要接受可能发生损失的情况。

接下来，你是否和大多数人一样有很多的内心冲突。你经常发现自己在说类似于"是的，我真的想要成为一名伟大的交易者，但我一直在浪费时间"或者"我总是没有时间去做事"这样的话。这就是你有许多让你远离交易身份的事情，它们在浪费你的时间，或者为你的欲望浪费时间。你需要认识到这些身份并消除它们之间的冲突。这部分涉及，每个身份都会有与其他身份的信念相冲突的信念。换句话说，很多冲突其实就是无用的信念在整体上控制着你。让我们看看这些关键点，如表10-2所示。

表 10-2

序号	撒普思维法的心理规则（续）	规则检查
5	你心中有一群人，你认为那群人就是你自己	☐
6	各个身份都有良好的意图，但当它们开始各自做事时，就会产生冲突	☐
7	你可以通过身份协调或TfM课程消除这一冲突	☐
8	你必须了解你的身份和精神信念，确认它们对你是否有用	☐
9	只要了解一个信念没有用，你就可以改变这个无用的信念，除非这种信念已经积蓄已久	☐
10	如果信念积蓄已久，在你需要时可以通过感觉释放去清除负荷	☐
11	你需要不断地督促自己做好交易工作	☐
12	当你发现一个重大的问题在阻碍你时，你需要知道如何解决问题，避免兜圈子	☐
13	你的内心指引是你最好的朋友，要学会使用它	☐
14	但不要被直觉愿望误导	☐

一旦你解决了你的身份问题、信念问题和感觉问题，你应该很清楚你的内心将去往何方，并且有能力持续督促自己解决可能会让你分心的问题。

如果你想要驾驭自己，我强烈推荐你参加本人的尖峰业绩家庭学习课程。但我想在本书中给你所需的一切，所以你也可以采取以下的九个步骤，这将有助你消除思想上已经固化的信念。

10.1 驾驭自己九步法——步骤1：明白你内心有一大群人

你的身份一般分为几个群组。第一个身份可能代表你不想要的那种感觉。例如，你可能有一个恐惧的身份，通过不断地释放存储的恐惧，保护你免于面对可怕的事情。你可能有一个类似的身份，代表愤怒、拒绝、羞愧或一些其他负面情绪。

其他身份可能代表你生命中拥有的各种角色。你可能有交易者的身份、丈夫／妻子的身份、父亲的身份、全职工作的身份、打高尔夫球的身份，等等。

你也可能代表各种行为的身份。你可能有控制的身份、不想犯错误的身份、完美主义的身份、拖延症的身份、兴奋的身份、冒险的身份，等等。

大多数人也有代表他们生活中最重要人物的身份。例如，代表妈妈、爸爸、配偶、婆婆、女儿，等等。

最后一种身份通常不被承认，或者是被屏蔽了。这些身份很难被发现，因为它们只会出现在你的预期里。你不喜欢别人的哪些方面？你在别人身上看到的就代表你不被承认、被屏蔽的身份。

如果你开始思考它，你可能猜出你有哪些身份。问问你的交易者身份，其他的身份中有哪些愿意参与交易。它也许会告诉你。当一个新的身份出现时，别忘了问它是否了解其他身份的情况。当你有了身份列表时，你可以进入下一步了。

10.2 步骤2：从每个身份获得25～30个你认同的信念

本练习的结果应该是至少列举出200个认同水平的信念，因为我假设你有至少 10 个身份。让我们说一说下面这些似乎都在参与交易的身份：①交易员、②研究员、③兴奋的人、④自我批判者、⑤不会亏钱的人、⑥拖延者、⑦完美主义者、⑧心怀恐惧的人、⑨父亲、⑩喜欢打高尔夫球的人。好吧，这是 10 个身份。

你下一项工作是要深入每个身份（允许那个身份负责），并且让它按照自己的想法，为你提供 20～30 个信念。这些想法都将以信念的形式表述出来，并且改为以"我是……"开头。

让我们说一下你的交易身份所建立的 25 个信念。这里是几个例子：

- 我是一个交易员。
- 我是一个随大流的人。
- 我是一个冒险家。
- 我是一个回报足够大时才肯承担风险的人。
- 我很小心。
- 我喜欢按计划行事。
- 我是一个循规蹈矩的人。
- 我很懒，不喜欢做功课。
- 我很容易犯错误。
- 我做事有条不紊。

现在让我们来说一下交易员提供给你的 15 个或更多的信念。

现在面向你的完美主义者身份，它提出了 18 个信念。以下是一些例子：

- 我是一个不喜欢犯任何错误的人。
- 我从来就不满足于现状，我一直想要更好。
- 我非常注重细节。
- 我是一个在确信前不会贸然采取行动的人。

- 我一直都在做事。
- 我一直在思考着如何做得更好。
- 我很在意别人的看法。
- 我总是在观察交易员和研究员,因为他们不喜欢我。
- 我无可救药。

你全部完成的时候,应该比我在这里列出的每一个身份的信念多出10～20项,这些都足以让你知道你应该寻找什么。

现在我们来完成每个身份的练习,直到你能写下至少200项关于自己的信念。你会看到一个身份的信念与另一个身份的信念很容易发生冲突,但是当你把它们都写下来时,你就会对什么在操纵你的生活有一个清晰的认识。你会开始理解你处在矩阵的哪个位置,你也会有机会去超越它。

我通常会收到关于信念的一系列问题,所以让我在这里回答一些比较常见的问题吧。

信念是什么?俗语说,一切都是一种信念,但这对我来说有点太含糊。
我能做的是给你很多的例子。

你坚持相信,我讲述的信念对你来说太含糊,这本身就是一种信念。

我说你的想法包含一个或更多的信念,这本身就是一种信念。我们希望把它搞得更清楚一些。

我不明白如何拥有"正确"的信念才能让我成为伟大的交易员。
嗯,那也是一种信念——拥有正确的信念并不重要。例如我说你有一个信念,坚信自己是没有价值的,而且你必须不断证明它。你不觉得信念会破坏你的交易吗?如果你认为你在做有价值的交易,能带来利润,这样不是更有用吗?

大部分撒普思维法的概念将帮助你成为成功的交易者，当然了，除非你确信自己做不到。当这种信念成为现实时，你已经证明了信念的力量。

你能告诉我想要成为一名伟大的交易者，必须具备的 10 ～ 20 个信念是什么吗？

请阅读第 6 章撒普思维法的所有概念，它们都是很好的例子。

我怎么能知道一个信念是不是有用？

你可以通过问自己一些问题来回答这个问题。

首先，信念有什么办法将你从任何事情中分离出来吗？所有的信念都可能会使你与某个东西分离，但相对而言，有些信念比其他信念更倾向于分离。"当你完成信念检讨流程"的时候，你应该知道它是否有用。

如果消极的信念屡次出现，将会怎样？

如果消极的信念不断地重复出现，你可能有大量的心理负荷锁定在里面。你需要释放它们，然后你可以用更有用的东西取而代之。

10.3　步骤 3：对你的每个信念做一次信念检讨

本书第 7 章中，我详细描述了信念检讨流程。当你遇到问题的时候，至少给出 5 个答案，"我从中能得到什么？"对于"它从我那里能得到什么好处？"也至少给出 5 个答案的问题。大多数人对信念问题都有疑虑，因为你给出答案的身份正好是你拥有信念的身份。为了更加容易起见，让其他的身份来回答第二个问题吧。

当完美主义者说，"我是一个在确信前不会贸然采取行动的人"，当你问起这种信念能从你那里得到什么好处的时候，你就不是完美主义者。要以交易员、研究员或兴奋的身份问这个问题。那些身份可能不会喜欢这种信念，甚至会有很多答案。

步骤 3a：保留那些有用的信念

一旦你完成了清单，请问问自己，这个信念是很有用的吗？如果这个信念是有用的，就把它保留下来。你会发现很多都不是。当你开始以有用的信念取代那些无用的信念时，你真的要看看生活中发生了哪些变化。

步骤 3b：替换不带负荷的无用信念

一旦你承认那些不带负荷的无用信念缺乏实用性，你会发现它们非常容易被替换掉。例如，"直到确信前不会贸然采取行动"可能改为"报酬比风险概率更高"。这是容易做到的，除非你对第一个信念有着太多的恐惧。

步骤 3c：找到你的信念负荷

你可能会发现，你至少一半的无用信念携带着强烈的感情。这种情况下，请把它们相关的情绪列举出来，然后继续工作。在步骤 5 中你将会释放负荷。

10.4 步骤 4：了解心理投射和阴影自我

一旦你完成了步骤 3，你就会找到自己的那些阴影身份。阴影身份是和你否认的身份，因为你是带着憎恨或厌恶的心情去找它的。它仍然是你的一个身份，不过只在你最意想不到的时候出现。如何找到它？想想你所有不喜欢的类型的人吧，还有你为什么不喜欢他们。那些人代表你的阴影身份。

例如，假设你讨厌那些偏执狂的人，你恨透了他们。现在想想看，你自己对那些人而言是不是一个偏执狂呢？假设你痛恨暴力，你尽力避免它。当暴力来到你身边时，你内心有没有充满暴力？这些都是你的阴影身份。

找到至少 5 个阴影身份，并给每个身份确定 20 ～ 30 个信念。最大的可能性就是，这些身份的大部分信念都携带着需要你释放的负荷。

10.5　步骤 5：通过感觉释放练习来消除负荷

下一步要列举出附加到那些无用信念上的负荷，并使用一种本章讨论过的感觉释放方法。这些方法包括：

- 第 8 章讨论过的"公园长椅"技术。
- 海尔·德沃斯金（Hale Dwoskin）开设的"圣多纳方法"课程中的圣多纳释放法。
- 我们在"尖峰业绩 101"工作坊中教授的快速释放法。

开始定期地用一个或多个方法试试吧，你会对结果惊讶不已。在释放负面信念的负荷方面，我也经常收到大量的问题，所以让我在这里回答一下那些问题。

你是如何发现一个信念附带的负荷数量的？你负荷最多的信念是什么？

九步法将帮助你了解这些问题。此外，如果你意识到了，当这些情绪出现时你就会警觉起来。如果你没有意识到，你就会抵制和逃避负面情绪，而不是充分体验它们。

为了释放情绪，有必要去核实核心信念，或者你能带着这种感觉 / 情绪工作吗？

如果你释放负面情绪直到那些感觉消失，那么所有无用的信念所附带的负荷会慢慢消散。

如果我释放一种情绪，是不是意味着我就不能再次体验一次呢？我会失去什么东西吗？

听听我的建议吧，你在特定环境下有恐惧感时，你就做情绪释放训练。当你这么做的时候，可能会发生以下情况：

- 当同样的情况出现时，你只是无动于衷。你失去什么了吗？嗯，在某些情况下，你失去了一种消极情绪，你可能失去了盘踞在无用信念上的一些负荷。这是损失吗？难道你不想放弃它，因为它是你失去一些东西的唯一途径吗？
- 当同样的情况出现时，你的恐惧比以往要小很多。这就意味着你需要做一些更多的情感宣泄。这可能意味着在这种情况下，你有好几个带来恐惧的身份，而你已经甩掉了其中的一个。
- 一种不同的情况出现，你有恐惧感。你需要将此视为另一种情感宣泄。

如果我经历阻力会怎样？

你的阻力往往会很顽固。我发现当人们抗拒某种感觉时，只会让这种感觉变得更加明显。如果没有阻力，感觉可能会像一阵微风。有了阻力，同样的感觉可能看起来像5级飓风那么强大。当你遇到阻力时，要把阻力当作一种感觉去处理，然后再去处理被抗拒的感觉。

10.6 步骤6：反思生命并列举出信念

接下来你可以考虑每年拿出 20～30 分钟，如果你现在 40 岁，那么你要计划拿出 14～20 个小时的时间用于训练。

以下是你要做什么的内容。写下你生命中每年都发生的事情，你能记住多少就写多少。写下你所有的记忆。要和曾经在你身边的人核对一下，刷新你小时候的回忆。

当你完成每年的记忆，写下你认为在那个年龄可能形成的任何重要的信念。当你完成后时，按照上面列出的各个步骤给每个信念走一遍流程：

- 为每个信念重复一次信念检讨流程。
- 替换无用的信念。
- 释放存储的负荷。

反思生命是我让我的"超级交易员"培训班的学员进行的关键练习之一。我愿意与你无偿分享这个练习。如果你需要与我们联系，请登录www.matrix.vantharp.com，我们免费提供给你。

10.7　步骤7：将你的问题和发现的根本原因（信念和感觉）做一个列表

或许现在你可能会相信你已经做得足够多了。但是你有想要改变的行为模式吗？如果是这样，你就没有完成。

列出你的每一个问题。请注意每个问题的根源和它们背后的信念。然后重复相同的步骤。

例如，假设你决定将大把时间浪费在看电视上，这是一种逃避。下一次你决定看电视时，不会的，至少一开始不会这样。相反它会通知你的感觉，告诉你要看电视。你可以称之为无聊。你可能会发现你很焦虑不安，想要逃避。你可能感到很孤独。或者你可能会注意到，在你的身体里有一些感觉，可你根本没有对其进行标记和分类。那种感觉背后的信念是什么？如果你针对那种感觉做了感觉释放，那么会发生什么？

同时注意，你的反应甚至也会这样做。也许这也是需要你继续改进的地方。

现在你将真的可以看到控制你和你的行为的矩阵。

10.8 步骤 8：找到你的内在指引

当你阅读后面的第 11 章时，请注意你的行动。它们到底是什么？谈论你的内部指引时，你有什么信念？请按照信念检核流程确认。

这是"奇迹"课程的一节课，要说的话题是回避。

造物主与受造物的合一是你的整体性、你的理智以及你无限的力量。这无限的力量是上帝送给你的礼物，因为它就是你。如果你摆脱它，你就会感知到宇宙中最强大的力量，就好像它很脆弱，因为你不相信你是它的一个身份。

请注意你的所有问题，相信你的力量并努力解决这些问题。同样，它们只是信念、感觉或你不信任的那些身份。我们一直在谈论如何逐一处理这些问题。

和你的内在指引开始启动日常的书面谈话吧。问一下你更高级的自我，等待它的答案。当有事情发生时，要及时把它写下来。每一天都要这样继续做下去，并注意出现的任何问题。当出现问题时要及时处理。当你的内在指引行之有效时，它将引导你完成这个流程。

下面是一些人们在寻找和加强内部指引时出现的常见问题。

如何相信上帝会帮助我成为一名更好的交易者？

我只能给你几个例子，然后你必须自己做决定。

第一，大卫·霍金斯说，如果你是一个无神论者，那么你的意识水平校准值约为 190。我已经提出了一个观点，即人们在低水平的意识中不会有很好的交易。

第二，当你相信上帝的时候，你可以尝试开始建立内在指引，这将是帮助你转型的关键因素。就这样屡次三番，第三部分内容的作者一直在反复强调信任内在指引的重要性。

第三，如果它对你很重要，你的内在指引可以帮助你更好地交易。你需要做的就是信任它。

我认为上帝在此只是威胁/惩罚我们。我宁愿只去赚很多钱，做我自己的事情。

你不相信哪种类型的神灵，它根本就是无用的。你为什么不找一个更有用的神灵去用呢？如果你相信一个语带威胁、动辄惩罚的神灵，还要尝试只是做你自己的事，想着赚钱的事情，那么这个神灵会影响到你生活中所做的一切。

我的内在指引是什么？是"我"还是在我之外的东西？

如果你假设我们是一体的，那么你的内在指引就是你的内在代表。无论发生什么，你的内在指引都会无条件地爱你，始终可用来帮助你。这应该是一个对你的考验。如果你愿意相信上帝就是一切，那么它就是你与神灵联结的内部方式。在任何情况下，它绝对在你的内心。它并没有抛弃你。如果上帝就是一切，那么它不也包括你呢？

然而，它不是你，因为你改变了自己，你的身份在陆续消失，而且很快就会没有思考者——没有了你。剩下来的就是你的内在指引。

我不信仰任何宗教，我如何找到内在指引？

也许你的意思是你并不相信神灵，这也无所谓。事实上，我曾经也有过那种信念。你需要确定的是，不相信哪种类型的神灵，什么样的神灵才对你有用。你需要一个神灵作为你的内在指引。你要做的第一件事是把你的内在指引从某些信念中清除出去。

10.9 步骤 9：开始消除身份的工作，或者至少让它们与你一起工作

我们在第 9 章中提及了如何处理冲突问题，用该方法来处理你的各个身份之间的冲突。在本书中你已经学到了如何去各个击破。为自己工作其实是可怕的，所以大多数人并不这样做。但如果你愿意承担这项任务，这可能是你能做的最有意义的事情。如果你需要帮助，就那么去做，因为结果一定会令人惊叹。

第 9 章我们讲述了消除冲突的练习，通常会要求你去想象你的每一个身份，但有些人做不好这个练习。如果是这样，那就是你的问题，我建议你先假装它看起来像那个样子。即使这来自你的想象，但它仍然来源于你，而且是有效的。如果你根本无法想象，那么你可能具有某种形式的阻力，这需要你去处理，使问题得到解决。在这个问题得到解决之前，请仅仅凭你的感觉和听觉感官行事吧。

最后，当你做的这些各种各样的练习足够多的时候，你就会开始产生明显的转变。例如：

- 无用的信念突然消失了。
- 当你处在现在的状态下，过去那种在特定的情况下经常出现的消极感觉不再出现了。
- 一个曾经与其他身份发生冲突的身份，现在成为团队的成员，或者干脆消失殆尽了。
- 没有什么特别的理由，但你变得更快乐了。

首先，当你自己转型成功时，你就有能力控制矩阵了。这意味着你可以把无用的信念转型成有用的。这将让你在几乎所有的事情上，包括

交易，都有很高的效率。

当你自己的转型越来越多时，你将丢弃你自己的身份，你的内在冲突就会越来越少。你可能将这种情况称为失去个性，但是你宁愿拥有很多冲突的身份，还是拥有更多的和平和幸福呢？

随着你意识的不断丰富，你会吸引许多与你的意识水平相一致的东西到你的生活中。如果你有朋友非常消极，你可能会失去他们，但是很快你就会用更接近于你自己的意识水平的朋友去取代他们。

| 第三部分 |

TRADING BEYOND THE MATRIX

超越矩阵使你的意识水平转型

大卫·霍金斯是世界上最成功的精神病学家之一。他有非常高的意识水平，对他的病人进行了奇迹般的治疗。他最终决定停止攻读心理学博士学位，他的论文是关于意识水平的。

到底什么是意识？意识可能被认为是知觉或自我意识，或是你无法操作的心理状态。例如，一个交易者会认定"接受"清仓（更高层次的意识），比"恐惧"或"贪婪"（意识水平低的）要好得多。在某种意义上说，意识水平实际上能够衡量事情的真相。低水平的意识沉浸在幻觉中，而更高的意识层面倾向于脱离幻觉，直面真相。

在本书的前言中，我提到了霍金斯在他的著作《意念力：激发你的潜在力量》中运用对数刻度去衡量人类意识的水平，但我想再复习一遍，因为我觉得它很有用。他将刻度设定为 1～1 000，1 000 是人类意识可以达到的最高级别。只有极少数很开悟的人曾经达到过 1 000。霍金斯说，200 的水平是区分积极和消极的临界线，低于 200 的水平是自我毁灭，并导致战争和自杀。

还有其他的类似测量意识的标度。圣多纳方法就有一种，所谓活力的一系列培训计划也有一个。我已经将它们三个重新列在下面的表格中，里面包括各种特殊的意识状态，例如内心的平静，并给出了特定的数值。

也许你并不相信，人类的意识可以用 1～1 000 的对数刻度来衡量。如果你这样想，你是对的，至少在你个人的范围内。不过要想想各个层次的情绪。你会同意和平的感觉比理性的感觉是更加轻盈和豁达的（即更高的振动）吗？相对"宽恕"又如何呢？难道这不是一个更高、更具延展性的振动吗？再如，相对于"淡定的态度"如何？当你陷入情绪，如悲伤、冷漠、羞耻、内疚，毫无疑问，你的经历告诉你，你一定会觉得非常沉重和压抑。

想想上述这些不同的层次，你将如何在不同的层次进行交易。如果你觉得"有罪""耻辱""担心""悲伤""愤怒"或任何其他低落的情绪的时候，你认为你作为一个交易者会如何表现？你应该很清楚，那种情况下你不会做得很好。你必须要在"接受"的最低限度内，获取很多成功的市场成交机会。你也可以从这一角度考虑一下意识水平。你想知道你的意识水平吗？然后问问自己："我大部分的时间花在了哪里？"你能提高你的意识，让你至少处在一个可接受的水平吗？在这个水平下，无论输赢，你都能接受。表Ⅲ-1是意识水平的三种测量方法。

表Ⅲ-1 意识水平的三种测量方法

霍金斯刻度测量法	分值	圣多纳测量法	活力测量法
开悟	700+		
和平	600	和平	
喜悦	540		快乐
爱	500		愉悦
理智	400		激情
宽恕	350	可接受	兴趣
主动	310		希望
淡定	250		
勇气	200	勇敢	厌倦
骄傲	175	自豪	痛苦/蔑视
愤怒	150	愤怒	愤怒/憎恨
欲望	125	贪欲	嫉妒/敌意
恐惧	100	恐惧	恐惧
悲伤	75	悲伤	绝望
冷漠	50	漠然	抑郁
内疚	30		漠然
羞耻	20		疯狂/堕落

我们的目标是帮助交易者提高意识水平。姑且就把信念的改变简单认为是二级水平的转型吧。现在请你再次想象一下，一年之内摆脱约5 000项无用信念的影响会是什么样子，尤其是，如果它们中超过一半的信念是带负荷的，但是现在所有负荷都释放了。这可能会提高你的意识

至少几百分。

同样，再想一下两个身份合二为一的影响，无论是通过解决冲突还是通过 TfM 课程。这也能对你的生活产生重大影响。现在想想摆脱了大约 500 个身份。根据组成你的身份的数量，你将非常接近一个整体。想象一下对你的意识水平的影响。

Ⅲ.1　我们最强大的工具

我的信念是，在本书中所给出的故事只是可能的开始。让我给你一个例子吧。我曾经有过一个梦想，和几个志同道合的人开一家公司，并一起改变世界，然而，那些梦想很快就破灭了。在某个时候我意识到，在我自己没有改变之前，我们无力去改变一切，这是通行的基本思想，当然也在演进和超越。

在我的成年生活中，我追求过许多个人发展方向，但是几年前，当我成为一个合一祝福给予者和教练时，一切都改变了。我在过去的几年中完成了之前 30 年没有完成的个人转型，做合一祝福（或灵性启蒙）的经验让我变得强大起来。现在，我的大部分工作人员是祝福给予者，我的业务也越来越成功。第 10 章说明了这个过程的力量，是如何改变生活的。

我开始在我的一些心理研习班给出祝福。我注意到，尤其是那些得到祝福的人都实现了大的转型，他们都经历了一个意识跃升的变化。这正是我在大部分职业生涯中一直探寻的东西。

我原本无意将合一课程列入范·K.撒普研究院的安排。当你开始的时候，一切看起来离我"很远"，但出于某种原因，我还是被它深深地吸引了。我不断地寻觅，看什么才能帮助人们。我看到过发生转型的过程，并对此惊叹不已。所有的转型将在下一节详细描述，在我看来，没有合一祝福的影响就没有任何实现的可能。我不想谈太多的细节，只想通过下文给出的故事，和你分享一下那些经验。

Ⅲ.2　超级交易员的转型之旅

我们的"超级交易员"项目学员在接受合一培训后就进入了这个项目。原来，她认为这是进入该项目最便宜和最快捷的方式，但是对她来说有困难，因为她不知道自己是否相信上帝。然而，该项目的部分内容是需要参加为期 28 天的 TfM 课程的，当中你会不断地遇到阻挡你通向内在指引道路的问题。如果你不相信你的内在指引，那就很难完成这段旅程。第 11 章与她迈向信念的旅程有关。这是一次重大的旅程，肯定大大地提高了她的意识水平。

许多"超级交易员"项目学员有很强的工程背景，这意味着，对于大部分的人，一切都需要符合逻辑和感觉，才能使他们正常工作。他们中的一个人已经经历了一个奇妙的旅程，已经完成了蜕变，从刚开始进入灵性的大门到现在随时都很快乐。他的故事会在第 12 章中讲述。

我的另一位"超级交易员"项目学员开始他的交易之旅时，其身份是一名为各大银行工作的专业的"员工"。他很快就意识到，有的人只是想通过与其他交易者打交道来熟悉交易的技巧而已。他们中的许多人是好的操盘手，但他们很少知道如何在市场上挣钱。他在旅程中解决了他的个人问题，最终成为一名快乐的人，并且有能力从交易中获得收益，他的故事将在第 13 章中讲述。

最后一位"超级交易员"项目学员，他在我们的课程中得到合一祝福后，达到了一个内心平静的深层次状态。当她告诉我这一情况时，我建议她在那个状态的时候进行交易。她有佛教培训的背景，要求开始一个为期六个月的旅程。当她结束旅程的时候，她能够在那种状态下不断地进行交易。2010 年 11 月，当我让她在获准操作的系统里面监测她的交易情况，她能做到 134R 的业绩。在这个月，她 86% 的交易都赚了钱，没有出现一个错误——100% 的高效率。我看了她一天的交易，她始终处在精神集中状态，在她交易的时候从不谈论她在做什么。她的故事将在第 14 章中讲述。

大卫·霍金斯说，一个人的意识水平和幸福指数之间是正相关的关系。我们现在能够测量幸福程度，人们可以持续地监控它。本书第三部分的每个作者都绘制了一张图，用来清楚地表明他们的转型功能如何，同时幸福感（即意识）是如何变化的。你也可以登录 matrix.vantharp.com 免费做这个测试。

最后，在第 15 章和 16 章，我要探索一些你接下来的问题，包括如何改变你的意识水平，还有一旦你成功了，就帮助你在交易中做一些更高级的事情，例如制订一个伟大的计划。而我没有期待你参与"超级交易员"培训项目，正如在这篇文章中所叙述的那样，我可以给你一些关键步骤，帮助你完成自己的个人旅程。这些不是商业秘密。如果你在读书，包括本书，你将得到你所需要的一切。但如果我给你一些你能用来改变自己的步骤，然后你跟着去做，那么我和我公司的使命将再次取得重大进展。

当你读到第三部分，你就会希望了解什么事情是可能的。

| 第 11 章 |

如何加速转型之旅

金·安德逊（Kim Anderson）

  金·安德逊生长在加拿大马尼托巴农村。1995年她从加拿大皇家军事学院毕业并获得学士学位，安德逊曾作为卫星通信工程师，在设在渥太华的加拿大国防总部工作，她还在渥太华获得了工程学士学位和工程管理硕士学位。2000年，她作为交换人员被招募到设在五角大楼的美国空军司令部工作，从事信息技术和企业架构工作。2004年她从加拿大空军"退休"，但留在了华盛顿特区。她目前的工作是一名全职的信息安全分析师，在洛克希德-马丁公司做政府咨询合同。金目前报名参加了范·K.撒普组织的"超级交易员Ⅱ"项目，计划在一年内成为专业的日间交易员。

> 之前：犹豫不决的失败交易员，缺乏信任和自我破坏的能力，甚至无意识地对成为百万富翁感到恐惧。
> 之后：在范·K.撒普研究院内最近一周的一次现场交易中，获得了45R的佳绩。

你可能会想知道我有什么独特资质能借助一本书就完成转型。好了，我是一个自我破坏专家。我有 15 年（如果不是更多的话）自我破坏经验。一旦我克服了一个看似很小的障碍，那么大部分的自我破坏就会变魔术般地消失。

稍后一点我会透露我做事的秘密，但首先我想谈一下自我破坏的话题。撒普博士把它定义为一个缺乏自律的行为，通常以自己最大利益行事，并多次重复同样的错误。对我来说，自我破坏就像是被困在一个框架中。这个框架就是我的大脑在无意识地运行错误的程序（"小我"），导致了自我破坏行为的发生。从理论上讲，一旦我意识到我是困在框架中，我就开始尝试逃脱，但那时我被卡住了。

我现在明白自我破坏主要是由于缺乏自知之明（当你深陷其中的时候，实际上很难知道是否在框架中）。这就是自我破坏很难治愈的原因——原因往往隐藏在你的意识深处。你可能意识到你正在自我破坏，但你不能找出原因（例如，你想要减肥，但就是不能抵制菜单上的五层巧克力蛋糕的诱惑）。在某些情况下，像我一样，你甚至意识不到你在自我破坏——你只是在你的生活中做一些表现不好的事情而已，但你不能解释为什么会这样。"奇迹"课程（ACIM）中有一句话说得很好：

然而被隐藏起来的才真正可怕，不是为它自身是何物，而是因为其隐蔽性。

——"奇迹"课程

我在开始做"超级交易员"培训项目自我工作环节之前，发现大部分问题都是因为我外部的原因引起的。我只做了几个月的自我工作后，就发现了有两个遭到破坏的问题：①我所有的决定和行动都基于恐惧心理，特别害怕失败；②我有一个非常强烈的控制需求。

正如你能想象的那样，这两个问题都表现为自己对交易决策犹豫不决，这也是我经常重复提及的（即自我破坏）。例如，我害怕亏钱，所以我会削减我的利润预期，或者我宁愿守着不高的仓位，以免市场逆转，这样我就不必承担损失。

我的控制需求也表现为几种潜在方式。我想用能看得见的方式去控制，所以我想尽力避免衰老。我想控制我两岁儿子的行为，但我越想控制他，就越是控制不了。

我还产生了一个成为百万富翁的无意识的恐惧（听起来很荒谬），因为我下意识地觉得，这将改变我的人际关系，在一定程度上我是无

你就是不能抗拒
五层巧克力蛋糕的诱惑

法控制的。我的控制需求变得如此强烈，我想控制未来。显然，那些曾经漂浮不定、值得信任的"神圣计划"根本不在我的词汇表里。

因为我非常需要控制，这是大多数情况的下意识，当事情没有按照我认为的正常方式发展时，我就容易变得沮丧。这些感觉受到挫折后，会产生恶性循环：当事情不按照我的方法发展，我就会感到沮丧，所以我会尝试用其他东西控制局面，这将导致进一步的挫折，然后又尝试获得更多的控制。你一定能看到，这会对我的交易和幸福感产生负面影响。

图11-1是在我参加"超级交易员"培训项目前每年的快乐指数水平图（和撒普博士用来测量他的"尖峰业绩203"工作坊中个人快乐指数相同的量表）。在这个图中，你会注意到我的童年时期是人生中真正快乐的时光。当我上学后幸福感开始急转直下，上大学的时候次之。在这段时期，我的挫折感控制问题才真正开始浮出水面。低谷期出现在我23岁，母亲去世后的时期。

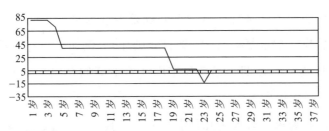

图 11-1　我参加"超级交易员"培训项目之前的快乐指数水平

我决心停止这一循环,所以我开始使用你在本书学会的技术,慢慢驱散我的恐惧,解决控制问题。然而,我有一个看似微不足道的障碍,站在我的角度看,它阻碍了我彻底矫正这些自我破坏的问题。如果不能先克服那个障碍,我相信解决这些问题将是非常困难的。

这个障碍是对我更高能量(higher power)的不信任。似乎和我的其他问题完全无关,对不对?但它不是!它是将所有其他问题聚拢到一起的关键。为什么?你可能会问?我试图自己控制它。我认为"奇迹"课程 47 课的回答非常适合解释这个问题:

如果你相信自己的力量,你就会有充分的理由担心、焦虑和恐惧。

——《奇迹课程》,第 47 课

我可以控制什么?什么能给我一个识别问题各个方面的能力,让我找到一个合适的解决方案,并保证它会被完成?我终于明白了,单凭我自己,我不可能完成任何事情。相信自己(即自我)能解决问题,我会不断体验恐惧和焦虑。我需要信任和相信比自己更伟大的东西。拿破仑·希尔(Napoleon Hill)在他的《思考与致富论》(Think & Faith)中对信念的重要性总结如下:"信念是唯一已知的解药!……信念是唯一可以通过无限智慧的宇宙力量而被人类利用的工具。"

对于那些你想呕吐的词汇,比如"上帝说""高级力量"或"信念",

我完全理解你的感受。不久前我也曾经有同样的感受。现在，我只想请你考虑以下问题：虽然没人知道上帝或其他高级力量是否存在，如果它是有用的，就请相信有一个无限智慧会助你一臂之力，在需要时向你提供指导，那么你为什么不相信它呢？如果你真的相信它（即有信念），那会有什么神奇的事情开始发生？会不会有用？

我从不同的角度看待这个问题，你可以说，当它解决问题时，我只用意识思维想出解决方案。根据科普常识，意识思维只占你的大脑容量的10%，所以，我基本上没有充分利用我大脑的90%来解决问题！我不相信我的直觉，或者说我的第六感，如果你愿意的话，它就是通往你潜意识的渠道。

然而有趣的是：我甚至没有意识到自己不相信更高级的力量。不信任充斥我的生活，但正是因为我看不到它，所以我无法解决它。正如"奇迹"课程中所说的：

如果有一个问题，你不知道它是什么，你就无法解决它。即使它真的已经解决了，你还会有问题，因为你不会承认它已经解决了。

——"奇迹"课程，第79课

因为大多数自我破坏思维的产生，都是由意识思维中的那些潜意识出现错误程序引起的，我的不信任和缺乏信心也认定，由无意识的程序而产生的任何自我破坏问题几乎是不可能解决的。正如爱因斯坦指出的那样："我们不能用创造问题的思维方式来解决问题。"

所以，这里的故事都是讲述我如何克服障碍，在短短的四个月内完成了主要转型工作的。我也会为你提供一个模型，你可以用它来加速完成自己的转型之旅。

11.1 发现关键

时间倒退到 2011 年 1 月。我的新年愿望是在我 40 岁生日（两年内）的那天，成为一名专业的日内交易员。自 2002 年以来，我读了范·K.撒普博士的图书和电子通讯简报，2004～2005 年也试着做过一些交易，但是成效甚微（主要是由于自我破坏问题）。这一次，我决定去做正确的事情，听从撒普在他书中提供的建议。我想我唯一能学习去做的，就是有效和高效地完成撒普的课程和工作坊中所有的任务，这意味着我可以参加"超级交易员"培训项目。

在当时，进入超级交易程序的前提条件之一是，参加"尖峰业绩 101"工作坊或合一唤醒工作坊。鉴于合一唤醒工作坊比"尖峰业绩 101"便宜得多，我决定选择合一唤醒工作坊。然而，在合一唤醒工作坊之前我没有参加过任何灵修项目，我还是有一点担心。当时，教学大纲里面谈到一些东西，有 IT 和工程背景，我将其归类为遥不可及的东西。它还数次提到"上帝"这个词，这让我有点胆怯，因为我是一个虔诚的不可知论者（实际上是无神论者），在我看来，宗教是有人类文明以来地球上大部分重大冲突的主要原因。我记得我对我自己说，嘿，它只要两天就结束了，最终目的还是参加"超级交易员"培训项目。在我前往北卡罗来纳州凯里市之前，我简要地向我丈夫解释了一下工作坊的大纲，他马上说："如果他们给你提供'酷爱'饮料，不要去喝。"

所以，你可以说，我是带着一种相对封闭的思维走进这个工作坊的。但是，经过两天的冥想、诵经、跳舞、接受"祝福"、宽恕和"唤起我的存在感"，当我走出范·K.撒普研究院大门的时候，我的感觉只能被描述为重获新生。我知道这听起来很老套，但这是真的。车行驶了五个小时回到了华盛顿特区，我感到难以置信的平和和感恩。这是一种我不曾经历过的感觉。如果这能发生在像我这样的人身上,也许合一唤醒工作坊真的有一些有用的东西。

当然,感觉消退后大约过了两天,就渴望恢复工作坊后的祈福,所以我在当地找了一个教会,能在那里进行持续静心和合一祝福。在合一觉醒期间,我会成为合一祝福给予者,此后的几个月里,我每周都欣然接受他们,但我发现,因为某些原因,我不能给予任何东西。我知道这是一种心理障碍,我只是不能参与其中。

2011年2月,我被录取到"超级交易员"培训项目,于是我开始进行20个心理部分㊀的课程,每天做15分钟冥想。完成"超级交易员"培训项目心理部分的先决条件之一,就是需要记录人生五个重大的转型。我在这个项目中已经花了两个月时间,还没有完成一个重大转型——除了再次发现一点灵修的优点。

以下是我需要处理的事情的原始列表(确切地说我是在2011年3月记录的):

问题1:自信:我对自己的交易能力缺乏信心。有一个小小的声音让我怀疑以我的能力能否成为一名成功的交易员。

问题2:与儿子的关系:有时感觉做母亲还不合格,因为我的儿子相对于喜欢我似乎更喜欢我的丈夫。我被这个困扰似乎很傻,因为我的儿子才两岁,但是我还是挺在乎的。

问题3:对害怕的恐惧:这一点很严重。每当我想起过去的失败(例如,考大学名落孙山),就会有一种真实的感觉,那种恐惧和紧张会压在我的胸口。此外,我真的尝试过做很多事情来避免这些感觉。我担心这可能会破坏我的交易。

㊀ "超级交易员"培训主要包括5个部分:撒普思维法、心理功课、业务规划、系统开发以及错误分析。

问题4：含糊不清的灵性：表面上，我相信灵性的重要性，也在努力发展我与上帝之间的关系。然而，我有时也会感到很尴尬，因为我担心，我关心的人（例如，我的丈夫和我的妹妹）会以为我疯了。

问题5：与钱的关系：直到最近，我从来没有想过我会在金钱方面有什么问题。2010年，我父亲去世了，给我和妹妹留下一笔我认为是小数额的钱。我想这些钱足够开一个交易账户，有机会通过一个良好系统里来建立合适的仓位，可以支持我的日常生计，但是要想成为百万富翁是远远不够的。我父亲的钱分散在几个不同的银行和投资公司。有一个投资公司最近送来对账单，上面显示账户价值为560多万美元。然而，我对即将成为百万富翁并不感到兴奋，反而有种恐慌和焦虑的感觉。以前从来没有想过，之前我可能对金钱有一个不健康的态度。我相信这将破坏我的交易（后来的经纪公司发出了一个修订的声明，说账户上真正的数额是35 000美元）。

当时我写了这个"需要处理的事情"列表时，我觉得这个问题1（自信）是五个影响我交易能力中最微不足道的问题。然而，我后来发现，这完全是基于一种陷入困境的感觉。当我释放那个困境的感觉时，它几乎完全消失了。关于这个我们稍后再谈。

问题2（与儿子的关系）和问题5（与钱的关系）实际上与我的控制需求是相关的，然而当时，我并没有意识到那种需求。我意识到自我破坏的表现和控制需求是相关的。我不认为这两个问题（尤其是问题2）会对我的交易有很大的影响。

正如你可以从问题4看到，我仍然有一个重大的灵性问题，但我还没能找出确切的原因或影响。在撒普博士的建议下，我开始参加"奇迹"课程。他声称这是他在自我工作方面做的最重要的事情之一，所以我认为这将有助于我对灵性问题有清晰的认识。

我觉得问题 4 最终会自行解决，但问题 3（对失败的恐惧）肯定会破坏我的交易结果，所以在接下来的心理课程中我决定解决问题 3。在这里，我参加了转型冥想（TfM）。

当我的"小我"第一次做清净练习期间，我曾经尝试让它看起来像一个微型的太阳⊖，而我的"对失败的恐惧"就在我的左手中，我想象中它的样子像是一个保龄球。利比在现场问道："那个恐惧的身份信任你的高级力量吗？"令我惊喜的是，保龄球说："不，我不相信那个家伙，也不信任你！"因为这是我首次参加 TfM 对话，这很让我吃惊：①想象保龄球和我说话；②我站在保龄球一边而不是在太阳（即我的高级力量）一边。当利比建议我们卸掉不信任高级力量的任何身份时，但保龄球拒绝离开我的手！为了把全部负荷消除掉，我开始感受对保龄球的感觉，感觉像是把我的更高级力量抛弃了。

我不相信那个家伙，也不信任你！

在 TfM 课程快要结束时，我突然明白我的潜意识就是想告诉我，我有一个身份不信任我的更高级的力量。因为那样，我无法消除对失败的恐惧。事实上，它对和那个大的信任问题一起挡路的任何自我破坏问题是无能为力的。

在做完练习后，我向撒普和利比提到这个问题，撒普建议我接受合一祝福，先将信任问题搞清楚。利比刚刚成为一名合一祝福给予者，对她来说，这是一个她能给予祝福的完美机会。在那次祝福中，我的高级力量一再重现，而且它一直在那里持续驻留。我的高级力量还给我看了一张我母亲的照片，然后说她从未真正离开我，虽然她已经在 15 年前就

⊖ 我想象我的高级力量是一个留着长发的男人，在太阳下的莲花瑜伽座上打坐（所以，我的右手中有一幅太阳的图画）。我自由想象高级力量的样子，这没有固定的规则。

去世了。突然，我的感觉就像是有一个灯泡在我的头顶上亮了，而我就像是在卡通动画里面！我终于意识到，我对上帝不信任的根源是，我坚信是上帝把母亲从我身边夺走了。

这对我来说是一个非常情绪化的时刻，也非常有启迪作用。我突然意识到我为什么要这样做，或者为什么做不了某些事情。特别是，它解释了我为什么这么长时间一直存在精神上的矛盾。

完成合一祝福后，我们做了另一个 TfM 练习，帮我搞清楚信任问题。这时我在不信任的身份（模糊地出现在我的左手，看上去像是一个茄子色的球体）和我的高级力量（再次出现在我的右手，像是一个微型太阳）之间发起了一个对话。我的高级力量再次确认它会永远支持我所做的一切。它还指出，每个人的物理生命最终会完结，但那个人会永远生活在你的精神世界，正如我看到了母亲的照片那样。模糊的茄子似乎对这个解释也没有什么异议，当我把双手放在一起时，它们就合一了。在经过这样的经历之后，我感到了一种巨大的解脱，仿佛一个巨大的包袱从我的肩膀上卸下了。

在"尖峰业绩202"工作坊的最后两天，我已经能搞清楚几个其他相对容易的问题了。例如，我清掉了我身体内那些不喜欢进行自我工作的身份，因为它不喜欢弹出我的潜意识想法，并揭露那里存储着的所有垃圾。更甚的是，在我回到家的那个星期三，我在一天内就能轻易得到和给予七个合一祝福。我感到在给予祝福时得到了大量的感激之情，我坚信能够重新建立对自己高级力量的信任。

11.2 涡轮增压式的转型

转型支柱1：摆脱恐惧

虽然那个时候我还没有意识到它，我突然发现自己对高级力量的信任和信心让我的意识和潜意识之间的沟通渠道变得异常清晰起来，其中，根据利比·亚当斯（Libby Adams）的说法，是在扮演着通往一个人的高级力量的渠道。这意味着，我可以开始相信，我能从高级力量收到信号。一旦我终于弄明白后，它真的让我实现了涡轮增压式的转型。

在此期间，我还继续学习超级领袖心理学课程。在这些课程中，撒普要求你保留一个"情绪日记"来帮助自己确定呼之欲出的负面情绪，从而使你能使用第8章里面描述的技术来释放它们。如果你不释放它们，你就有可能将它们暴露在光天化日之下，并有可能自我毁灭。

我不得不承认我讨厌写情绪日记，因为我倾向于标榜自己能控制情绪（也是另一个控制问题！）。把我的情绪放在日记里，它就会揭露我的真实面目。然而，当我回顾过去时，我发现情绪日记是最有用的工具，它可以帮助我确定主要的潜意识情绪，要知道，这些情绪在我的生活中基本上运行了多年，并造成了大量的自我破坏。

那种情绪就是恐惧。我相信恐惧的最大问题是它往往伪装成其他的东西，貌似在保持着正面的机制，例如基本生存的保证或行动的动力，所以你很难看到恐惧投射出的样子——自我破坏。撒普说如果你能够在市场中预测到恐惧，你就会得到你寻找的东西——亏损以及更大的压力，来进一步证实你预测的恐惧，这就是我在交易时的状况。

当我决定用第8章中所描述的公园长凳练习来攻克恐惧时，这无疑就是我所得到的东西。这样做的时候，我突然意识到恐惧正在我的生命中运行。在第一天的练习中，我能够花40分钟完全集中在恐惧问题上，丝毫没有感到无聊。我意识到，我害怕一系列不同的东西，包括死亡、失业、无家可归、失去家庭成员、不是一个好母亲、变老、看起来老、感觉老、没有活出自己的期望、没有达到我的人生目标、不快乐，等等。

在下一个心理工作坊上，我决定首要目标是减少我的恐惧。然而，我对自己能否完全摆脱恐惧有些惴惴不安，因为它对我来说确实是一个非常强大的动力。例如，我对完成工程学的学士学位和硕士学位感到恐惧，我也担心它能否帮我获得就业机会（对贫困的恐惧）。我也感觉到恐惧是激励我生存下去的动力。我甚至觉得，如果自己突然间变得无所畏惧的时候，我可能会变得粗心大意。我可能在穿越马路时不再朝两边看，或者停止服用维生素而得上癌症。

我向撒普博士提到了"摆脱恐惧"的恐惧，他说，我应该尝试着去完全释放它，首先解决自己和生存相关的问题，要记住我在合一课程里面学到的东西。经过一番思考，我意识到撒普博士是正确的。恐惧让我处于现在的状态，但它不会帮我到达真正想去的地方（即有利可图的交易）。我也认识到，我应该把那些保证我的生存的任务完全交给我的高级力量，因为那才能帮助我做到一劳永逸，再也不去做重复的劳动。

所以，2011年5月，我在课程期间，能够运用撒普博士教导的"感觉释放"技术成功地释放恐惧。我相信所有基于恐惧的信念（即害怕失败、害怕死亡、害怕批评）即使没有完全消失，也都已经大大减少了。那些延续了数年的焦虑、抑郁和巨大的压力，伴随着恐惧的释放都消失了。事实上，在释放恐惧后不久，我给出了一个合一祝福，人们说他们可以感觉到，那个祝福和我前一天给出的祝福有明显的区别。

有了两次重大的转型之后，依然还有另外三个问题在等着我。我仍然没有很好地理解问题在哪里。请记住，我知道自我破坏的后果，但我仍然找不到原因。我知道我得找出原因，才能去寻找解决办法，这就意味着我需要动用我的高级力量，来帮助我处理剩下的三个潜意识问题。然而问题是，我花了这么长时间竟然忽略了来自高级力量的那些常见信号（因为我不信任它），我也不知道这些信号是什么，更有可能，我甚至不再承认它们。

转型支柱 2：挖掘高级力量

无论你是否意识到，你思维的那个身份其实在不断地与上帝沟通。

——"奇迹"课程，第 49 课

虽然 ACIM 说你的某一个身份在不断地与上帝沟通，那么如何去挖掘一个高级力量呢？直到最近，我依然没有线索，但利比·亚当斯建议我使用第六感。这听起来像是需要特殊的神秘力量，对吗？其实不是这样。我从利比那里学到了东西，真的帮我涡轮增压般地实现了转型之旅。你看，第六感就是你的意识和潜意识之间的网关。因为你的高级力量和你的潜意识处于相同的领域，使用相同的语言（即图像）运行，第六感也是你高级力量的网关。

这听起来也许有点遥不可及，但其实并不是。你的高级力量和自我意识之间有明显的差异。你只是要学会分辨它们的差异。以下是我对我的信号的了解：

来自第六感的信号常常伴随着一种闪烁图像的感觉，就像我的头顶打开了一盏明灯，简直就像是在卡通动画里面。此外，我的第六感通常只发送积极的信息（除非我身处某种物理险境），而我的自我意识通向我发送负面的内部对话，"难道你疯了吗？"

来自我的第六感的消息是很微妙的，而"小我"像是在唠叨。我学会了如何识别这两种类型的信息，只需密切关注我的思想、情绪和行动之间的差异即可。我相信每个人身上这两种不同来源的信息，都会有重要但又很微妙的差异。你的工作是要找出它们到底是什么。

所以，有了这个新的信息，我在察觉到第六感的信号时变得非常警惕。其中有一个最强大的工具，我用来开发我的第六感，并和我的高级力量实现交流，这就是 TfM 和冥想。在和利比进行的所有 TfM 会话期间，我很关注我的高级力量通过第六感告诉我的东西。这确实有助于为下一步的转型打下基础。

然而，与第六感的交流并不是实现重要转型所需的唯一成分。我认为，了解自己生活的目的也是一个重要的结构性元素，而它被用来要求去支持一个强大的转型平台。因此，我在利比的 28 天课程中做的第一件事，就是明确我的人生目标。这不仅是一个强大的重要转型平台，而且几乎能保证我未来的幸福。那么，一个人的人生目标与幸福有什么关系呢？任何事情你只要稍做思考就可以。如果你的目的是模糊的或可疑的，那么你高兴那样做吗？这是不可能的。

转型支柱 3：我的人生目标

在与利比工作之前，我对于人生目标的意识是模糊的，我并没有什么具体的目标，也许这就是我为什么并不热衷于要去哪里生活的原因。你看，我有一个相当不错的主意，这在以前的生活中不曾想过，我希望那种看起来像是日常生活的良好感觉，这才是我想要的，但是我没有把它放在有感觉的整洁小包裹中。所以，和利比进行一个简短的 TfM 会话之后，我得出了下面的人生目标：发挥我最大的潜力，这样我就可以帮助别人实现他们的愿望。很简单，对不对？但这句简单而精练的话正是我所需要的，它让我的生活重燃火花。事实上，当我早晨醒来时，我感到精力充沛。我不再害怕和别人面对面在办公室待上一天。

一旦我清楚地明白我的人生目标后，我的高级力量（现在的声音）就不断提醒我，我还没有完成两年前就开始写的电子书。我会让写电子书的想法慢慢消退，因为我相信这与成为一个专业的日内交易员的想法是背道而驰的。一旦我清楚了，我的高级力量就知道我是需要完成它的，并在"目标"明晰之后，一整天都在给我发送微妙信息。然而，我仍然有一个"小我"，不相信写电子书是在很好地利用我的时间。我接收了这么多令人困扰的内部冲突的信息，我跟利比讲了这件事。我们对我的"小我"做了一个TfM，那个"小我"其实就是对于完成电子书的事情"感觉懒惰"而已，这时我已经清楚地意识到，电子书和我成为一名交易员的目标是吻合的，因为它会产生收入，所以我决定去完成它。我对这个决定没有什么遗憾，决定了就要去做。现在我的电子书已经完成了。

转型支柱4：终于摆脱我的控制需求

在与利比的28天课程期间，我们做了很多次TfM会话，去探知自我破坏问题的根源。在每一次课程期间，我的内在指引或高级力量几乎没有给我留下关于自我破坏的根源的线索。举例来说，它在我头顶经常闪现的影像导致的自我破坏源自我的控制需求。带着这个信息，我最后才得以查明问题的来源和找到问题的根源，这就是被利比称为"一个需求控制集群"的东西。这就像一串葡萄，每一颗葡萄是控制集群的一部分。

在过去的几周里，通过使用TfM，我慢慢地拆解了这个控制集群。

- 集群中的第一个要掉下去的"葡萄"是我控制变老过程的愿望。
- 第二个是我对成为百万富翁的潜意识恐惧（后来有更多的钱），它是基于抵制变化并想要控制与他人关系的恐惧。
- 第三个要掉下去的"葡萄"是不想随波逐流的那个身份。再说一遍，这是我想要控制未来的那个身份。
- 第四个是想要控制我的潜意识想法的身份。这一个很重要，因为一旦我摆脱了它，我就可以更有效地处理整个控制集群。

在TfM课程期间，这种控制集群看起来就像我戴着牛仔帽，骑着马，手中挥舞着鞭子，把那些小小的棉毛球（哦，想象中的力量！）赶进圈内。我们叫她金牛仔，她说："我只是不喜欢对某事没有控制的想法，因为我喜欢控制自己未来发生的事情。"

我的高级力量（我右手的太阳）回应道："你'金牛仔'不能控制未来，因为你没有把金的最佳利益百分之百放在心上，而我做到了。我有一个计划，这是她人生目标。我将为她提供路线图，让她按照这一目标去行动。因此，没有必要去预测未来，我们已经知道了。我们知道，未来需要金实现她的人生目标。"

这对我来说是很有意义的。我知道这是我的高级力量为我提供了工作指导，我不需要一个单独的身份去控制我生活中的所有细节，并给我潜在的冲突提供指导。我终于意识到，我可能不知道未来的所有细节，但我知道最终结果。我可以选择不同的人生路径，但我最终会到达那里，我为此感到很高兴。这为我增加了很大的灵活性，并且真的可以帮助我放松下来，甚至更加顺其自然。

11.3 驯服我对成为百万富翁的潜意识恐惧

正如我在前文所述，我最近发现我对成为百万富翁有一种潜意识恐惧。在28天的课程中，我想把这一问题弄个水落石出，因为它会破坏我的交易，所以利比带领我通过 TfM 会话，尝试去清除这个非常有限的"小我"。这个身份出现在我的左手上；表现为一张我好像在看一份经纪声明的照片。那个身份说："哇！560万美元是一大笔钱。这也许会改变我与我关心的人之间的关系。他们会期待从我这里得到比现在更多的东西吗？他们会向我索要钱吗？"我意识到这个身份是抗拒改变的。用控制集群的方式很容易和那个身份协调一致，消除其顾虑并让它更加适应我的高级力量。

和我的意识不认可的身份做身份协调工作，并准备好去否决它，这可能听起来有点傻，要记住，自我破坏是由潜意识引发的并且会继续肆虐，直到你重新调整它为止，这一点是很重要的；它不会自己重新调整编程，也不会让有意识的心智编程。不管怎样，我很高兴我做到了。我相信我的交易账户也会感谢我的。

他们会向我索要钱吗

11.4 转型前后的快照

表 11-1 提供了四个月的转型之旅迄今为止对我的生活产生影响的前后快照对比（我刚刚开始！）。

表 11-1　转型前后的生活对比

转型前的生活	转型后的生活
经常被生活中的小挑战挫败	改进随波逐流的做法
恐惧是一种占主导地位的情绪，并且渗透到大多数的人生决定	恐惧不再存在。我现在用人生目标来衡量重大决定
害怕成为百万富翁	作为一名百万富翁将是伟大的
害怕失败，所以没有走出舒适区	对失败的恐惧不再是一个问题 我刚写完一本电子书，这也许就是我之前的舒适区的出口
因为极其想控制儿子的行为而疏远了他	与儿子的关系有了很大的改善。现在我到幼儿园去接他时他冲我跑过来，而之前他只会冲向他爸爸
因为我不喜欢亏钱，所以交易一直处在亏损的状态	在最近的一个实盘操作班里，我是班上最优秀的交易员之一。我在一周内日间交易达到 45R（肯·隆提供的数据）
在一个不适合于我并且我所讨厌的系统中交易，因为我不知道自己的信念	对我的信念有一个更好的想法，我会花更多的时间设计一个适合我的交易系统。我们在课堂上的交易练习看起来挺好，但是我要是全职操作就不见得那么好了

(续)

转型前的生活	转型后的生活
讨厌我的工作,因为我觉得我面对的所有问题都是我力所不及的(例如,过分官僚的规则、无能的同事、事无巨细的老板,等等)	现在很喜欢我的工作,我终于意识到,通过思想、情感和行动,我已创造出自己的生活
永远不满意现状	每日幸福感大大增加,因为我确定了人生目标(见图11-2)
缺乏专注和清晰度,这说明我缺乏完成长期目标的能力	自从我的人生目标越来越清晰,我每天早晨醒来时都感到精力充沛。我完成了写一本电子书的工作,这符合我的目标,它将为我的交易账户产生收入,并带我进一步迈向财务自由

此外,你可以在图 11-2 中看到,我的幸福指数在过去三年大大地提高了。

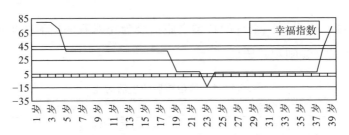

图 11-2　幸福指数水平——开始"超级交易员"项目之前和之后对比

11.5　涡轮增压式的转型模型

我相信,任何人只要遵循我所采用过的类似路径,并使用类似工具,都可以取得相同的结果甚至会更好。我也相信,我使用过的模型能够切实保证给任何人的转型之旅一个涡轮增压式的提升。事实上,我相信它已经把我放在了一个坚实的平台,可以在未来实现更大的转型。这是因为它解决了基本要求:实现消除破坏性的潜意识。我坚信一个消除了破坏性的潜意识可以去实现更高层次的意识,正如本书中所描述的那样。

我在这种情况下所描述的转型模型,主要由三个主要组成部分,如图 11-3 所示。

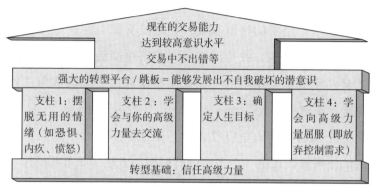

图 11-3　我的转型支柱

（1）转型基础：信任高级力量。如果没有这个坚实的基础,我相信要实现重大转型将是不可能的。

（2）转型支柱：下面的支柱为实现自由的思想免于被破坏提供重要的结构支持,但是如果没有强大的基础,我将很难实现：

- 支柱 1：摆脱无用的情绪（如恐惧、内疚、愤怒）
- 支柱 2：学会与你的高级力量去交流。
- 支柱 3：确定人生目标。
- 支柱 4：学会向高级力量屈服（即放弃控制需求）。

（3）转型平台/跳板：这个平台是由许多支柱支撑。在你可以将意识水平提升到更高水平之前,大多数（如果不是全部的话）支柱是需要牢固地待在原地的。如今,我相信我已经将双脚牢牢站在该平台上,我只需要使用跳板将自己弹射到更高的意识水平,使它更容易实现我的交易目标。

11.6 结论

从我的转型过程里面可以借鉴重要的经验，那就是如果没有在旅程开始之际奠定一个坚实的转型基础，我是没有能力在这么短的时间内完成这么多重要的转型的。我要说的是，相信更高级力量的基础，对于完成转型才会是绝对至关重要的。如果没有这种信任，我认为这种转型不会那样快速、深刻和持久。

但是信任我的高级力量仅仅表示万事才刚刚开始。然后，我用这种新发现的信任来帮我找出一个走出现有框架的方法（即重新操作一遍我的潜意识去摆脱自我破坏）。当然，所有这些转型都取决于我是如何自觉认知自己在混沌状态下规划自己潜意识的程度。我相信在对高级力量不信任的情况下，这几乎是不可能的。虽然这需要深刻反思，并愿意摘下潜意识的引擎盖去清除垃圾，我绝对相信这是值得去努力的。

| 第 12 章 |

从工程师到精神战士的交易之旅

本章作者希望匿名

> 之前：愤世嫉俗和压抑过度的思想者，大部分时间过得不开心。
>
> 之后：富有建设性和高效处理业务的专业人士，毫无理由地快乐。

我是一名来自德国的工程师，今年 45 岁。我作为一名顾问，在 IT 行业帮助我的客户处理所面临的挑战，并简化他们的业务。我在美容护理产品制造、企业成本削减和业务流程再造方面有着广泛的经验，并以此为基础，为各种组织进行架构重组和变革实施。也许有人会说我是一名知名管理顾问，每个行业都熟悉一点点，但都没有完全深入其中（这可能是真的）。

这个工程咨询档案折射出我的迈尔斯·布里格斯 INTJ 特征。和其他许多工程师一样，我的性格内向、务实，敢于直面事实。另一个更容易理解的方面是，在许多特定的组织中，超过 50% 的 IT 项目实施失败。[一]

[一] 我没有这个说法的准确来源。基于我自己的观察，大约有 80% 的 IT 项目无法按照当初计划的范围、成本或时间完成。我这里说 50% 还是比较保守的。

因此，我在观察和了解失败方面有着丰富的经验，对这方面的工作有着深刻的理解。这一点将我和一个典型的科学家区别开来：科学家倾向于了解事情发生的原因，而我只专注于我是否能够复制或改进它。

12.1 时间线 1：下坡加速

事后来看，我可以说，我在德国的一个小镇里拥有一个幸福和被呵护有加的童年，这件事在那里人人皆知。直到青春期早期，我都是一个很普通的孩子，没有什么兴趣，也没有什么爱好。不管怎样，我总是能找到一些有趣的事情，这往往超出规定的娱乐范围。我只是喜欢琢磨那些出现的事情，但是无论是我还是我的朋友们都不认为这是一个问题。当我的朋友们进入了青春期，变为成人模式的时候，这一切都改变了。突然间，他们想提前很多天就开始谋划他们爱好的娱乐活动。这在当时已经远远超出了我的兴趣范围。我的朋友们现在大部分时间都不在小镇住了，而我仍旧沉湎其中，继续自己日复一日的生活。

我和其他孩子不同，虽然我认为这可能成为一个问题，但我没有时间去担心它。我有一个更紧迫的问题要处理：我在学校的平均成绩已经从 A/B 下降到 B/C。这对我来说是一个警钟。我决定把更多的精力投入到学业上，一年后，我的成绩又回到了 B+。

那个时期，我唯一接触的都是与学校相关的东西，因为我对于规定的和安排的娱乐活动没有太多的感觉。我的父母开始不断暗示，我的成绩好是"好事"，但我也应该是社会环境的一部分。我忽略了这些暗示，因为我相信如果我的成绩下降，他们可能会改变主意。

当我离开学校的时候，我几乎忘记了如何享受生活。我意识到我忘记了，但我认为这只是暂时的。在我结束义务兵役之后（实际上是令人愉快的，因为总是和战友们在一起有无穷的乐趣），我决定成为一名工程师。我一直很喜欢发明，我在数学方面很好（至少在上大学之前我这么认为），当时工程师有着很好的工作前景。

在我开始学业的第一个月内，教授们尽其所能来调整我的自尊心，让我感觉到只有努力学习，这门课程才会取得成功（约50%的学生最终在这一领域掉队）。因此，我放弃了在大学里学习如何享受生活的想法。我被一种失败的恐惧所吞噬，随后把精力集中在努力获得学位上。

我不得不努力学习

当然，我并没有一直在学习。相反，我花了几个小时分析我为什么不高兴和紧张。我被困在一个自己建造的牢笼里，一个向下的螺旋变得越来越大，以至于我不能正常专注学习。幸运的是，当时德国允许经营私人电视频道，我在学习的时候开着电视，这样能帮我驱散那些负面的、过于令人惊奇的想法。

大学毕业后，我进入公司工作，我发现我正在重新遭遇同样的局面：我面临着巨大的学习挑战，于是放弃了所有让自己的感情生活更愉快的想法。我的恐惧并没有消失。我只是把关注点从获得学位转移到了保住工作岗位上。

我所到之处，问题接踵而来！我想创建一种外部的期望，让我完全沉浸在工作中，或者让我镇静到足以不去想我的生活态度。在为数不多的闲暇时间，我会用电视、收音机或大量的食物去填充。

面对快乐生活问题的内部压力最终变得十分强烈，以至于我再也无法忽视它。回顾我的生活，我看到了一个相当成功的职业人士，但是他无法把外部的成功转化为内在的幸福感。因为我没能体验到快乐，我的生活已经退化到仅仅是在消耗资源而已。如果说我认为我的生活就像曾经从事过的任何业务的话，我会认为这是一笔亏损的业务，并建议马上叫停。这种认识几乎是毁灭性的，我甚至产生了自杀的念头。

我用撒普博士的快乐感测试得分来描绘我情绪状态的演变。快乐感测试包括 35 个问题，关于你的自我、灵性、生活和周围的世界。我创造了一个人生时间线，并用几个关键词描述每一个阶段的关键事件（例如，结束兵役，大学第一年，搬到亚琛市，生存研究），如表 12-1 所示。这让我重新进入那些年的心态，并回答那个心态下的问题。

快乐感测试得分情况如表 12-1 和图 12-1 所示。

表 12-1　进入"超级交易员"项目之前我的快乐感测试得分

关键时间线元素和驱动程序	
童年时期（1965～1972 年）	• 快乐、备受呵护的童年没有任何大问题 • 为我的幸福设置底线
在学校懒惰的时期（1972～1983 年）	• 社会逐渐对我有更多的限制 • 我知道我的智商很高，但不足以高到不学习就能取得好成绩
在学校忙碌的时期（1983～1985 年）	• 由于一些课程出现了问题，我变得害怕失败，开始进行高强度的学习 • 成绩迅速提高，但快乐感下降，因为我开始感觉被困在仓鼠笼里 • 我失去了享受生活的能力，因为"我应该学习"
服兵役时期（1985～1986 年）	• 在当时，德国有义务兵役制，意味着军队包含了来自各行各业的人 • 唯一的目标是尽可能少痛苦地来度过它 • 我意识到（后来），因为我被内疚感分散了注意力，我在军队中的时间相对比较快乐，尽管当时感觉不到
上大学时期（1986～1991 年）	• 受到工程、高等数学和热力学等课程对智力的挑战，我决定放弃享受生活，专心去获得学位 • 我最终做了几次尝试去享受生活，但不足以做出真正的改变
第一份工作（1991～1997 年）	• 在职业生涯中努力工作，意识到自己享受生活的能力已经消失了 • 有自杀的想法 • 决定开始心理治疗
心理治疗（1997～1999 年）	• 心理治疗使我放弃了自杀的想法 • 我希望能走出低迷状态

(续)

关键时间线元素和驱动程序	
参加呼吸课程（1999～2002年）	• 再生呼吸、神经语言规划和教练的结合，帮助我学会走出旧的信念的限制，让自己享受生活 • 再次回到积极向上的感觉
心灵旅程（截至2002年）	• 开始一段寻找自己使命的旅程，慢慢地和周围的世界和平相处
稳定的关系（截至2004年）	• 和妻子的幸福关系为享受生活增添了榜样的色彩，并开始认同这个理念 • 某些问题逐渐消融甚至化为乌有

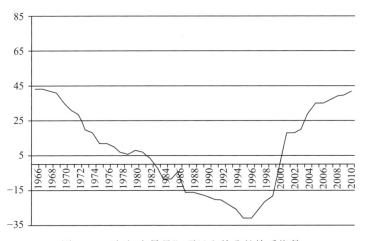

图12-1 "超级交易员"项目之前我的快乐指数

我的自杀倾向并不是很情绪化。有一个认识就是，如果我继续分析我的生活，我会得出结论，那就是下一步走向自杀是唯一合理的选择。然后，就发生了两件好事情：

▶ 我的潜意识让我总是确保我有足够的镇静剂（工作、电视、食品），而不去实现那些想法。

▶ 一个好朋友主张，如果想杀死自己，不需要马上去做。我可以先去心理治疗，如果真的没有效果，再选择自杀。

这在当时对我来说是有意义的，所以我开始接受心理治疗。

12.2 时间线 2：爬出坑

心理治疗（我认为是谈话治疗）很难让我调整信念。我想看到结果，而治疗师只是想谈话！然而，她发现了一个如何让我消除自杀念头，并创造希望让我最终找到一种再次享受快乐的正确方法。这个过程花了两年时间，我意识到治疗师是可以让我逃离痛苦火坑的人，但不是让我积极追逐快乐的人（但是，我仍然非常感谢治疗师让我走出痛苦）。我退出了生活中的这一场景，希望继续前进，但是我又重新陷入没有线索也不知如何做到这一点的境地。

完全是靠运气，我被介绍给了沃尔夫冈·马利克·沃斯，一位奥地利治疗师，他提供了 15 个月的兼职课程，侧重于情感释放的呼吸（重生）和神经语言规划（NLP）训练。当时（大约 2000 年），我真的远离了舒适区。重生？神经语言规划？更多的谈话？幸运的是，我有幸观察到，一位参加了这门课程的同事，在短短一年之内，她完全从一个令人难以置信的消极的人，蜕变为一个优秀的团队成员和朋友。当我参加她的婚礼时，在那儿我遇到了更多这一课程的参与者。看到他们轻松友好的神态和坦然接受的态度，我决定，无论如何我都想拥有他们得到的东西！

沃斯的课程主要是一个呼吸治疗师的教练项目，但很多人参与是为了在课程期间实现个人转型。项目通常有九个为期四天的周末研讨会和一个长达七天的研讨会，在项目过程中，每次相隔六周——让参与者充分体验，这个频度又能足以保持较高的势头。每个专题包含身体元素的体验、冥想和理论培训。

我不能确定某个单一元素能给参与者带来变化，⊖但第一次整个项目

⊖ 有一句话说得好，"起作用的不是治疗，而是治疗师"，我完全同意这个说法。

就把我的情绪带入了积极的领域，那个时候我才大约 16 岁。我变得能享受生活而不需要某个特别的理由。这对我来说是一个巨大的进步，唯一需要提醒的是：现在我已经能自由掌控自己的生活，下一步应该怎么做？

12.2.1 一条来自某处的信息

接下来就进入了沃斯的课程，我有机会到美国度假几天，那里将是一个环境很好的空间，我决定用新近收获的冥想技巧，去真实地聆听发自内心的明确信息（大概是从神那里吧？），告诉我如何对待生活？

经过一天的驾驶，我找到了一个好地方，摊开我的冥想垫，开始对着一个悬在空中的假想对手说话："我在这里！你想让我做什么？"过了 20 分钟后，有人用另一个问题回答了我的问题："你真的准备好要听真话吗？"我准备好了吗？我不知道，所以我钻进车里，开车离开了。经过一整天的车程，我想我愿意面对真相，在新墨西哥的公路上看到一个广告牌后，我终于准备好了。我想克服这个，能糟糕到哪去呢？

我又重复了同样的步骤：我坐在外面，向空中的一个假想的对手说："好吧，我已经想通了，"我说，"是的，我准备好了！"

让我大为吃惊的是，我在短短 15 分钟内就收到了回复："如果我告诉你真相，你必须接受它并要去执行它。光听不练不是一个选项。你准备好行动了吗？"

我还会被问多少问题？我很沮丧。这不是我希望的答案。何况我不知道能否真心地同意这个答案。所以，我再一次回到车上，驱车离开这里，花了一段时间慢慢地品味这个信息。我又花了两天的时间开车穿越乡村，最终接受了一个事实，如果那真的是来自更高级实体的声音，逃避它的信息没有太大的意义。所以，无论如何它迟早会来，所以现在就来吧。

我希望这是最后一次，我坐下来，转向该实体，⊖并说道："好吧，我准备好了。这是最后一轮，我将坐在这里，直到我得到明确的反馈！告诉我你要我做什么。我应该有一个家吗？到公司打工？做一个和尚？是什么？我准备好了！"这一次甚至连五分钟都没到，就得到一个简单的答案："还是做你自己吧。"

这是什么？我想。我可以扮演这些角色中的任何一个！所有的冥想都为这个神秘的答案吗？我很生气。这个答案和我之前的任何一个期望或模型都差得太远了。很显然，我没有任何特殊的使命去做。另一方面，我可以做任何我想做的事情，我仍然依从给了我信息的来源，所以并没有遇到太大的困难。难道我不应该对这种自由有点感激之情吗？

好吧，所以我得到了一个多少有点用的答案。它并没有要求做出多大的牺牲。我决定对向我说话的声音心存感激，它们使我滋生了企图心。但我仍然没有为我的人生找到方向，我的想法又陷入不可行的状态。

12.2.2　退休后我发现对专业投资备感兴趣

2001 年，我开始对交易充满了兴趣。容易获利的前景，加上那种蜡烛图的分形美，简直太诱人了。我开始随机阅读关于交易的书籍，当我听到艾略特波浪的概念，我的工程学和艺术思维为它表面上的简单性所迷惑，同时我也为无法驱散脑海中强大的交易信号所苦恼。⊖这对我来说太糟糕了，因为现在我完全被市场迷住了。

在寻找有趣的交易系统过程中，我无意中发现了范·K. 撒普的一本书《通向财务自由之路》。财务自由在当时是全新的概念，这让我经历

⊖ 我不肯定我准备和谁谈话。在我的信念系统里，内心的声音和上帝的声音是紧密联系和同步的，所以我无须区分它们，那个声音自然会回答。

⊖ 我仍然认为艾略特波浪是一个非常漂亮的概念。我只是还没有掌握它，我认为在较短时间里，还是更简单的方法可以更快地让我赚到钱。

了我的第一个真正的撒普式转变，使我看到了如何去挣钱和消费。此外，随着社会保障出现结构性风险，⊖我意识到，必须靠自己照顾退休后的生活。那些私人退休养老保险产品提供 5% 的利息。我要存很多钱才可以得到体面的养老金，还有，最重要的是，我还必须相信，在未来的 50 年里不会出现严重的通货膨胀。只要回顾一下德国历史，就会发现德国人在保护现金方面不是很成功。

在德国民众中有一个共同的记忆，即通货膨胀风险是真实存在的。当我们还小的时候，我们这一代的孩子都曾经历过祖父母和年长的家庭成员使用过 5 000 亿马克面值的钞票。每个年长的人都曾经历过 20 世纪 20 年代的恶性通货膨胀。当通货膨胀来袭时，许多人破产了，因为他们的资金都是长期资产和养老金。只有极少部分购买过金币的人们的资产是流动性的。在我的成长过程中，我记得许多老太太每天都戴着金币做的首饰，因为这是她们唯一能从那个年代传承下来的东西⊖。

面值 5 000 亿的德国马克

由于考虑到通胀的风险，我认定保险的选项其实不适合我。我必须学会管理我的钱，这样我能够保证自己成功地度过未来几十年。我把资

⊖ 德国社会的养老保障系统是代内协议（即现在工作的人为现在退休的人支付养老金）。我接受这个一般概念，但是我算了一下，当我想要退休的时候，应该是一个工作的人对应一个退休的人，底线是我不再期望从这个系统里获得什么。

⊖ 对于非德国读者：当我看到我的祖母和她的那些朋友时，她们总是有一半的时间都佩戴着金币做的首饰。我知道这种现象的背景，理解她们在 50 年之后仍对通货膨胀心有余悸。这也影响了我对金融稳定性的看法。

金管理委派给一个投资基金，一旦我失去受薪工作后，还可以成为一名专业投资者。专业一词被解释为"依赖这份职业的回报为生的人。"

接下来我经历了一段短暂不依靠系统的直觉交易（"哎哟，钱到哪里去了？"），我很快地意识到：①我对交易或投资毫无头绪；②我必须找到一个系统的方法实现财务自由。只有采用系统的方法，我才会有希望得到收益，并逐渐从错误中学到经验。我认为我需要一套成功的交易系统来操作我个人的"养老基金"。为得到这些系统，我参加了几次研讨会，买了大量开放系统和黑箱系统，并阅读了大量的书籍。刚开始的时候，当我发现一些听起来合理的东西时，立刻会做一些小规模的交易，但是发现我的损失随着时间的推移越来越大。

后来我使用过机械化交易系统，订阅电子通讯简报，并管理一个期货账户。总体来看，结果乏善可陈，我意识到在交易时犯了一些系统性的错误：

- 在心理层面上，我还没有准备好在交易中取得成功。当时我根本就没有意识到这一点，但是，我仍然继续尝试。
- 我努力试着放弃做功课。因为自我价值感的问题使我更加信任别人，而不相信自己，我自己没有足够的思考。
- 我在系统方面花的时间太少，无法了解系统的统计数据。我找到了自我破坏的原因；每次系统失败都会进一步降低我本来就已经很低的自尊心（"看到了吗？我告诉你，你在交易时简直太愚蠢了。"）。

事后看来，不自信才是关键的因素。尽管在当时我并不明白这一点。我只是感觉不好，但不知道为什么。

12.2.3　我真的是有问题，还是我所看到的只是衣柜里的怪兽

一旦我意识到我的投资／交易是一个净损失的训练，我就决定把重点

放在提高技能上面。作为一个顾问，我整天忙于我的工作，所以没有太多的时间进行系统性的学习，实现财务自由的想法正在慢慢地脱离我的视线。

总的来说，我对我的工作很满意，有不错的现金流，但仍然有一种挥之不去的感觉，我没有做好足够的退休准备。此外，在我的工作中，还有另外一个难题：提供最佳性能，我只能一次为一名客户工作，这样我才能集中精力为他们服务，如果需要的话甚至每周七天都在忙碌。这意味着我的整个商业模式都依赖于单一客户。只要工作正常开展，它就是最好的，但只要我的客户不再需要我的服务，我就没有退路了。

我在舒适和风险之间来回摇摆，一方面是镇静自如的舒适工作，每天衣食无忧、生活安逸；另一方面，我又有一种挥之不去的感觉，担心错过了关键的风险。不仅如此，我生活中还时不时闪现出一个不变的问题：我的目标到底是什么？我最后要选择什么样的生活？难道我只是在逃避生活吗？

随着时间的推移，我对无力回答这些问题变得不那么情绪化了。我或多或少地把这些想法放在一边并接受了它们，因为暂时是没有答案的。在财务自由化的阶段，我继续逐步增加交易系统，给自己增加积蓄，以防万一，但主要还是忙客户的工作：上班，回家，看电视，睡觉。

12.2.4　我会拥有"超级交易员"培训班学员拥有的一切

在我比较系统地搜集交易系统的过程中，我读到范·K. 撒普研究院提供的课程。肯·隆博士提供机械化长线交易和日内交易的系统。我决定参与其中，因为我听说我会"在肯·隆的课程中学到很多好的系统"，那正是我需要掌握的。

当我刚参加系统的学习时，我发现了这个培训班有一个在我看来很有意思的一面：学员中有几个是撒普的"超级交易员"培训班学员。我们在课间休息时聊天，尽管他们每个人的个性迥异，但他们都表现出特有的平静、超然的专注和幽默感。很显然他们发现了一种交易方式，而我才刚刚冒出念头。我想获得他们拥有的东西。⊖

这是一个似曾相识的经验，它使我想起了我朋友的婚礼，我在那儿遇到了很多参加过沃斯的重生训练的人，他们也竟然有相同的感觉。我把参加沃斯训练大大改善了我的生活质量的亲身经历视为一个很好的兆头，决定加入"超级交易员"培训项目。尽管出于某种原因我没有被录取，但我仍然会参加所有的研习班，并在稍后的时间继续尝试获得资格。

我的第一步是了解项目的准入规则，以及如何去参与。毕竟我生活在欧洲，我的日常工作相当繁重。我用我的一个生存信念来安慰自己："业务方面从来没有过瓶颈。"

我申请加入项目的过程需要一段时间，所以在此期间，我就报名参加了计划 2 个月后开始的"尖峰业绩 101"工作坊和"尖峰业绩 203"工作坊。

在接下来的 8 个月里，我经历了许多重大的转型。我倾向于在我的生活中寻找结构，所以我把每一次转型的描述分为三部分：初始状况实现转型的行动和转型后的状态。

12.3　转型 1：放弃过去预测的痛苦

12.3.1　初始状态

消极的想法一直在不断地折磨着我。"一个好玩笑胜过一个好朋友"，我以前一直习惯于想方设法发现别人的缺点，并对这些缺点很"机智地"

⊖ 我马上想到电影《当哈利遇上莎莉》中的那个熟悉镜头，梅格·瑞恩假装高潮，另一位女士对侍者说："我也要她要的那种食物。"

进行讽刺。我真的不明白为什么其他人那么笨，不善于合作，对笑话的反应很慢。我曾听说过关于心理投射的概念，但从未和自己联系在一起。此外，当我认为某人很愚蠢的时候，我觉得我有一个合理的理由来取笑他。每次我在车里开车时，我都能拿出一个新的证据，证明这个世界上总有地方是错误的。

在我的内心深处，我觉得我对世界的感知和世界对我的反应有着很深的联系，但我从未有意识地去处理它。总的来说，我常常采用雅尼斯·乔普林的方法："每天我就等待着来信，直到凌晨三点。"⊖

12.3.2 实现转变的行动

我参加的"尖峰业绩203"工作坊的课程，正确的叫法应该是"快乐工作坊"，帮助我走出了这种困局。虽然课程中有很多不同的元素，但是有三个特别的方面确实给我耳目一新的感觉。

（1）课程中的活动放松了我的情绪，使我更愿意努力改变自己的态度，将自己带出舒适区。这对我来说是非常重要的，因为它消除了我在预测世界时许多负面的看法。

（2）课程中向我介绍了拜伦·凯蒂功课®的探究过程，过程中要回答四个有关你的想法的相关问题，然后提出三个反向问题，来证实前四个问题是不是你自己预测的事实。

通常，我在课程中会屏住呼吸，眨着眼睛，等待着下一个话题。然而，课程结束后有一个为期六周的作业，你需要参与其中并和其他学员合作分享你的答案。我不能假装我忽略了这个概念，就继续下去。我不得不连续七天每天告诉六个不同的人，我"不小心忽略了那项任务"，那项任务不适合我。于是我咬紧牙关完成了这项工作。

⊖ 来自雅尼斯·乔普林著名的《梅赛德斯－奔驰》之歌。

"判断你的'邻居'"工作表给我产生了一个特别明显的影响。作为这一进程的一部分，你需要找到一个能触动你的人，并完成一个书面的自我指导过程（这种方法非常符合我的 INTJ 人格）。⊖ 无一例外，我对所有对我不好的人保持中立状态。我把所有的人都检查了一遍：我的父母、兄弟姐妹，所有的亲戚、朋友、同事和对手。在每一种情况下，我看他们都是满脸的惊愕，就意识到自己无法回忆起我与他们中任何一个人最初的问题。

（3）"尖峰业绩 203"工作坊的课程还向我介绍了完成转型的第三个元素，那就是赫尔德·沃斯金的圣多纳方法。该方法使用不同的策略来释放情感，非常容易操作。它们似乎太容易了，我都不确定它们是否会真正有效。在接下来几周的课程里，我有机会反复听了 20 张音频 CD，所以才能真正地投入其中。

完成拜伦·凯蒂的课程后仍然残留一些负面的情绪，被圣多纳方法一清而空。"判断你的'邻居'"工作表可以解决与他人的问题，但它给我留下一种能力不足的感觉（例如，"我是愚蠢的，毫无价值，我做事很慢"）。圣多纳方法帮助我释放了这种感觉，或者至少让它在数小时内消失。

香草冰激凌方法：
你永远不嫌它多

我喜欢把这称为香草冰激凌方法，其实它没什么特别的，但每个人都喜欢它，你永远不嫌它多。

12.3.3 转型后的状态

我放弃自己的预测后，立即感觉到对别人和自己多了一些平和。我

⊖ 一旦有了一些经验，我设计了一个简单的 Excel 表做这个分析，效率明显提高了，我可以一个人在 1 小时左右做完。

意识到大部分时间我只是把自己的问题投射到其他人身上。当我了解到这一点的时候，我能够立即停下来。因为这种变化，我与别人的关系已明显得到改善。

另一个变化是增加了自己的工作意愿。认识问题的过程，正好就是将我的注意力转移到一个我能充分控制的领域而实际上也推动了改变的过程。

由于我新发现我开始滋生平和的感觉，而且内心问题已经荡然无存，我开始有意识地原谅自己曾经强加于别人的许多负面预测。现在，当人们犯了一些客观错误时，我会更快地原谅他们：我相信他们会有更多的建设性行动。这就是我自己所经历过的。

然而，我想指出的是，这并不意味着我接受或容忍消极行为。如果对方坚持要踩我的脚趾，我会增加一些自我保护的距离。㊀

当他们醒悟之后，我愿意让他们离我更近。表 12-2 显示了整个过程。

表 12-2　放下过去的痛苦

初始状态	• 用一种消极的眼光看待别人 • 虽然我能意识到我把自己的问题投射到别人身上，但是我没有原谅任何人，因为我相信我的立场是有道理的
办法	• 参与"尖峰业绩 203"课程学习 • 完成课程布置的所有作业 • 一旦发现负面情绪就继续释放 • 每当我看到有人按我的按钮（只有不到 5 次），就继续完成"判断你的'邻居'"工作表
方法	• 功课 • 圣多纳方法
工作辅助手段	• "尖峰业绩 203"课程笔记 • 自己创建的 Excel 表，来加快"判断你的'邻居'"的进程 • 圣多纳方法课程（特别是音频 CD）

㊀ 保护距离的概念给了我一个对待核武器侵入的新视角。如果坏人手持匕首，那么保持 10 米左右的距离已经足够了；如果坏人手里拿的是枪，1 英里距离是合适的。但是，如果给他一枚核弹，那么你只好转移到另一个星球，才能得到足够安全的距离。

(续)

时间表	• "尖峰业绩 203"课程，加上作业：第 1～7 周 • 额外的清理：第 8～15 周 • 原谅所有人，包括我自己：第 15 周 • 在负面情绪出现的时候就加以释放
成功的关键因素	• 坚持做"判断你的'邻居'"工作表和圣多纳方法的情绪释放。一开始似乎并没有惊人的效果，但 3 个星期后，我得到了惊人效果 • 对第三方负责。如果没有我同事的支持和监督，我将永远不会完成所有的工作
转型后的状态	• 我不再用自己的问题惩罚别人 • 我已经原谅 95% 的人，包括我自己⊖

12.3.4 插曲：人人都是有钱人

在学习"尖峰业绩 203"课程后不久，我被"超级交易员"培训项目接纳了，得以参加"超级交易员"峰会。本次峰会是一个为期 3 天的年会，所有活跃的超级交易员都前来参加了，峰会上与会者纷纷分享了过去 12 个月里积累的最佳做法和经验。

我参加这个会议，对我来说这是全新的项目，我对于别人经常提到的撒普思维法或者具体模块并不太熟悉。然而，我可以聆听到来自不同超级交易员的 15 个演讲，我可以从非常迥异的人群中看到一个共同模式。虽然我没有足够的背景知识去理解这些演讲的详细内容，但是我意识到，所有这些人都在市场中找到了一种适合他们个性的赚钱方法。从本质上说，每一个人都能赚到钱（这很好）。更具体地说，每一个人只要做好功课，而且能够掌控自己和交易，具有高度自律和持续改进的态度与技能，都能赚到钱（仍然很好，但要做很多工作）。

我很惊讶地发现，没有一个标准的人格模式能够让人在市场上获得

⊖ 实际上，我现在对任何人都没有不原谅的想法。尽管如此，我知道这只是一时的观察，在我潜意识深处，某个阴暗角落里可能还隐藏着一些愤怒。因此我这里说的是 95% 不算夸大，仍然为某些人留下了空间。

成功。从那以后我知道，只要我做足功课，我就可以成为一名成功的交易者。有了这样的想法，我也准备好了去做那些必需的工作。表 12-3 简要说明了我的认识。

表 12-3 人人都是有钱人

初始状态	• 我不确定要想成为一名成功的交易者是否需要具备特定的特征，或者说我能不能培养这些特征
办法	• 参与"超级交易员"峰会 • 聆听 15 名不同的超级交易员的报告 • 观察共性和差异
方法	• 分析和比较其他"超级交易员"候选人的关键信息 • 趁着休息间歇跟进我不了解的信息
时间表	• 开放的心态
工作辅助手段	• "超级交易员"峰会（3 天）
成功的关键因素	• 和"超级交易员"候选人在一起，并有分享他们最佳见解的意愿（他们都有） • 总体理解，所有的参与者并不是互相竞争关系。一个人不太可能使用另一个人的交易系统，因为每个人的个性是不同的。分享是没有风险的
转型后的状态	• 人人都是有钱人 • 需要勤奋工作（但不过劳）

12.4 转型 2：良性环境的一手经验

12.4.1 初始状态

在我进入"超级交易员"培训项目之前，我的精神信仰所关注的世界里，都是一神论的观点，不管是好的或坏的都来自同一个神。根据我的心理状态，我有时会认为，在一个特定的情况下，我有一个对应的对象可以进行对话。有时，我会认为整个宇宙就是一个大机器，围绕着一个神圣的计划运转，我只是大齿轮箱中的一个小齿轮而已。

年龄越大，我就越喜欢在一个更大的机器上做一个小齿轮，那样才能开始拥有一个属于自己的生活："我不想整天转个不停！""其他的齿轮对我不好，我可以出去玩吗？"就像任何一个司机看到齿轮不情愿被驱动的时候一样，我设想了一个脾气暴躁的神来驾驶着生命中的黄色校车，不停地咒骂和锤击那些不情愿的齿轮，让它们回到上帝所赐予的轨道来推动事物前进。

这辈子我想要做什么，是否有自由意志，这些问题我从来搞不清，所以我只是尽力不去想它，这让我避免逐渐陷入抑郁。人生曾有起起落落，但我至少已经从痛苦的深渊里爬了出来。我还有什么理由相信会有更多的痛苦呢？环顾四周，其实街上行走的路人似乎也都不太幸福。从工程的角度来看，我将这视为一个统计上的有效假设：生活中多少都会有一场令人沮丧的冒险。也许你可以珍惜一些快乐的时刻，但最终仍然要奋斗。如果你能学会热爱奋斗，那你就直接开始好了。

12.4.2 实现转型的行动

2010年12月的"超级交易员"峰会闭幕后，撒普博士举办了一次合一觉醒研习班。我不知道从中应该期待什么，但自从我在预测转型和释放负面情绪方面取得了很大的进展后，我就渴望继续跟进下去。

合一运动起源于印度，简而言之它是某种可以影响你大脑生理变化的技术，能让你看到世界原本的样子。它通过消除内心无用的信念和消极的自我身份齐头并进的方式，最终将允许参与者进入"觉醒合一"，这样他就会置身于永恒的幸福状态。

由于我在自己的重生训练中积累了一点意识提高技术的经验，所以我对这个运动持开放态度，但我不奢望有太多的期望。我已经准备好了三天的联合冥想、进入完全开放并愿意接受任何事情的状态。

整个时间周期被分解为一组连续的步骤。每一步都被设计为小幅度逐渐克服大脑中的阻力和习惯模式。我感觉很好，但除此之外没有更多的收获——直到我们完成一个49分钟的唱颂（"我是爱"）和跳舞。在这个过程中，我会突然从我身体中分离出来。我觉得自己好像站在自己的身后，观察着那些吟唱和舞蹈。站在这种超然的角度，我发现自己的身体一直处在"说唱"和"运动"的状态，但那个人并不是我！我的生活中已经有了一些奇怪的时刻，我记得我仍然是一个工程师，于是决定做一个测试。也许，如果我再测试一次的话，我可以证明当时只是被一个小小的冥想带离出身体，一切都会回归正常。

然而，事实并非如此。我又继续观察自己好几次了。每隔10～20秒我就做一次同样的观察，我发现我的身体在动，但不是我自己。我在说话，但这只是我的身体发出有趣的声音。那个自认为置身于我身体背后和外面的心智，决定接受这个奇怪的体验，抓住一袋众所周知的爆米花，在一旁坐下来，非常好奇地观察接下来将会发生什么。

什么事都没有发生。就这样冥想结束了，分离的思维终于回到身体里。我惊呆了，需要休息一下。

冥想后的那个夜晚，我启动分析型的工程学思维，再一次更加理性地审视：那个超然的观察者身份在被分离时，充满了无比的和平和快乐。没有出汗，也没有呼吸。掉到我眼镜上的汗水依稀可见，甚至挡住了我的视线，但是它们并没有打扰到我。在这种超然状态下，我只是快乐的一团思绪，不再与身体有着连通。我认为这一定是大家都在谈论的那个状态的短暂瞬间。

当我进一步分析时，我发现了更多有趣的含义。如果这个超然的思维处于纯粹的快乐和安宁的状态，没有理由、没有需要，那么任何不愉快的情绪、压力和缺乏和平的感觉一定和这个超然的思维是断然分割的。这个超然思维的特性并不是身体、情感、目标、行动或身体感觉所能定义的。这些都是外在的因素。

如果我用"我的生活只是一个大齿轮箱中的小齿轮"来隐喻，我假定跟别人没有什么不同，刚刚经历的事实告诉我们，世界上每一种生物都有一个快乐、和平和良性的核心。它无法在日常生活中被体验到的唯一原因是，每个人都携带着一个身体、信念和情绪模式，这过滤了外界的知觉，并扭曲了"纯思想"可以提供给任何其他生物的信号。锦上添花就是这样的预测体验，因为它相信"如果人们能做，他们会更好"的信念和新的体验是完美匹配的。

12.4.3 转型后的状态

经历了这些体验，我认识到存在一个与我的身体没有联系的意识。此外，这种超然的意识真正是快乐和平的，没有任何欲望或需要。它存在于一种完备的状态，甚至超越了富足，因为富足包含了潜在的稀缺性。

转型的第二部分是一种新的信念：宇宙的真正核心是良性的。如果物质世界中的东西不是良性的，那么它对于良性的核心来说只是一个毫无用处的附加品。释放无用的那些身份不会威胁到任何人的真实身份，它看起来更像是在倾倒垃圾。我不再需要什么额外的东西让我开心，我只需要卸掉压在身上的那些负荷就行了。

始终没有过于接近这种超然的状态。通过一系列的冥想和练习，我能自如地回到我想要的那种状态。但就目前而言，我有一个明确的目标：摆脱负荷。这将使连接到这个快乐平和的核心变得更加容易实现和维护。表 12-4 中说明了这个转型过程。

表 12-4　良性宇宙的第一手经验

初始状态	• 我就是我的身体 • 一切都是上帝，一切都来自上帝（好的和坏的） • 我对新的经验持开放态度 • 我是灵性的，但脚踏实地（嘿，我是一个工程师）
办法	• 合一觉醒研讨会 • 冥想和练习的结构化序列

(续)

方法	• 如上所述 • 这种特殊的转变发生在一次跳舞和诵经的过程中
工作辅助手段	• 没有为参与者准备
时间表	• 只是一个研讨会：3 天
成功的关键因素	• 合一过程的有效性 • 参与者对于新体验的开放态度
转型后的状态	• 宇宙的核心是良性的 • 我并不是我的身体 • 我可以很容易地通过冥想来达到一种超然的状态 • 释放负面情绪/模式的负荷，让良性的核心能凸现

12.5 转型 3：实现我的目的

12.5.1 初始状态

即使我设法克服或攻克了许多心理挑战，那么"我为什么会在这里？"的问题仍然没有答案。在过去的 10 年里，我一直致力于减少这一公开问题的情绪负荷，只是接受了我无法了解的东西。也许我没有为我的生活制定一个有吸引力的明确目标，来自"某处"的信息告诉我，我自己仍然存在，但它太过于中立了，无法指导我的努力。

我有一个非常简单的要求，也就是一个良好的目标陈述：需要帮助我做出决定并消除多余的选项。当我在食品杂货店里站在牛奶区时，一个良好的目标陈述应该能够告诉我，我是应该买全脂牛奶还是脱脂牛奶。我相信对于财富和进步的一般性陈述（在我的语境里，"做你自己"）是在浪费时间。

12.5.2 实现转变的行动

我迈向正确方向的第一步发生在大约七年前，当时我遇到我的妻子。

伴随着无法掩饰的喜悦，我终于找到了灵魂伴侣，我当时问她，我做什么能让她感到满意。我原以为会是一枚戒指或其他首饰，但大约 30 秒后，她回答说："我想有 50 年的爱、快乐和幸福！"这确实让我措手不及，但当我从管理顾问的角度看时，这是一个非常明智的愿望，符合所有目标设定的标准：

- 它是以过程为导向的（即它要求每天采取行动，并没有设定一个上限）。
- 它与某一特定日期（50 年）有关。
- 目标包括个人和团队的目标，双方都必须做出贡献并且互相欣赏对方的贡献，大家都为之努力。
- 尽管技术上没有明确的规定，但我们都能够立即评估任何既定的状况，检核它是否和"爱、快乐和幸福"的理念相符。

这给我的目标提供了第一份指南。我们将其应用到买牛奶的情景，有一个简单的答案：脱脂牛奶并不会给我的生活增加喜悦，因此它可以从替代品的名单中剔除。在更广泛的范围内，仍然有许多未曾定义的区域，几乎就是一些像"做你自己"的信息。新的目标经过任何专业设置都是可以实现的，可以把它当作一个经理、顾问、商人或工匠。我现在已经处在积极的区域，但我仍然在追逐更多的区域。我已经花了足够的时间去思索它。如果思索失控，消极的想法将会再次出现，所以必须抑制电视和美食，我必须继续工作下去。

"合一觉醒"研讨会接下来的一个进化步骤，我已经在第二层次转型部分中提到了。在三天的冥想练习期间，我只是在内心等待消息或见解。当我意识到显然已经获得了通常无法企及的身份，我就列出了悬而未决问题的长长的清单，它们已经困扰了我这么多年，现在我试图就在这里让它们得到解决。我与进入潜意识身份里的我进行了一个对话，它愿意给我提供答案并且检查我们是否阐明了目标。在几分钟的过程中，我已经能够做出一个新的目标陈述，它涵盖了所有新的印象，但在不同的迭代过程中变得相当麻烦。这几乎就像一个由委员会设计的过程：

- 最初的假设：爱、快乐和幸福
  → 需要包含脱离物理躯体以及连接宇宙的体验！
  → 循环1：爱、快乐、幸福，还有和宇宙的联系
  → 这仅仅是一堆名词，我需要设置一个动词！
  → 循环2：拥有爱、快乐、幸福，还有连接宇宙
  → 这太自私了，它不是面向过程的！
  → 循环3：要拥有或者增加爱、快乐和幸福，以及为自己和他人完成与宇宙的连接。
  → 就眼下来说，这是可以接受的。但为什么这么复杂呢？

起初，我很高兴使用这种表述方式，但在接下来的几个月里，我听到其他的超级交易员谈论他们的目标陈述时，也表示很复杂和难以把握。对于一个目标陈述，如果在你说出来之后需要解释的话，我会怀疑它是否真实可行，是否有启发性。真正有远见的陈述（例如，"生命、自由和追求幸福"）并不关心过程导向、平衡和时间方面，但它们激励了一代又一代的人。有了这样的想法，我觉得我的目标陈述有点像是旋转的车轮，但并不接触地面。

在利比·亚当斯28天课程中，终于完成了进一步演变的最新步骤，这也是"超级交易员"培训课程的一部分。在一次利比的训练课程上，我告诉她我要努力找到一个鼓舞人心又有吸引力的目标陈述，来帮助我决定"买哪一种牛奶"。在利比的帮助下，我得以能够提炼出漫长旅程的

本质：快乐和感激。这种快乐会立即解决眼前的愿望：好心情，用积极的能量，让世界充满活力和爱，因为它本身就是这样。随着时间的推移，感恩之心将会平衡外向性格的人的幸福感，这将确保我能看到每一个小经验都能得到恩赐，并使我滋生出一种深切的和平与喜悦之情。我不再苦恼于那些复杂的短语，我觉得它们更应该限制而不是帮助我。

12.5.3 转型后的状态

找到超级简单的陈述后，我感到如释重负。难道真的有那么简单吗？我的意识又检查了之前的所有路障，发现它们已被全部拆除。

特别是，该目标陈述已经将我从为未来设定目标的压力中解脱出来。相反，我可以此时此地实现我的目的。我不需要等待一些外部参数来调整"目标"。测试它与牛奶的匹配情况时，我发现它也适用：购买美味食品让我快乐，这样做还能逐渐灌输感恩之情。如果我要节食的话，其他食物也会改善我的健康，这也会让我感到很快乐。我真的发现了一组强大的规则，可用于指导处理日常的决策过程。表 12-5 显示了这个过程的摘要。

表 12-5 实现我的目的

初始状态	• 我克服了对……的抑郁 • ……我不知道该怎么过我的生活 • 通用的目标陈述经不起时间的考验
办法	• 倾听内心 • 建立工作假设 • 不断改进直到完成
方法	• 冥想 • 唤醒研习班（更多的冥想和练习） • 利比·亚当斯的 28 天课程
工作辅助手段	• 没有为参与者准备
时间表	• 2001 年以后：连续 10 年偶尔地自主工作 • 截至 2010 年第四季度系统性地自主工作

(续)

成功的关键因素	• 坚持继续努力 • 对新体验持开放态度
转型后状态	• 简单的目标陈述：快乐和感恩 • 90%的日子在完成自己的生活目标 • 如释重负的感觉，不再沉湎于过去的反思

12.6 转型4：寻找适合我的车

12.6.1 初始状态

有了感恩的心和幸福感，我觉得我真的拥有了它们。过了一段时间，那些悬而未决的问题就像浮标一样弹了出来。

我现在的境遇使得我能优化我的日常生活，并从几十年的关于如何对待自己的生活之焦虑中解放了出来。但是拥有了这样的自由，我将走向何方呢？

我决定用我的工程学思维，不带任何情感偏见地去看待事实：

- 我有个简单的目标陈述，即"快乐和感恩"，这有助于充实我的日常生活。

- 我没有一个很吸引人的外部目标愿景（例如，开一家制造公司去建造宇宙飞船）。

- 过去六个月中VTI课程和超级交易者自我工作的经历，表明我仍然在迅速地改变。通过下一个进化步骤的深入，我今天能够选择的目标愿景在未来几周内可能就会过时。

- 任何有用的目标需要有足够的灵活性，以便随时调整我观察世界时那些潜在的巨大变化（例如，花一大笔贷款购买汽车是很不明智的）。

- 我在VTI课程中获得的见解，在和其他超级交易员的互动过程中，以及通过冥想，都在遵循一个共同的主题：我喜欢简单的解决方案，并有证据表明简单的解决方案就是有效的。⊖如果你用一个总拥有成本的观点来看待替代方案，最简单的方法是，如何尽最大可能让你的幸福长期持续。

12.6.2 实现转型的行动

基于这些观察，我还没法去创建一个有吸引力的单一商业模式，以满足我目前或未来潜在的需求。我又恢复了几年前和商业策略顾问一起工作时的一个准则：如果你不知道你的业务如何开展，那么"持股公司"的思维定式就是默认选项。持股公司并不关心它持股的业务以及核心能力是什么，它只关心公司的短期和长期利润。这听起来很无聊但很有效。就像无趣的暗示，它确实很简单，这就能满足我基本的一项要求。

我决定用情景分析的方法来定义不同的商业模式，并为它们创建一个业务案例的模型，如表12-6所示。

表12-6　简单的业务情景模型

交易时间	收盘时交易	咨询师①和收盘交易员	发明家、教练和收盘交易员
	日内交易		日内交易员
		频繁出行	单一营业地点
		出行频率	

① 在我的参考框架下，咨询师身份意味着在客户所在地为其工作超过4周，工作强度会是每周3～7天（7天是最忙时候）。相反，教练的身份意味着每次只会在客户所在地待1天，所以整体上用的时间要少很多。

不同的商业模式将在我的持股公司所属的分支机构中得以运营，当业务不可行的时候就会被剥离或冻结。基于这个分析，我能够定义通常

⊖ 作为一名制造业的机械工程师，我看到过很多因为复杂导致的问题。尽管高度复杂的机械会有较高产出，但它们也经常需要细致的维护保养，而且只能在一个很小范围的环境条件下运行。相反地，更简单和高效的机械会更结实，也更容易维护。

需要的能力和基础设施，无论在任何特定的场景里都会去执行这些无悔的举措。总的来说，我要为一个灵活的商人优化他的商业模式，使他可以灵活地定位自己的细分市场以通过经济水域。

虽然我对目前的方法很满意，但我仍然能够向前迈进一步，再次从利比·亚当斯的28天课程中获益。我们讨论了欲望这个话题，以及如何用有限的能力去创造一个真正有吸引力的目标愿景（控股模式只是一个可行的默认选项）。我开玩笑地说，只有潜意识的指导是空洞的声明，"做你自己"（"Be Yourself"）。利比将这条冷漠的消息升级得更为大开眼界："你自己独自做"（"Be Your self"），在这里自我会代表我真正的核心，当我意识到我并不是我的身体时，我曾短暂地留意到那个核心。显然，有人早在10年前就给了我这条消息，他不想让我看上去那么愚蠢。

12.6.3　转型后的状态

乍眼一看，大写的"自我"（SELF）和中间加空格的"自我"（my self）之间并没有什么区别，但我一眼就看到了两点好处：

▶ 我已经向我的内心"自我"看了一眼，知道它不会要求复杂的世俗目标。内心"自我"已经将快乐作为默认选项；它是有意识的思维，但是使用消极的潜意识模式，这可能会限制我的幸福。
  → 因此，持股公司的第一个目标就是要营造一种环境，保证现有的消极的潜意识模式不被干扰。举例：如果我有一个害怕担当领导责任的模式，我将不得不再创造一个可以自己独立运营的商业模式。

▶ 突然间，释放负面情绪模式的自我工作，正成为驱动我的商业模式成功的关键因素。我成为"自我"的能力被我设置的消极模式所限定了。如果我成功地驱散这些模式的边界（例如，放弃消极的信念），我将为我的"自我"找到一个更大的舒适区。最终，让我放弃所有的消极模式，而去创建一个无限的舒适区！

→ 这个机制将允许我创建一个量化的自我工作财务模型。如果我有一个模式，能值得让我拥有一辆新的保时捷，我就会放弃这个模式，立即节省下买保时捷的资金。这并不意味着我将永远不可能拥有，但我并不需要为了满足目标而去拥有它。

最后，我找到一种方法来管理我的目标车辆：通过最终产生"自我"陈述的感觉，我具有了一个明确的业务案例和意图去处理我的消极模式。我的第四层次转型在表 12-7 中有简要概括。

表 12-7　找到一辆适合我的车

初始状态	• 我发现一个简单的目标陈述 • ……但我不知道如何转化为一种商业模式 • 我理解那个简单的解决方案适合我
办法	• 双重法： • 第 1 部分：纯理性的逻辑——情景分析 • 第 2 部分：参与利比·亚当斯 28 天课程，接受教练培训
方法	• 需求分析 • 两个不同参数的业务场景分析：交易时间和出行频率 • 利比·亚当斯 28 天课程
工作辅助手段	• 简单的 MS Word 文档（纸和铅笔也可以）
时间表	• 6 个月的临时工作 • 花费的总时间：少于 40 小时
成功的关键因素	• 合理、单向的方法（没有无止境地循环） • 坚持不懈 • 愿意接受外界的指导
转型后的状态	• 关键目标是成为一个灵活的商人，模拟一个持股公司 • 多业务模式，没有人会相信永远存在 • 目标是我的自我（真实的自我） • 操作目标 1：为消极模式进行新的设置，使其处于和平状态并完成自我发展 • 操作目标 2：放弃消极模式来拓宽自我发展的舒适区 • 放下所有消极模式，让其创造一个无限的舒适区

12.7 转型 5：成为情绪状态的主动管理者

12.7.1 初始状态

从青春期开始，我大部分的生活被我的思想和情感所支配。每当我不活跃的时候，我的内心就开始喋喋不休。根据当天的心情，从"我很无聊"到"我不值得活下去"变来变去。我养成了用工作、食物和电视来淹没自己的习惯。当我想在家里工作时，几乎没有一次不打开电视或收音机作为背景，以掩盖内心的纷扰。

我的情绪会时常变得强烈，甚至连食物和电视也不足以让我保持镇静，那些情绪的恶性循环也经常被触发。通常情况下，当外部压力（例如工作压力）足够大的时候，这种情况才暂时停止。每当我从一个超然的角度看待情况时，我的情绪是稳定的，我观察到自己也是情绪和思想的受害者。镇静机制和对失败的恐惧会让情绪恢复正常，但这既不可持续也不好玩。

我学会了雇佣劳动的机制，知道雇主坚持在他们的员工身上运用胡萝卜加大棒的政策，我了解得越多，越发现自己应该走出受害者模式，真正成为自己情绪和思想的主人。但是，每当我开始解决这个问题的时候，那种日常惯性就会自动开启。自我怀疑就会附在我耳边低语："只要你放弃，你就不用再去做了。"我就会发现自己坐在电视机前，大腿上堆放着垃圾食品，抱怨生活的种种不如意，怨恨自己不能成功。我真觉得自己像个受害者。

12.7.2 实现转型的行动

我开始使用马利克·沃斯的再生程序作为第一个系统的方法，来克服我的受害者模式。我学会如何去识别我的受害者模式，以及如何从理论上克服它们。随着时间的推移,我意识到,和我的受害者感觉进行沟通,会使我在一个商业环境中显得无能,所以我不再进行任何抱怨。我只是把问题留给我自己,并得到来自其他人的反馈,他们说我多少有了更好的改变。所以,即使它没有消除得无影无踪,但它简化了我与其他人的互动。这对我来说是很好的第一步。

我的情绪的真正转变发生在第一个"尖峰业绩101"课程期间,在课程中我们有一个任务,主要是讲述受害者故事,然后把这个故事反过来看,以便观察你在什么情况下会陷入问题。突然我意识到,受害者的角色面临的选择比我想象的要多得多,而且当它是一个机智多谋的控制角色时会更加有效。这就引发了从一个新的角度思考我的负面情绪和思想。我决定不再把它们当作理所当然了。每当任何负面情绪出现时,它就立即成为被释放的目标。我扮演受害者身份这么长时间,我再也无法忍受了——我下定决心采取一切行动摆脱它。

我在"超级交易员"课程中所学到的,对于解决第一层的负面思想和情绪是非常有用的,尤其是在"尖峰业绩202"课程中的转型冥想技术和圣多纳方法的自我工作模式。

接下来,我要记录下我在不同程度的意识中花了多少时间,例如耻辱、痛苦、悲惨以及爱、幸福和快乐。我很惊讶地发现,我仍然在一个消极状态下花了很多时间。回顾过去三年,我认为我浪费了大约 1/4 的时间盯着我的电脑屏幕,结果工作一事无成,因为我的内心声音不停地给我负面信息。当撒普收到了我的家庭作业时,他让我分析一下为什么花了这么多时间在负面信息上,我计划怎样来解决这个问题。

我决定用这种策略去解决这个问题。我留出一个长长的周末将自己锁在我的私人办公室里。第一天,我在一台电脑前体验了痛苦的感觉:我试图集中注意力,但是失败了,我从内心收到了让人分神的负面信息。

几个小时后，我设法进入一个游离的状态，并在一定距离外观察自己。每当有一个负面信息出现时，我都问它来自哪里。在独处的第一天结束时，我把我所有的负面情绪都归咎为一种普遍的内疚感。当我感到内疚的时候，我就会得到消极的体验，同时也得不到好的东西。这两者都导致了自我破坏，在物质世界中体现为惩罚和匮乏。我试图用圣多纳方法释放内疚感，但是我未能成功。我必须找到另一种方法。

第二天，我进一步地自问，再次回到内疚的感觉中去分析到底是什么原因。我发现童年时就有了四条规则，导致我的几乎所有愿望以及采取的行动都带有内疚感：

- 不要让别人伤心。
- 不要成为别人的负担。
- 不要拿走别人的东西。
- 不要出卖别人。

虽然每句听起来都合理，但我可以很容易地看到它们背后所隐含的限制：

- 不要让别人伤心。
  - → 我把自己的感情完全交给了第三方。
- 不要成为别人的负担。
  - → 我限制了自己与他人合作的能力。合作意味着付出和接受！
- 不要拿走别人的东西。
  - → 我在交易中没有取得成功，这并不奇怪。
- 不要出卖别人。
  - → 这会阻止我真正快乐。在内心深处，我会有一种普遍的内疚感，这种感觉让我不开心，但我会假装很快乐。

与一般的内疚感不同,我使用任何释放方法都无济于事,于是我立即深入童年的规则。在那一瞬间,情绪上的负荷消失了。在第二天的分析中,我把这些限制性的信念由更有用的信念来取代,这会使我成为一个足智多谋的驱动者,而不是一个被动的受害者。

在第三天,我测试了一下影响信念转变的根本原因。我发现内疚感立刻就消失了。然后,我检查了滋生的每一项消极行为和所有的关键问题,并将它们记录到"超级交易员"课程笔记中。消极行为的情绪负荷消失了,我的生活和交易中的关键问题也都得到了解决。我已经能看到它们部分地释放了。如何改变自己的想法如表 12-8 所示。

表 12-8 逻辑分析顺序与信念转换

据我观察,我的很多时间浪费在一个消极的意识状态中(即不断地进行消极的自我对话,用电视、食品来消磨时间,不能正常工作)
→为什么
我觉得我不值得拥有好东西。我觉得我应该得到糟糕的东西
→为什么
我觉得我对过去的消极行为和不恰当的愿望感到内疚
→为什么
我违反了基本规则
→哪些规则
童年的四个规则(例如:"不要让别人悲伤")
→这些规则仍然有效吗
它们已经失效了。它们让我很脆弱
→更好的规则是什么
要定义四个更好的规则
即时效果 1:内疚感立即消失了,再也没有回来
即时效果 2:现在我的交易和生活中的关键问题已经得到了解决,如果以前它们还没有解决的话

12.7.3 转型后的状态

当我放下了内疚感,我觉得自己像一个全新的人。我能听到我内心的声音,而不用担心负面的反馈。反过来,我更愿意倾听我内心的声音。这完全消除了那种需要背景声（电视、收音机）才能保持大脑休息的状况。

总的来说，我现在是一个非常快乐的人，我觉得自己不再有去玩受害者游戏的倾向了。我的生活和交易被受害者模式支配的主要问题已经消失了。如果新的模式出现，它们就会像太阳下的雪人一样慢慢地融化。

每当消极的思想或情绪出现时，我就不再会出现被动的反射。我慢慢地培养出了相反的反射，现在可以当场处理它们了。我创建了一个需要去改造的思想和情绪清单，我用我在过去几个月里学到的多种方法来逐一解决它们。表 12-9 中列举了转型 5 的总结。图 12-2 中的阴影部分显示了我的快乐指数的变化。

表 12-9　转型 5 快照：成为一名情绪状态的积极管理者

初始状态	• 我是消极思想和情绪的受害者 • 用电视、收音机来抵消内心喋喋不休的负面争论 • 由于喋喋不休的存在（约 25% 的效率损失），难以集中精力工作
办法	• 从撒普那里得到更深的灵感触发 • 独自在办公室里待上 3 天去深入内心 • 第 1 天：明白这是一个内疚的问题 • 第 2 天：追溯到童年时期的规则 • 第 3 天：寻找可以替代童年时期规则的信念 • 自动"弹出"相互关联的信念
方法	• 进入这种感觉 • 追查问题的根源 • 找到根本原因，并用有益的信念取代它
工作辅助手段	• 用 MS Excel（纸和铅笔也可以）创建一个问题树
时间表	• 每天 10 个小时共计 3 天的独处时间
成功的关键因素	• 外部责任（我想给撒普一个合理的答案）
转型后的状态	• 我变成思想和情绪的积极创造者 • 快乐与和平的感觉显著增加了 • 由于能够集中精力，工作效率得以极大提高

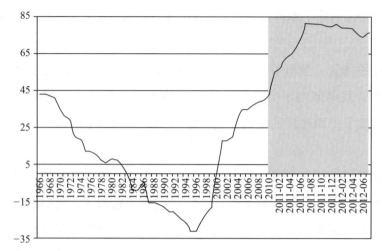

图12-2 我参加"超级交易员"项目第一年前后的快乐指数的变化

注：灰色部分为参加"超级交易员"项目后。

12.8 概要：人生赢家

回顾在过去7个月里参加"超级交易员"项目的经历，我可以说它确实改变了我的生活。我的快乐指数明显提高，我的工作效率提高了约20%，我有理由相信会有进一步的改善。

对于像我这样的工程师，这样的故事是很难得的。也许我只是在愚弄自己。

为了解决这些问题，在表12-10中你会找到一个"真实世界"变化的经历，这样你就可以自己判断。

感谢你的帮助，撒普！

⊖ 我在转型5中报告了用25%的时间试图解决我内心喋喋不休的负面争论，但是只能提高工作效率20%。其间有5%的差异，我假定是自己的身体消耗掉了那段无产出的时间用于休息。短暂的休息时间还是需要的，它们将有利于有更好的情绪状态。（基准 = 100，净值 = 100 × (100% − 25%) = 75。改善后：75 × (100% + 20%) = 90。所以，还有可以改善的空间！）

表 12-10　我的生活中转变结果的量化改变

之前	之后
花大约 25% 的时间试图专注于工作，但结果一无所成	每天不到 10 分钟（不到 2%）
生产率基准 = 100	生产率提高了 20%，这意味着我的一周实际上额外多了一个工作日
每周看 15 小时的电视	我把我的两台电视机和收音机都拿走了
我驾车时开着收音机	汽车收音机不再播放
根据日常表现，在撒普的快乐问卷中得分：60～65 分	评分稳定在 80 分以上，最高可达 85 分

| 第 13 章 |

超越常规的专业交易员之旅

柯蒂斯·维（Curtis Wee）

柯蒂斯·维在加拿大多伦多长大。他对交易的兴趣始于高中。虽然他毕业于多伦多大学人类生物学专业，但他的兴趣一直是交易。在加拿大一家大型银行做客户下单工作期间，他学习和考取了证券从业资格证书以及特许金融分析师（CFA）和特许市场技术分析师（CMT）。在取得CFA和CMT的所有水平资格后，他在多伦多一家财富管理公司从事为客户操作下单、市场分析、投资组合管理和专用账户投资等工作。他理解到成功交易的关键在于了解自己，这在他以前的工作和研究中从未被强调过。现在他意识到交易是一个帮助自己达到更高意识层次的象征。他已经完成了"超级交易员"一期培训项目，现在正在接受"超级交易员"二期培训。

> 之前：交易很专业但不相信自己的能力，大多是出于恐惧才交易。
>
> 之后：没有亏过钱，并能够解决许多交易相关的问题，结果已经大为改善，而且交易时保持着快乐心态。

我的父亲坚信传统观念，你要想成功，就必须比你周围的人更加努力。你必须努力工作让自己有别于他人，要不然那些比你饥渴的人会把你抛在一边，占据本来属于你的东西。尽管他认为工作已经做得很好，但因为他没有岗位所要求的专业资格，所以没有被提拔。他毫不气馁，朝着既定的目标走下去，职业生涯得以持续提升。据我所知，他从来没有意识到他是在玩别人的游戏。事实上，他很可能仍然相信自己除了玩这个游戏别无选择。他让别人去发明并定义了他过去生活中信守的规则。他花了几年时间在公司的职务阶梯上不停地奋斗，他的案例塑造了我对成功的看法。

根据这一观点，世界并不是富饶的。只有别人失败，我才能成功。我不得不保守秘密，并通过撒谎来获得优势。如果我没有得到我想要的东西，我就是一个受害者。只有结果是最重要的，为了取胜，我应该做任何我需要做的事情。

但对我来说也有另一面，一个努力了解现实和灵性的年轻人的视角。当我们年轻的时候，我们被告诉要去教堂，我一直想的一个问题是："我们为什么要去教堂？"毕竟，上帝不是无所不能的吗？我不想去，因为我认为这件事是无聊的，我想我父母去教堂的唯一原因是因为他们的家人期望他们这样做。

我父亲做每件事情都是准时的，他讨厌不守时的人。然而，因为某些原因，我们去教堂经常迟到。当时，我得出的结论是，人们之所以去教堂，是因为不去的话，他们害怕上帝会做出什么事情。我认为这充其量是虚伪的。我不明白教会是如何诠释这个世界上的牺牲和痛苦的，因为上帝应该是一个充

我认为教堂很无聊

满爱的人。我不太理解宗教对于灵性的一般规定。我认为，宇宙中没有什么比科学更能研究那些现象了。宇宙通常是随机的，这里那里穿插着一种只有科学理论才有能力解释的秩序。

在高中阶段，我就是一个愤世嫉俗、喜欢讽刺人的学生。我嘲笑别人，极度蔑视那些"积极的思想者"。我认为，像民族主义、学校精神或任何其他鼓励集体心态的活动，都是属于那些不相信他们可以做得比别人好的人的。当时，我的确是这样认为的。我是学校最优秀的游泳选手，在当地也名列第一。我的成绩天生就好，甚至不用努力。事实上，学校管理者想让我进入一个天才培训项目。

然而，由于某些原因我搞不懂，我觉得很痛苦。无论是从获得一个好成绩还是从赢得一场比赛中获得快乐，我认为都是暂时的。我有时甚至觉得这种快感有点肮脏，因为虽然对我来说感觉很好，但是对方不得不失去快乐。有一次，我同情来自另一个高中的男孩，他是个聋哑人。我真的让他获胜了，他认为他是最佳选手。他自然很高兴，这当然是一件好事，但我觉得自己好像是个背叛了自己球队的骗子。不管我做什么，内疚和恐惧都会如影随形。

当我上了大学，我的问题设置规则改变了。现在，学术和体育的竞争更为激烈。

在高中阶段，我是一个明星，但在大学里，我差一点就无缘进入游泳队。即使进入了，也很少会赢得比赛。同时，我在课堂上的表现也很差。我总是心不在焉，感到疲惫不堪，又担心自己被勒令退学，害怕自己被挤出游泳队，怕自己表现平平。最终的结果是，除非我完全放弃游泳，否则我无法毕业，在做出这个决定后我退出了游泳队。

这对我来说绝对是一个低谷，我一下子陷入了沮丧的深渊中。你可以在图13-1中看到，当我进入青春期时，我的快乐指数开始下降，在我读大学期间，它降到了最低点。

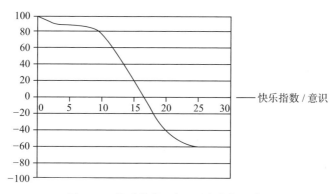

图 13-1　快乐指数/意识（青春期下降）

13.1　我早期的交易经验

不过幸运的是，仍然有一个活动给我带来了快乐，那就是交易。在16岁时我就买了第一只股票，从那时候起我就开始把股票作为高中阶段的业余爱好了。我上大学的时候，20世纪90年代的牛市已经如火如荼，我交易纳斯达克的大盘股。我认为，要想成功，我需要选对股票，但是风险就在所选择的股票中。我看了看波动（当时我认为这是波动性），知道我还没有能力去处理一些投机股的大幅波动，所以我只坚持选择了苹果电脑（纳斯达克：AAPL）和英特尔公司（纳斯达克：INTC）的股票。我唯一关注的是公司的基本面，这和每天的价格波动没什么关系。大约7年左右，我的保证金账户从大约6 000美元提升到100 000美元，这相当于接近50%的年复合回报率，但我赚的大部分钱是在1999年那个极端的牛市。我都不知道它给生活带来了什么。我不懂风险或仓位调整策略，我对于个人心理对交易的影响知之甚少。当时我在赚钱，所以我认为自己非常厉害。

但当我开始遇到困难时，我会把所有的心理问题都转移到交易中来，这一事实回过头来又反咬了我一口。突然，我对自己不那么自信了。我质疑我的能力是否达到了专业的水平，我质疑我能否顺利大学毕业。我害怕亏钱，我也担心永远无法专业地进行交易，而这恰好是我真正想做的事情。

但我当时没有看清自己。和大多数人一样，我也在寻找圣杯。我想我只是需要更多地了解专业人士的秘密。交易是我真正想做的事情，我觉得我很擅长。

我对经纪人和投资顾问的评估意见比较不信任。我相信他们唯一的目标就是要挣佣金。他们很少会确保你的钱增值，因为他们随时有新客户。我和我父母的投资顾问有过一些讨论，他们说出来的东西，和我在 CNBC 上听到的如出一辙。我想他们只是在一旁观察，然后给我们述说了一些他们看到的故事。我不想让人打理我的毕生积蓄，所以，毕业后我就决定加入专业的交易行业。

我在加拿大的一家大银行找到了一份处理客户订单的工作，但我想在一家大型投资银行做交易。让我惊讶的是，大型投资银行只接受常春藤盟校毕业、GPA 达到 4 分的人。我没有那些资质，所以我试着用其他方式跨进投资银行的大门。我遇到了一些看起来不是特别聪明的人，他们对投资不太了解，但仍设法找到了好工作，譬如交易员、投资银行家和投资组合经理等。他们的秘密似乎是，他们想成为 CFA 和 CMT，所以我决定获得 CFA 和 CMT 资格。

从那之后，我又回到求职的状态。我参加了一系列的面试，有很受人尊敬的银行，有买方机构等，但都没有成功。我觉得自己像一个受害者：他们告诉我要赴汤蹈火并竭尽全力，我试着努力去做了，但是还不够好，所以我只好继续从事执行客户订单的工作，等待更好的机会。

在银行工作对我的交易经历是很糟糕的，这里的氛围是竞争性的，每个在这里工作的人都痴迷于选择下一件大事，而大多数的决定是基于情绪的。无用的信念在这里泛滥。许多说法并没有被检验过或是被正确地应用过。这里确实需要一个真正适合的东西。

后来我在一家财富管理公司工作，也遭遇到了同样不正常的环境。和我一起工作的人，我不知道他们在做什么，他们对图表有一定了解，但是不知道如何使用它，也不知道如何通过检测指标来评估是否达到了可交易的边界。我还发现有趣的事情是，他们经常声称自己在交易中抓住了上涨的顶部或下跌的底部，尽管很可能在这些点位上只有非常小的交易量。所以我没有学会做交易，却学会了哪些是不能做的。

不管怎样，我的学习并没有帮助我成为成功的交易员，就像我早就渴望的那样。我很沮丧，我在大学时也有同样的疑惑。这就像是突然间我不能完成一件本来可以轻松驾驭的事情。我相信，专业交易是一个人在交易世界中所能达到的最高水平，除了才华横溢，不存在其他可以取得成功的因素。我想避开公司的游戏，也不想依赖于任何雇用我的人。当时，这些想法似乎就是有用的信念，当然，它们限制了我。

我不知道我又一次转移了我的问题。我担心我可能不够好，我可能永远不够好。我非常想离开自己的岗位，并辞去这份工作，因为它并没有帮我做任何事情，也没有帮我成为一个独立的全职交易者，但我又害怕冒险。我仍然不知道我到底在做什么。

13.2　在范·K. 撒普研究院跌跟头

我不记得我是怎么碰到范·K. 撒普博士的。可能是我在系统研究CMT的时候。我记得读到撒普博士在《金融怪杰》中写的一个章节时，感觉自己好像接触到了一些革命性的东西。他的观点引起了我的共鸣，在某种程度上可以说是前所未有的。我从朋友那里借阅了一些他的书籍和课程的资料，并通读了范·K.撒普研究院网站上发布的新闻通讯，我看完后有一种求知若渴的感觉，所以我决定迈出下一步，参加"尖峰业绩101"课程和交易成功蓝图研习班。正是在那里，我真正开始有了改变我的交易和生活的想法。

在研习班上，我看到了对于要实现全职交易的梦想，我的准备是多么不充分。我缺乏自律。我不理解应该怎样做一个决定或者为什么要做出决定。我完全不了解我的信念，犯了很多错误，经常在一次或两次不赚钱的交易之后改变我的规则。我没有计划。我意识到我有很多的工作要做，我想有一个人能够指导我完成它，并让我步入正常轨道，所以我决定参加"超级交易员"培训项目。

作为"超级交易员"培训项目的一部分，我参加了一系列的研习工作，包括心理方面和技术方面的。我也完成了利比·亚当斯28天的课程，这个课程引导我养成了不断自我分析的习惯，并让我步入自我意识之路。所有这些资源真的帮助我了解了我在哪里，我需要到哪里去，我需要做什么才能到达那里。

但对我来说，最重要的一步是我终于如愿完成了投资者和交易员的尖峰业绩课程，从中我学会了无论做任何事情都要竭尽全力去做到成功。对于那些"超级交易员"项目的候选人来说，五卷的尖峰业绩课程被分解成20节课程，而我花了大约10个月的时间才完成所有的课程。这可能是我曾经做过的最具挑战性的事情之一，但它对我而言是很值得做的。事实上，当我看到我需要处理一些具体的问题时，我仍然会想起该课程。有一个练习是我经常做的，那就是在第7章中提及的信念检查模型，据此我记录下我一天中出现的信念。这帮助我对任何无用的信念保持警觉，防止它们可能渗入和影响我的日常思维。

我也读了很多"超级交易员"项目中被范·K.撒普多次讨论过的书。那些书在本书书后推荐阅读列表中列出。当然并不是所有列出的书都适合大家的信念系统,但是我可以说它们确实帮助和教会了我。

13.3 关键课程第 1 课:承担个人责任

通过课程和研习班,我还学到了一些让我发生转变的概念,它们不仅能转变我的交易,还能转变我看外界的方式以及我身处其中的位置。第一个概念是我要对我的一切负责。事实证明,我发现扮演受害者身份已经好多年了,我也发现之所以这样做,是因为这对当时的我是一个很好的策略,尤其当我还是个孩子的时候。我们家有两个孩子,我是弟弟,只要我扮演受害者就能溜之大吉。而当我长大成人后,我试图解决的那些负面问题都已摆脱了这种策略。毫无疑问:是我自己制造了问题,所以我要负责处理它。

但我很难接受的一个想法是,我对某些事情没有控制力,但在某种程度上又要对其负责。这怎么可能呢?可怕的事情经常发生在人们身上,他们对此无能为力。他们为什么要负责?撒普博士建议我参加奇迹课程并完成其中的 365 个练习,等我做完的时候,我终于明白了。

多年来我学会了扮演受害者

事件本身并没有意义,它们的意义只是我赋予的。如果我认定一个经历是令人恐惧的,我就会感到"恐惧",并产生和这个词相关联的一切感觉——尽管我最初的感觉只不过是身体的感受。换句话说,我的经历是我定义出来的。是我自己决定应该赋予它们什么意义，或者决定它们是否代表什么含义。

学习到这个概念后，我的整体观念发生了一个真正的转变。我意识到，我可以感受到我的情感而保证不被它们所吞噬。这并不意味着我不再经历愤怒和恐惧的感觉，但是意味着我可以简单地把它们视为单纯的身体感觉，而不需要依附于它们。我可以远离它们，因为我不给它们命名。

13.4 关键课程第 2 课：能处理思想、情绪和行动

利比·亚当斯博士教导我们，思想、情绪和行为（TEA）是相互关联的，你应该定期监测和评估它们，自觉监控 TEA 是实现自我意识的关键。

当我听到一种思想的时候，就会让那种思想变得触手可及，我的情绪也会随之而来。如果思想是消极的，我就会做一些破坏性的事。失去控制只需要一刹那间，在我意识到之前，我可能会发现自己做了一些鲁莽的事情，最终毁掉了我的账户。许多交易员一直在寻找圣杯，确实存在这样的圣杯，但它绝不是他们想象的那样。即使拥有最好的指标、止损、退出、建仓或者仓位调整策略，也同样一无所获。更确切地说，圣杯知道你的"自我"，能看到事物的真实性，而不是生活在你臆想的幻觉中。它可以让你在一个安静平和的心态下交易，因为那里才有真理。

"自我"（Self）前面的大写字母不是拼错了，而是为了区分真实的自我（Self）和虚假的自我（self）。⊖ 真实的自我会承认我是一个灵性的生物。韦恩·戴尔（Wayne Dyer）说："我们不是具有精神体验的人类，我们是一个拥有人类体验的灵性生物。"当我听到一种思想的时候，就会让

⊖ 这是为了方便讨论而对利比的模型所做的一个简化。她说的大我，即清醒意识；小我，即独立的自我；超我，即超级意识。

那种思想变得触手可及，我的情绪也会随之而来。我创造了痛苦，仿佛那是真的。通过训练我定期监测自己的 TEA，我将自己带回到意识中，远离各种问题和感觉，因为我常把自己的感觉命名，并使我拥有真正的感觉，如损失、愤怒和不足。正如艾克哈特·托尔所说的那样："你不是你的思想，你只是你思想背后的意识。"⊖

现在，下面的事情一般都是我的真实情况：

- 我不再相信那些曾经给我带来痛苦的思想。
- 我不再被我的情绪所困扰，这有助于我在交易时有更好的表现。
- 我会从发生的事情中吸取教训。
- 我会把情绪作为让自己回归现实的信号。
- 我回归和平状态。

在监测我的 TEA 过程中，我意识到，我很感激我收到的那些强烈的情绪信号，因为它们带我去审视自己，并提醒我有一些东西需要我学习。起初，我有时忘了去关注我的 TEA。随着时间的推移，虽然我有了一定的提高，但我注意到居然开始发生一些令人难以置信的事情。当我发现一个消极的 TEA 时，我发现我不想让它们离开我！我不得不拿出一个方法来处理这件事，以下就是我的选择：

▶ 忽略这种感觉。

▶ 相信这种感觉是真实的，并让其保持原样，以证实我的选择是"正确的"。

▶ 完全感受和意识到这种感觉，这样我就可以决定是从中吸取经验教训，还是完全脱离它。

⊖ 艾克哈特·托尔在《新世界：灵性的觉醒》(*A New Earth: Awakening to Your life's Purpose*) 和与奥普拉·温弗瑞 (*Oprah Winfrey*) 系列广播节目中提到过，可以免费从 iTune 下载收听。

具有讽刺意味的是，我对自己的 TEA 处理得越好，我得到的信号就越少。随着信号不断减少，我又重新陷入潜意识状态。这就是为什么我制定了一条规则，提醒自己每隔一小时就要回到现在。我也在努力完成奇迹课程中的功课，其中有许多功课需要我每天花几分钟去思考，这样做可以帮助我回归现实[⊖]。

我还发现，当我忘记检查我的意识时，作为完美的宇宙，信号悄悄地潜入我的思维中用某种消极情绪的方式提醒着我。现在，在奇迹课程中我坚持每隔一个小时检查一次，我发现可以通过设定一个小时的目标来提高意识。无论我在做什么，我现在完全是为了意识而行动。我发现我的内心少了很多喋喋不休的争论，我也不再连续地处理多个任务。我的工作效率提高了很多，我的工作和交易似乎也不再那么辛苦。

13.5　关键课程第 3 课：知道我的想法不是我的

我必须承认，第一次在合一觉醒研讨会上产生了这个想法，起初我的确有些困惑。我真的不理解这些概念，它们在我看来很奇怪也很深奥。直到第三次它击中了我内心的感觉后我方才理解，这种感觉最终让我的心灵摆脱羁绊，让我的思想得以解放。我发现我所有的思想都来自一个古老的思想，它们只是掠过我的脑海而不是起源于我。当我依附于它们时，它们变得真实起来，并产生一个幻觉。我想成为真实的自我，这才是我的思想，如此方能让我的心境宁静下来。

我明白了这一点之后，身处"当下"就变得容易起来了。各种思想就像它们匿声出现一样消失得无影无踪。我再也没有依恋感。我居然能调整到一个神圣的内心状态，这让我惊喜不已。我能看到宇宙中的每一

⊖　艾克哈特·托尔的工作也确实改变了我的生活，我经常读他的书。

件事都是为我所做的，而这一切都是奇迹。

我还意识到，这个世界是在当下的瞬间被创造出来的。以下是它发生的过程：

- ▶ 我注意到一个想法。
- ▶ 我认为这个想法完全是我的，它是真实的。
- ▶ 我给它附加上某种意义。
- ▶ 我创造了一个复杂的故事，以我为中心人物。
- ▶ 这成为我的身份，我的过去。

因此，我的整个世界就在那一刻诞生。

合一本质上教会了我在第三部分阐述的那 12 项教导，并在本章的参考笔记中有提及。⊖所有这些教导其实都只是一个项目。它们其实都是"我们并不是那个人或者我们认为的那个人"的另外各种说法而已，事实上，我们都是纯粹的意识和爱。这个信念真的给了我力量，因为通过它，我发现对自己完全负责的真正含义。只要我想做，我就能改变一切。

13.6 关键课程第 4 课：相信我的内在指引

撒普博士指出，要想了解你真实的自我，必须遵循内在指引。将教导付诸实践对我来说是困难的。问题简直太多了。我怎样去遵循我的内在指引？我怎么知道这不只是另一个想法？我怎么能相信它说的话？

原来，真正困扰我的是，我对神充满了根深蒂固的不信任。之前我

⊖ 这 12 项合一教导是：①意识不是我的；②想法不是我的；③作为一个人，我是不存在的；④身体不是我的；⑤所有事情都自动发生；⑥有事情在做，但没有做事的人；⑦有思想，但没有思考者；⑧有看到，但没有目击者；⑨有听到，但没有听众；⑩我就是爱；⑪ 全世界都和我是一体的；⑫ 我是存在、意识和极乐。

曾提到过，我在小时候去过教堂的事，而这种经历使我从整体上拒绝灵修。我认为自己是不可知论者，我认为上帝存在的概率太低，我也可能是一个无神论者。

问题是我不想放弃控制内在的声音。我想依靠自己的判断，我想要控制车轮的方向。

我开始渐渐地学会放手。我练习冥想、聆听，甚至和我的内在指引直接交谈。有时除了安静什么都没有，但我一直在努力记录心灵旅程中的问题，然后每天花 15 分钟时间去聆听答案。我没有什么期待，相信无论最好的东西是什么，都将是我所要的。最终，我得到了一些非常有趣的见解和答案，我并不知道它们来自哪里。这些见解和答案似乎没有费任何周折就出现了，没有涉及任何问题，就径直存在了。

我现在每天都能毫不费力地多次要求得到指导，而且我能保持头脑安静，这样我就可以生活在当下。我仍然在做着同样的事情，但每一件事都不同了，因为做事者是真正源于自我的存在。

13.7　关键课程第 5 课：理解世界是完美的

我说自己是一个"完美主义者"，但不是说我百分之百的时间都痴迷于实现某种期望的结果。这种完美主义是一个自制的地狱，无论你触及什么，它们都会一直在你的掌握之外。如果你认为世界是不完美的，你就会掉入那个陷阱。我知道我曾经有过这样的遭遇。在我认识撒普博士之前，我一直在努力成为一名从不亏损的完美交易员。我太关注每一个结果，所以我不断地在改变自己的规则。

当我接触到拜伦·凯蒂和她的功课®（Byron Katie and The Work）后，这一切都改变了。在 1986 年被唤醒之前，拜伦长期处在压抑状态，那时候她生活在过渡教习所，但有一天她突然醒悟到她真的是完美的。合一的所有概念对她来说都是完美的感觉。在那种状态下，她学会了质疑她的思想的程序。她将其称为"功课"，它由四个问题和一些反向问题组成。现在她把学到的东西分享给他人，你可以通过她的网站免费下载她的课程资料。

像许多其他开明的人一样，她的基本前提是，世界是完美的，这是我们思考世界的信念，也是让我们产生痛苦的原因。当思想被质疑和揭露后，痛苦就消失了。她认为世界上没有任何东西是开悟的，开悟其实是一个持续不断的过程，不断要求你去问："我开悟了吗？"

在一个研习班里，我们通过填写拜伦·凯蒂的"如何判断你的'邻居'"工作表进行冥想。我从他们身上学到的主要教训是，我不断地预测这个世界只不过是我所相信的那个样子。我把自己不喜欢的身份投射到别人或其他东西上，所以我可以借此逃避对他们的责任。

表格分为两个主要的部分。第一部分要求你询问自己，你的特定信念是否是真实的，当你信任它的时候会发生什么，如果没有它你会怎样。我的自我非常喜欢工作表中的这一部分。这就是我要发泄的地方，我可以肆意地表现出稚嫩和幼稚。

表格的第二部分我认为是我获益最多的地方。它要求你用不同的方法将你的信念进行改变，然后你会观察到这些改变的新版本也是正确的。你最终从许多不同的角度看待一个问题，并且意识到每一个角度，包括原始信念，其实都是想象出来的，你只是用你的信念去期待世界而已。你让世界反映出你所相信的其实都是正确的。

我已经训练有素地经常去做那些表格了，因为它指示我，要对任何一个有压力情绪的体验点进行质疑。首先，没有工作表我无法做到这一点，我必须能够把所有的东西都记录下来，否则我是看不到反应的。现在，我将工作表问题的知识作为一项心理支柱，自动地将自己带回到现在，即使我手边没有工作表。

即便如此，只要我能，仍然在坚持写我的答案。我这样做是因为它对我来说很重要，我经常检查我的信念和我所经历的一切感觉，哪怕我意识到它只是一个预期而已。否则，预期的感觉会以不同的借口重新返回。

我读了拜伦·凯蒂的一本书《喜悦无处不在》(*A Thousand Names for Joy*)，在整个奇迹课程期间，读这本书是我的日常工作的一部分。我看到，真理是一样的，这一切也确实只是一个。没有开始就没有结束，我从中得到多少完全取决于我的意识水平。⊖

现在，我是另一种意义上的完美主义者。我看到的世界已经是完美的。在我的转变过程中，我身上那种确保所有的事情都是完美的感觉慢慢地消失了。没有这种需要，我突然有了勇气去做任何事情，而不必担心结果，这实际上提高了我的表现。我接受了我不可能知道所有事情这个事实，如果我的交易系统有效，就意味着它们会赚钱而且没有太大的回撤，这对于我来说已经够好了。即便亏损也是完美的。所有的结果无非如此——面对发生的一切。对我而言，我能从中吸取经验教训。

13.8 关键课程第 6 课：知道我的目的

我知道交易是一种让我快乐的活动。我也知道，我的目的是要拥有大卫·霍金斯人类意识刻度表中的那些意识，或者意识到我的高级自我。

⊖ 我指的是大卫·霍金斯在《意念力：激发你的潜在力量》中提出的意识测量指标。他深入说明了是如何测量的，一个人的感觉与测量值之间有何种关系。我认为这种测量对我来说是一个有用的工具，可以让我大致了解我随时所处的状态。

我再扼要重述一下，这是一个从 0 到 1000 的对数刻度，将分值为 200 及低于 200 的低水平指数定义为"消极"。强度水平按照升序分别包括羞耻、内疚、冷漠、悲伤、恐惧、欲望、愤怒和骄傲。从 201 到 700 的所有级别被称为"积极"的水平，按照升序分别包括勇气、淡定、主动、宽恕、理智、爱、喜悦与和平。"开悟"的水平处于 701～1 000，占据刻度最高的部分。

霍金斯的模式帮助我了解到，我应该在"积极"区段的哪个位置需花更多时间去尽可能地提高水平。我怎样才能做到这一点呢？我在一次冥想中咨询我的内在指引，我看到了一个不同类型的刻度表，那里表明我个人的目标是在顶部的状态，凡是处在低于该位置的一切，只是帮助我达到这一状态的工具。

我的目标是：尽可能地提高我的意识。我能够通过日常生活的快乐指数来评估我的意识水平。

我还想知道我如何能对现实的幻觉发挥作用，并使我每天做的工作与人生目标相得益彰。我再一次向我的内在指引去回答问题，而且回答得很简单：我无论如何都要实现我的目标，因为目标并不是正在做的状态，而是未来的状态。我没有什么可以做的，它不是我应该拥有的东西。路径、旅程和我如何步入旅程都取决于我，没有其他的规则。

我生命中发生的一切都是我人生道路的一部分。如果我理解了这一点，就可以毫不费力地生活。我能与每一件发生的事和平共处，因为发生的所有一切都推动我前进。对我来说，交易是一种灵性练习，通过它我能了解到自己内在的声音，并且让我的自我意识得以实践。这可能不是唯一的灵性练习，它只是我人生道路的一个比喻。也许在不同的世界里，我会去砍柴和喂牛。我做什么并不重要，重要的是"当我做什么"时候的状态。

现在，我可以接受和欢迎任何可能发生的事情，并把更多的重点放在我的灵性道路上。我将挑战视为还没有学习的课程，对我来说就是如此，因为我从不同的意识角度来看待它们。只有目标，没有借口和受害者，我知道这就是我现在所拥有的一切，并且它将永远持续下去。我不是想暗示我不再制订计划或有任何目标。我只是说我有完美的应急计划。如果事情没有按照计划进行，那是因为我有机会去深入了解并发现一些教训。

13.9 关键课程第 7 课：重塑自己的关键

我所经历的最重要的转型之一，就是我提高了对连续转型的认知能力。我现在似乎在许多方面不断地重塑自己。我转变得越多，进步就越大，这样让我的意识及时跟得上。这件事发生在我第一次经历合一祝福期间，这真是一个奇迹。当我成为一个祝福者后，我还没有理解，也没有做什么，一个转变就发生了。我的自我意识肯定会抵制这种改变，尽管如此，我内心的某些东西绝对改变了，我无法对这些东西做出解释。在当时，并没有感觉到有太大的戏剧性，我只是在第二天早上才意识到。在接下来的几个月里，我才意识到我的世界发生了多大变化。

我在合一中所学到的经验教训给了我勇气，让我明白如何面对发生的事情。当我面对、拥抱和接受那些感觉的时候，痛苦居然奇迹般地消失了。实际上，当一个人逃避这些感觉时，痛苦就会发生。有时候，唯一的避开它的办法就是让它消散。卡尔·荣格（Carl Jung）很好地解释了这一点，"所有的神经症都是痛苦的替代品"。接受痛苦让我远离痛苦，并走向真理、爱和满足。

合一还教会我要让我的旅程内容丰富起来，而不仅仅是寻求一个最终的结果，这让我的生活境况⊖以及我的交易结果都产生了奇迹。当我放

⊖ 艾克哈特·托尔将生活中发生的一切称为生活境况，而不是生活。

手并遵循自己的路径前行的时候，我不再关心每笔交易的结果，我只相信它会成功。拜伦写了《喜悦无处不在》，"探寻的过程就是脱离你生活中已经形成的意识的过程。即使在痛苦的时刻，也不会去参与或者缺席。"这并不意味着，我从来不去看结果。总体看，如果任何交易策略不再起作用时，我仍然会在具备良好的证据、经验或见解的基础上改变一些规则。我的交易结果表明了采用这种信念的好处。

13.10　我现在所处的状态

我现在拥有了超越自我的觉悟，因为它存在于另外一个无法用文字或图表来描述的领域，这意味着不再需要询问，我肯定也不再身处其中。但我已经抵达一个境界，我可以在大部分的时间里感到和平与满足，我比以往任何时候都更接近真实自我的生活。

在图 13-2 中，你可以看到我学到并应用的那些概念是如何改变我的生活的。我的快乐指数曲线在我 20 多岁的时候从最低点开始反弹并继续攀升。纵轴代表快乐指数 / 意识，横轴代表年龄。

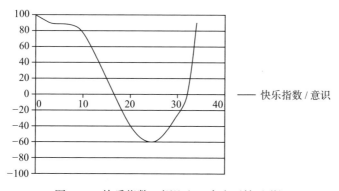

图 13-2　快乐指数 / 意识（20 多岁开始反弹）

在开悟方面，所有的灵性教导在某种程度上都被限制住了。一旦谈及线性思维，比起未被唤醒的状态，我具有更为接近被唤醒的思维，但是在提及意识的时候，隐喻的距离是无法估计的。它可以像大峡谷一样宽，也可以像亚原子一样窄。这种距离的宽度是可以衡量一个人的恐惧程度的。这不是一个物理距离，也许这就是它被称为信念的飞跃的原因。我相信任何人都能将信念的飞跃带入到开悟，不管它们是否在意识的范围之内。

我劝你不要偏执于一面之词，你还是要自己去体验。我只能谈论了我自己的经历，这可能与别人的不同。但我可以说的是，我所获得的知识和经验使我受益匪浅。

下面我描述一下知识与认知之间的区别，奇迹课程中是这样讲述的："部分了解就是要完全了解，这就是认知和知识的根本区别。在认知中，所有东西是由那些分散并组装在不同部位的组件构成的。"换句话说，知识是绝对的，是不可改变的真理；认知是相对的，因为它在观察过程中会有变化。我这里所写的是一个认知和知识的混合物，因为一个人要想获得知识，就必须要去经历它。

| 第 14 章 |

通往交易的旅程

阮成（Thanh Nguyen）

阮成是越南出生的企业家，现在移居加拿大。2008 年，她参加了范·K.撒普研究院的"超级交易员"培训项目，2011 年完成了心理部分学习并于 2012 年毕业。在过去几年，她是美国股市的全职日内交易员。阮采用独特的冥想技术应对每天的涨跌行情和日内交易系统，这个简单的方法可以恰当地称为"空灵状态"或"天人合一"的交易风格。

> 之前：压力，没有利润，不管她怎么努力在市场都赚不到钱。
> 之后：平静，似乎能感觉到市场将会有什么动作，从而通过短短的数月交易获利，这足以支付她整个培训项目的费用。

我是在越南战争结束前后长大的。当我还是个小女孩的时候，我总是问我的母亲，"为什么我在这里，而不是在其他地方"以及"你为什么是我妈妈"。她会一笑而过，接着继续做她的事。为了养家，妈妈每天工作 13 个小时，父亲因为支持美国，在战争结束后就被逮捕了。我不喜欢我妈妈的生活状态，我还记得我曾告诫自己，长大后我的生活将是另一种样子。

我现在已经37岁了。我是一个商人，已婚无子女，现住在加拿大。我获得了一个商学学位，开展了许多业务，有些业务赚了很多钱，不过也有一些失败了。我经营过三家美容美发店，一家出口家具企业和一家化工用品批发企业。我丈夫和我每天工作很长时间，我们几乎没有时间吃饭！我们典型的一天是晚上11点才能休息，每天晚上我们带着疲惫不堪的身躯上床睡觉。我和丈夫唯一的空闲时间，就是每周日花20分钟的时间去寺庙拜佛。这能帮助我放松，让我的大脑平静片刻。这是我们10年来的生活，直到有一天我意识到我只是在重复我妈妈做过的事情。我一直专注于我的事业，忽视了我的家人。

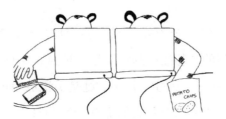

我们几乎没有时间吃饭

我知道我想有更多的时间去寺庙学习，所以我们决定关闭五家企业中的两家。我的丈夫开始学习投资房地产，我开始参加寺庙的灵修活动。

我的目标是实现涅槃并达到开悟的状态。我每天都要完成一次冥想，但我认为我需要放弃目标。我认为涅槃是高不可攀的，除非我成为一名修女，把所有的时间都奉献给我的灵修实践。

我不想做一名修女，但是我仍然需要更多的时间去实践我的信念。我想我一定会通过完成从企业老板到交易者的转变来找到时间，我相信我可以在更短的时间内赚到更多的钱。起初，我认为有一个神奇的系统，只要我学会它，就可以用来成功交易（即赚钱），所以我选了一个价格昂贵的日内交易培训课程，学习别人使用的系统和技术，但所有这些内容都是相当机械化的（例如，在绿色箭头的时候买入，红色箭头的时候卖出）。虽然我能遵循这些规则，但我的交易收益并没有增长。有时我会赚到钱，但有时我也会亏钱。我想知道为什么会亏钱。我的方法中到底遗漏了什么，或者还应该有其他什么东西？

有一天，我丈夫回家告诉我，我应该停止交易，去读一本名为《通向财务自由之路》的书。那天晚上我读完了整本书。第二天我就决定加入范·K.撒普研究院的"超级交易员"培训项目。大多数人认为通过交易赚钱是很容易的，但我知道需要投入大量的时间和精力，这样才能真正取得成功。因此，我卖掉我所有的生意，仅保留了房地产投资，这样我就有时间去做必需的工作，从而成为一名赚钱的交易员。

14.1　我的转型之旅

在真理的道路上人所能犯的错误只有两种：没有走完全程以及没有启程。

因为我还没有充分意识到信念和交易心理的重要性，我当初被范·K.撒普的教导所吸引，因为他有一个名言："人们其实不是在进行市场交易，他们只在进行市场信念的交易。"我想找到正确的信念，而一旦我加入"超级交易员"培训项目后，我就已经行走在路上了。

"超级交易员"培训项目有五个阶段：学习撒普思维法⊖，学习个人心理学，制订一个完整的业务计划，开发三个分属不同市场类型的不相关的系统，保持至少95%以上的效率进行交易。

我正式开始培训时，我向撒普博士提供了一份我认为完整的业务计

⊖ 撒普思维法是我最基本的交易模型，也是"超级交易员"课程的基础。撒普思维法模型在本书的第一部分讨论过。

划。大约写了5页纸。他看完后笑着把计划还给了我，说我最终的计划可能会超过100页。在参加了必要的研讨会并获得了其他信息后，我终于被吸收为该项目的学员，我是有能力向撒普博士提供上述长度的业务计划的。

"超级交易员"项目的五个阶段中，我发现心理学部分是让我最受益的地方。按照撒普博士的说法，我个人的快乐指数是衡量我的生活的最好方式，无论是心理上的还是精神上的。2008年年底，我加入"超级交易员"培训项目。如图14-1所示，我绘制出了这之前8年的快乐指数。

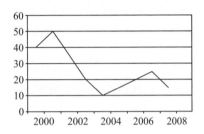

图14-1　参加"超级交易员"项目前几年我的快乐指数

虽然我没处在最低点，但绝对没达到我的最高点，我距离我的理想境界还很遥远。我知道还有很多工作要做。我觉得我在6个领域必须做出重大改变，这样才能获得快乐和成功。在本章中，我将讨论这6个领域，然后我还会谈及我的转型之旅以及我是如何做到的。

14.2　领域1：我的焦虑或担心

我有很强的口音，我总是担心别人会怎么看我，当我在大的场合讲话时，总是害怕人们会嘲笑我。现在，情况完全不同了，我可以轻易地控制我的心理状态了。当我在大的场合讲话时，我将自己置于一个合一的态度。我专注于我想说的话，而不去理会别人的想法。

但这只是我担心的一个方面。在做交易时，我通常会担心市场会和我作对。我希望得到安全和确定性，但我从来没有得到过。我很担心亏损。当我参加了心理研习班后，我开始明白，有了这种心理，我就会亏损，因为我的烦恼其实就是我自己创造的。

我也意识到当我真的关注事务时，焦虑的感觉可能其实就是一条信息，可是我宁愿去倾听这个信息而从不拒绝它。现在当我内心感到"担心"的时候，我理解这可能是一条重要的信息。我经常问自己：我缺少什么？为什么我会有这种感觉？

处理焦虑情绪

现在我赶在交易之前，完成了对于交易而言最重要的任务。

第一项任务是自我分析，如果我发现有任何身份（"小我"）会干扰交易，我就在交易之前解决这一问题。第一项任务是心理预演：我为即将来临的事情做好准备了吗？这有助于我避免犯一些违反规则的错误，而烦恼似乎也随之消失了。

14.3　领域 2：我的不耐烦

我对市场缺乏耐心。我不想等到市场给我正确信号的时候才建仓。另外，我有时也会草率地下结论。这两个特点都使我有过小小的盈利和巨大的亏损。

处理这一领域的解决方案，又涉及交易的最重要的任务。通过这些任务，我能处于一种没有干扰的、保持正念的状态。如果我只是按照我的系统行事，不再沉湎于内心的喋喋不休，利润往往会光顾。

14.4 领域3：我对失败或错误的恐惧

我曾经有一个信念，认为失败是糟糕的事情。这种信念和亚洲文化中的一种深层次的信念相结合，就是害怕丢面子。这是一个有用的信念，我总是确保避免失败。尽管如此，因为这个信念的存在，我也错过了许多的商业机会。

我在交易时会寻找具体的数据。通过提出问题，我能得到反馈的信息，但它们不足以说服我采取一个特定的行为。为什么？因为我害怕失败，担心对交易的判断是错误的。

现在我相信没有对错之分。只有想法和行动的反馈。每一件事情的发生都是有缘由的，每一次经历都是一次学习的机会。

在我参加的一个更高级的研习班中，我意识到我总是在投射自己的信念。我的信念实际上只存在于脑海中，但我把它们看作身外之物。当我冥想时，我就会到达一个不可言状的意识状态，在这个状态下不会产生投射。结果是我能控制我的交易。我的想法不会受到干扰，而市场只是按照它本来的样子在运行。

14.5 领域4：不知所措

当我接受新的任务时，比如交易，我总是担心没有足够的时间来掌握一切。我对信息的感觉是如饥似渴，像是海绵吸水那样汲取各种知识。虽然我很想了解许多信息，但我总认为自己比别人慢半拍，我的行动和思维往往会让我慢下来。我是有竞争力的，我想能快起来，但在学习过程中，我很快意识到我需要慢下来。

虽然在"超级交易员"培训项目中需要参加很多的心理课程，但是出于某些原因，我通常需要重温每一节课，这是因为我既没有真正理解它，也没有充分地表达我的理解。

我现在学会了调整自己的时间，这样做的目的就是只做一件事，并且把它做得很好。当我完成了一个大项目的主要部分时，我就会出去好好休息一下。这会让我感觉很好，让我有精力去做更多的事情。

14.6 领域5：要倾向于相信我永远是对的

在交易中，这种倾向"正确"的想法，曾经让我遭遇一次巨亏。我以为我是对的，就寄希望于市场来证明它。到头来我最终承认我错了，这个教训是相当昂贵的。

现在我每日都要监督审查我的表现，尤其是所犯的错误。错误是怎么引起的？希望自己是正确的！我如何才能防止这种情况发生？吸取教训，进行冥想，然后确保我只在正念的状态下进行交易。

因为我现在把注意力集中到一个单一的任务，需要分步骤去完成它，我能看清楚哪里可能会出错，然后采取必要的预防措施。这有助于我避免去满足我正确和证明我是正确的愿望。当我交易时再也不会出错，这是我保证100%正确的新方法，而且能够和最佳交易技巧完美匹配。

14.7 领域6：没有计划或无系统的交易

在我开始参加"超级交易员"培训项目之前，我对撒普思维法一无所知：R倍数、目标的重要性、仓位调整策略、最坏情况下的应急预案、全面的业务计划，等等。我认为所有的交易都得益于一些黑盒系统，相信那就能挣到钱。其实我错了。

我尤其不知道我的多少信念在影响着交易。我自己有成百上千的信念，有关于自我的，有关于市场的，还有关于系统的，我需要去逐一核对和检查。

以下是我对自己的一些信念：

- 我是一个讲逻辑的人，而不是一个感性的人；这有助于我做出更好的交易决策。
- 我是井井有条的人，我认为做好交易准备是很重要的。
- 我只在乎底线，这有时让人很不耐烦。
- 我很快就得出结论。
- 要做到成功交易，我必须要遵循一套规则。

以下是我对市场的一些看法：

- 短线交易很适合我的个性。
- 我在市场上有一个优势，这让我与其他交易者大为不同。
- 我只用符合我信念的系统去交易。

我也有很多关于我的系统的信念：

- 开盘时的第一个绿色柱状线决定我选择长线还是短线。
- 当价格低于开盘价时，我就做空。
- 当价格高于开盘价时，我就做多。
- 我选择上一个柱状线为止损点，以防遭受大的损失。
- 触底和冲顶是交易的好机会。
- 我只按照日线图的走势进行交易。

现在我完全沉浸在撒普思维中，我可以挺过最糟糕的情况，保持低风险水平并进行交易。我知道如何收集 R 倍数，确定 R 倍数的分布特性。因此，我在交易过程中总是考虑风险回报比率。我了解我的系统是如何工作的，我可以调整它们以适应当前的市场状况。我现在有一个很好的仓位调整算法，能确保系统满足我的目标。我不担心我的账户会爆仓。

我现在在市场上对用我的系统交易充满信心。我经常翻看我的日记，那里记载着我学到的经验，也有所犯的错误。我想确保不重复那些错误。每个月我都看看系统是否适用于当前的市场。我非常感谢今天拥有的这一切。

14.8　这一切是如何发生的

我努力广泛审视我的信念。当我发现了一个无用并且带有负荷的信念时，我就会释放那些负荷。我做了大量的转型冥想。我最大的转变是灵性归一了。

在"超级交易员"培训项目的一次研习中，我收到一个合一祝福。那祝福将我带入一个博大精深的状态。我把这种状态讲给撒普博士听，他的回答是："在这种状态下你为什么不交易？"我觉得这是一个很好的建议，但问题是"我怎么操作才行"。

当我回到家里后，决定注册为期一个月的佛教课程。在这一过程中我做得很好，而我的禅宗大师建议我在印度做六个月的冥想。在印度的六个月里，我的禅宗大师教授了我佛法的知识，有冥想的概念，有一些神经学科学，还有一些冥想技巧，这些都让我成功地促进了身体、意识和精神的成长。为了达到正念状态，我每天练习 9 ～ 12 个小时。我们通常从下午 9 点到早晨 6 点进行冥想，因为需要冥想，这段时间不允许睡觉，我们通常只在下午睡几个小时。我认为没有激情和使命感的话，没有人能完成这个过程。

我学会三种冥想的方法——沉思冥想、平衡冥想和安神静心冥想，我可以在生活中运用自如。我还训练了在五种姿势（站、走、卧、坐、吃）下保持静默，不停地观察我的思想和感觉，即使我在睡觉时也能保持正念状态。我意识中空灵的新习惯代替了之前的喋喋不休。

我学到的另一个更有趣的方法是随观⊖（anupassana）。我知道人的生命是暂时的，但我不知道如何让它们与当下产生关联。我意识到生活在印度和越南完全是两种情形。无常是所有痛苦的根源，所有的痛苦来自无常。这是世界的普遍规律，它适用于一切事物。例如，人生下来以后就要面对衰老、疾病和死亡，这些都是因为无常。市场时刻呈现出涨跌行情，因为无常永远也不会稳定在一个价格上。

虚幻的精神追求会造成痛苦和无常。开悟是回归真实本质，它是挣脱死亡通往自由与重生的道路。

当我交易时我就进入冥想状态。这是一个完整的意识状态，没有任何附加的目标。我是一个空灵世界的观察者，我感受到了光，我能在我的身上体验到一系列的生物活性，如血液流向我的四肢，我的血压降低，我的血糖水平降低，我的体温上升。我的心变得平静和安宁，不再依附任何内在的偏见，对他人和外界的偏见也荡然无存。我的心智变得稳定和安宁，而我的智慧得以重现辉煌并成功转型。这就是我现在交易的状态。

我经历了六个月的冥想后回到家，我将会锁定在这种状态，这样我就可以随时如愿进入它。最重要的是，我可以在那个状态下进行交易。正如我所提到的，那种状态是完全脱离了内心喋喋不休的争论，所以当我身在其中的时候，我就不能谈论交易，但我可以从中交易，而且我的交易都很成功。

⊖ 持续地体验实相，即感觉身体之意。——译者注

14.9 我现在在哪里

"超级交易员"培训项目中有一个任务，就是要开发一个交易系统，然后证明你用它交易的有效率要超过95%（即20笔交易中允许有一次失误）。

我有一个日内交易系统，用它来交易一只我认为很不错的股票（虽然我也可以交易其他股票）。该系统通常帮我进行每小时至少5笔的交易。为了达到撒普博士要求的系统达到95%以上的有效率，2010年11月我一共进行了152笔交易。我通常不到两个小时就要做一次交易，每天做4～11笔交易。在11月的一个月里，我涨了132.5R。在那个月我的系统期望值是每笔交易0.87R，SQN为7.34。我在交易中获利81.58%，我没有犯任何错误（除了有一天醒来的比较晚，我没有计算在内）。所以我的交易效率是100%。

虽然我的交易量很小，但对我来说下面的两个方面变得更容易：①为"超级交易员"项目更快地付款；②实现我所寻找的那种每天只交易几个小时就能获得我想要的收入的愿望。

我有一个白银期货交易系统，但它仍然需要做一些工作。对我来说，因为涉及时间短，我很难在这种意识状态下操作波段交易系统，但我很高兴，经过一段时间之后我在这一点上取得了进展。

现在，我对我的生活有了更多的控制权，我知道无论做什么，无论发生什么事情，我都必须承担全部责任。在交易中，基于我的信念，我能准确地知道我想从我的系统中得到什么。我也有明确的目标和详细的计划，来实现我的目标。

交易是一个走向自我克制的旅程，而赚钱则是衡量的标尺。我认为能做到交易成功，是我精神发展的具体证明，这是令人兴奋的。交易也许是一个人最难学好的职业，因为你首先要学会如何控制自己。

我知道还有很多的东西需要学习，但我所做的转型帮助我成为一个更优秀的人。我现在过着我梦想的生活。它要求你具备各种要素的组合，对交易充满激情和目标（例如，我为什么要这样做）。

2008年年末我就开始了"超级交易员"培训项目，2011年年初我完成了这个项目。图14-2表示我在参加项目过程中精神状态的变化。请注意这些转变所带来的影响。我认为它们已经不可撼动了。

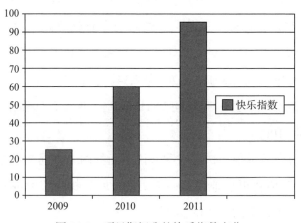

图14-2　项目期间我的快乐指数变化

我要感谢范·K.撒普研究院将我拉出舒适区，没有他，我就不会有一个清晰的愿景和使命。他帮我跨进唤醒区域，我在这之外已经沉睡了很长一段时间。他帮我找到了能够平衡精神和物质世界的工具，我可以通过合一祝福的应用进行交易，帮助我同步地增长资产。

这些变化将帮我成为家人的楷模。我还计划将我的交易技巧作为一种工具，帮助越南的修女社区了解资本游戏。她们已经知道如何进入合适的状态，所以教她们了解撒普思维法是很容易的。

我的交易转型使我有充足的时间到世界各地旅行，在任何地方工作，和我的家人一起共度时光，并改善我的精神生活。我现在已经能完全控制我的时间和生活，没有任何强加的限制。我能够最大限度地发挥我的潜能，这给我带来最大的快乐和幸福。

14.10 编者注

肯·隆博士观察了阮成在为期五天的现场交易活动的整个过程。他说："她似乎知道市场的走势，并且做的交易都恰到好处。她是一个交易女神。"在这5天中，她做到了盈利53R，这甚至超越了肯·隆本人的记录。

阮成于2012年6月从"超级交易员"培训项目毕业，她是我们的第一个女性毕业生。

| 第 15 章 |

提高你意识水平的思考

范·K. 撒普博士（Van K. Tharp, PhD）

> 以前：在低层次的意识下交易，如恐惧和贪婪。
> 之后：在高层次的意识中交易，如接受、和平和开悟。

在前面的两个应用章节中，你已经学会了成功交易的原则以及如何应用它们。第 6 章包含撒普思维法的基本交易原则。

接下来要做的是花足够长的时间继续完成这个过程，以提高你的意识水平，直到在没有内部干扰的情况下你就能看到发生了什么，等你做到这一点时，你的交易就会变得容易。所有下列事项能帮你做到那个地步：

- 如果你改变或消除了 5 000 个主要信念，会发生什么？你可以通过信念测试流程来实现。
- 如果你在头脑中逐渐消除了内部的喋喋不休，那会发生什么？你可以通过解决冲突或者前面的章节中提及的冥想转型技术来实现。

- 如果你能在毫无任何干扰的情况下，真正地观察到市场即时的行情，那会发生什么？

结果将是惊人的交易，你可以通过交易成功的情况来真正衡量精神进步的程度。当你的意识水平达到大卫·霍金斯所谓的"接受指数"（也就是按照他的测量指数，达到350），应该说你就能完成成功的交易，你还可以通过三个领域的方式做到这一点。

15.1 一些练习

让我们通过一系列的练习来了解自己。首先，闭上眼睛，花大约一分钟的时间观察一下你的想法。请注意每一个出现的想法，注意这个想法出现时发生了什么，并注意它消失后又发生了什么。当一个想法出现时，你甚至可以观察到下一个想法会按照你的要求出现。现在请做1分钟的练习。

好了，当你做完之后出现了什么？你的想法出现的速度有没有慢下来呢？你有没有注意到每个思想间隙之间的沉默？你是否感到做完练习后更轻松？把你的观察记录在下面。

_____

_____

大多数人认为这些东西就是他们的想法，但如果你做这个练习的时间足够长的话，你可能会注意到，每一个想法并不是你的。那些想法只是通过了你的身体而已。正如艾克哈特·托尔所宣扬的那样，通过这样的冥想，你会意识到你并不代表你的思想，只是意识到你的思想而已。

现在，让我们做同样的练习，时间再长一点，保持3分钟。请充分关注所有穿越你的思想。要非常专注，并认真地观察它们。再来一次，在 3 分钟结束时，请记录下刚才发生了什么。你的想法是不是停滞不前或者慢下来了呢？你是否进入了一个没有思想或沉默的状态？你睡着了吗？你感到平静吗？你感到快乐吗？你有什么感觉？请再一次记录下你的观察结果。

　　也许你感到了一些和平、喜悦和深刻的意识，甚至只是宁静的感觉。当你再次做练习的时候，请注意任何可能出现的感觉。你会再一次感到它可能是一些简单的东西，如宁静或虚无。

　　让我们再做一次相同的练习，但这次是 5 分钟。在整个练习中，请注意你的想法，并观察它们从哪里来、到哪里去。请注意任何可能出现的宁静。当你做练习的时候，请注意可能出现的任何感觉，哪怕只是一种宁静的感觉。请注意和观察那里发生了什么。你不必做任何事，那里也没有任何事情需要你去做。你也不需要控制任何事情，那里没有什么事情可以控制。你只要注意发生了什么并去观察它。当一种感觉出现时，请你观察它，不用做其他的事情。这个练习再做 5 分钟。5 分钟结束时，请睁开你的眼睛，那个感觉可能还停留在那里。写下你的观察结果。

　　你感受到的意识、宁静或者感觉才是你真实的自己。在第 10 章中，我讨论了寻找高级自我的旅程。好吧，欢迎你的高级自我。幸运的是你没有花几年的时间去寻找。你就是你的意识。你就是那种宁静、快乐或幸福的感觉。

　　好了，这次让我们在 10 分钟内重复同样的练习吧。请留意你意识到的一种感觉。当它发生时，无论是不是一种深层的宁静、意识，或者是任何什么东西，请专注于它。观察它并欣赏它，因为它就是你。谁还能成为它呢？

10 分钟后，睁开眼睛，保持这种感觉的时候请看看有什么东西。慢慢地环视一下房间，看看那里有什么。请观察你看到的每一个对象，同时让你的意识处于这种感觉之中。

现在请在房间里行走。留意一下你体验到了什么。请注意你可以保留你的那种感觉。这种感觉可能自己也会转换——例如，人类已经知道可以自发地笑，但是即便这样，当你在房间内积极地走动时也要保留那种感觉。当你完成后，请写下你所观察到的东西。

如果你觉得更轻松、更平和、更快乐，甚至感觉到更多的意识，那么请你祝贺你自己。你已经达到了一些人在冥想中花了几年的时间才能达到的境界。在这个过程中，你会更加了解你真正的自我意识。

现在问问你自己，如果你是以这个状态来交易的话，你认为会发生什么？我不准备给你答案。这是一个留给你自己思考的问题。如果你仍然处在练习中感受到的感觉中，请你在读到下一节时要特别留意它。

15.2 现在交易

现在看一下图 15-1 中的 K 线图。这是一个周线图，最后一个柱状线代表一天。你能看到一个低风险的交易吗？你能看到几个低风险的交易吗？

第一，周线图有五个涨幅。价格接近 20 个星期前的高位。你相信那个旧的高位可能会阻止价格继续上行吗？如果它开始走向相反的方向，你会入市吗？如果你错了，你认为应该把你的止损位放在哪里？你能看到对你有利的 3∶1 潜在交易风险回报吗？甚至能达到 5∶1 的交易风险回报？如果你交易的机会恰逢 50% 左右，你觉得你能赚钱吗？

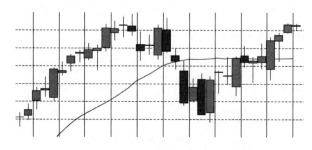

图 15-1　周 K 线图

第二，价格接近一个新高。因为它是在之前高位蜡烛的顶部，你是否会认为这是一个价格可能超越历史高点的机会？如果是这样，你是否相信它会上行到 5 年前一个甚至更早的高点？图 15-2 是一个说明更早高点的月走势图。

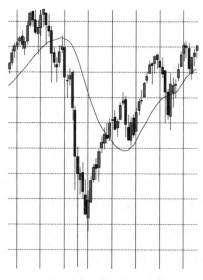

图 15-2　月度 K 线图

如果是这样，那么上涨的潜力至少可以达到过去 11 周内的最高点。你是否会认为你能找到一个 3∶1 的交易风险回报呢？那么回报如何达到 5∶1，甚至 10∶1 呢？你怎么知道哪个点位可以进入？上涨到哪个点位才能给你这样的一个风险回报比？

如果你坚信，这里一定有一个潜在的上涨空间，无论是长线还是短线。你认为你能想出一个办法来抓住一个机会吗？无论它是上涨还是下跌，也不管能否赚到钱。

好了，这就是我相信交易是不可以预测的，并且要找到一次体面的风险交易的原因。当然了，这是我的信念。如果你处在最后的练习过程中的进入状态，你认为可以只看市场就能进行交易并赚到钱吗？如果你这样做，我就能证明你的信念和意识状态的力量。

现在我不是说你应该进入这种状态去进行交易，避开我在这本书中所提出的建议。我要说的是，当你有一个成熟的交易系统，然后遵循本书的所有其他有益的建议，你就可以在这种状态下交易。此外，你可以看到市场原本的面貌，你会知道市场现在的行情。

15.3　第四级转型

当"你"⊖似乎销声匿迹并且只在当下操作的时候，转型的最后一个级别（或者说，一个新的转型之旅开始了吗？）就会产生。当我开始写这本书的时候，我们根本就没有任何永久的清醒交易者，所以就没有写单独的章节。然而，在之前的章节里面讲述过共同经历的大部分人，都有过这样一种合一状态的时期。在你完成冥想练习后，你可能已经进入到

⊖　这是你作为独立个体的感受。

这样的一个状态了。

"你"似乎销声匿迹了

我曾经历过许多的欢笑，伴随着喜悦的心情，刚开始根本就是毫无理由的。然而这样的合一状态，并不是永久的觉醒，而是因为"你"回归了。内心的平静走了，心灵的喋喋不休回归了。每当兴高采烈消散的时候，你甚至可能会感觉到一阵子失落。如果你抵制，你可能会在那种状态下待一段时间，因为你的抵抗心理留在那里了。但在某一点上你体验到了另一种合一状态（只有喜悦才是更强大的，而如果心情低落，你的感受会轻一些）。

现在我们几个"超级交易员"的学员和毕业生似乎永久觉醒了，这一点在范·K.撒普研究院里面已被证实。也许在几年后再出版本书的续集，其中将包括一些第四层次转型的案例。

当一个第四级转型发生时，以下情况都是真实的：

- 想法出现了，但你根本不认同它们的一切。
- 有看和听的动作发生，但并没有一个观众或听众。
- 有做的动作发生，但它是自动发生的，并没有人去做。
- 有身体存在，但是你意识到那并不是你。你并不是你的身体。

- 思维是存在的，但是你知道那并不是你。你并不是你的思想。
- 一切事物都是自动出现的。
- 你明白你有许多的个性（正如利比·亚当斯称之为"小我"），但它们没有一个是你的。事实上，你现在明白了，在那里根本就没有人存在。
- 你本人就是存在、意识和快乐。
- 整个世界都是你的家人。
- 当我用"你"做这些陈述时，这是误导性的，那个"你"只是你以为是你。因为你是一个拥有一切的人，所以你不再存在。

如果你想要一个如何唤醒生命的完美例子，请读一下拜伦的《喜悦无处不在》。如果你想体验它，请做最后一节的练习。

我现在是一个合一训练师，我们通过范·K.撒普研究院提供合一觉醒课程。通过这门课程，人们可以成为合一祝福者，成为加速转型的能量渠道。现在，我知道大约有150人通过这个过程获得了永久觉醒，我相信还会有更多的人。范·K.撒普研究院声称，截至2013年1月21日，世界上已经有超过352 000人成功被唤醒，他们已经在年底达到了自己的目标。他们还说有1.03亿的人正在体验觉醒的状态。⊖

这个转型水平的重要性在于，任何一个实现它的人（尽管这不是一个很难实现的成就），可以毫不费力地进行交易，赚钱也变得容易，这正是他们所不懈追求的状态。本书最后一章里面会有一个案例。

⊖ 据估算，当前全球有70.4亿人口，意味着大约1.46%的人正在经历觉醒状态，有0.005%被成功唤醒。但是既然1个唤醒的人可以影响10万人，如果这个估计是正确的，那么就应该足以改变这个星球。

15.4 提高你的意识水平的问题

当我进入一个这样的话题时，会有一系列的问题接踵而来，所以我想在这一节中解决一些问题。

我为什么要努力提高我的意识水平？

根据大卫·霍金斯的理论，意识和快乐之间有一对一的关系。你的能力和你的欲想，会随着你的意识水平（直到消失）增加。它是能量与力量之间的对局。

对于测量自己的意识，你有什么建议吗？

我们在 matrix.vantharp.com 上面有一个免费的测试，可以测量你的快乐水平，从而评估你的意识水平。

另一种方法是在第三部分中看到的霍金斯的图表，查看与每个级别相关的情绪。在过去的两个月里，你为每个水平花了多少时间？如果你平均一下计算出来，你会对意识水平有一些想法。

提高我的意识和交易似乎没有任何关系。你能给我一些具体的例子来说明提高意识是如何帮助交易者的吗？我是一个数字狂，所以告诉我"提高意识前"和"提高意识后"的指标，这样我可以买。

让我用几种方式来解决这个问题：

首先，让我们来看看每一个意识层次的情感。如果你的交易是出于贪婪或恐惧，这两者的分值都在 200 以下，那么你认为将如何交易？你的表现可能会令人沮丧。现在想象一下你处在接受水平（分值水平为 350），这个水平表明只要按照你的系统操作，你能接受任何东西。你认为你会怎么做？很明显，你在接受级别以上的水平状态下会做得更好。

其次，如果你提高了你的意识，而且时刻充满快乐，你怎么会认为你是个交易者？你很可能会做得很好，因为你已经处于期望良好交易的最后状态了。

最后，请看看第 16 章中交易者的例子。她总是处在一个高层次的意识水平下交易，只需要每天花几个小时做交易，就能赚到 5R。你知道有多少交易者每天能持续赚到 5R 吗？

如果我有意识地改变，我会是一个不同的人吗？

那样你会更快乐，你的生活会更好。

我觉得我很聪明。我如何才能把意识水平提上去呢？我想知道简便快捷的开悟方法。到底有没有捷径？我为什么不在那里呢？

问这个问题的"你"永远不会提升意识水平。问这个问题的"你"永远不会获得开悟。但是你的高级自我已经在那里。你在本章前面所做的练习并不是一个捷径，而是你了解真实自我的证据。

如果上帝如你所说的那样强大，为什么他不能直接启发我，或者让我的交易获得立竿见影的成功？

如果你与你的内心指引达到合一了，这样的事情是可能的，但这样的问题往往来自感觉远离上帝的人，他们在问"上帝在哪里"。你的第一步是连接你的内在指引，并和它实现强烈结合。

我已经找到了一种最高峰的体验，当感觉通过的时候，会有一种失落感并进入一个非常低的意识状态。如何能有效地处理这一现象？

没有什么可以处理。只要充分体验穿越你的感觉，它就会过去。不要抗拒它。只要注意去充分地体验。你体验到的东西会逐渐消失。

我怎么知道某件事是一个重大转型？

首先，某些已经主宰你生活的东西，还有一些旧的安排会突然消失。你会知道这一点的，因为届时你会感觉更加轻松和与众不同。但在过一段时间后，这个状态将成为你的新常态。

其次，如果你的转型足够充分地提高你的意识水平，你的快乐指数会毫无理由地上升。

你可能会认为，当人们完成五个主要的转型后，他们已经完成了"超级交易员"培训项目的心理环节。这对每个人都足够了吗？如果有人的起点处在低层次的意识，他也完成了五个低级别的转型，这对于确保继续增长来说是足够的吗？

一个"低水平"的转型不是一个主要的转型。请阅读本书第三部分中主要转型之间的共同元素。当人们拥有它们时，就会开始相信自己的内心指引。他们找到了自己的目的，最终会对一些重大问题明晰起来，例如恐惧或者控制需求。我认为这些才是主要的转型。

你怎么知道你的转变是不是持久的，或者目前只是理想化的身份在控制局面，从而压制了其他任何冲突的身份呢？

这其实很明显。突然有以下的一种情况发生：

- 你与你的高级力量有了内部连接。
- 你具有生活的目的和使命。
- 重大负面情绪被阻止了。
- 控制权和被控制不再是问题。
- 你比过去更快乐，没有明显的原因。

这并不意味着不会再出现更多的问题，但这些变化很容易被发现。

当你觉醒后有什么变化？

你是一个分离的物体的感觉会消失。你会停止评判，看到的一切都是完美无缺的。你不再会抵制发生在那里的事情。你会无理由地变得快乐。

处在觉醒的状态中和被唤醒的区别是什么？

在感觉到那些情绪消失的30分钟之内，觉醒就会开始。当它们持续不到 1 分钟，它可能就是不可逆的。

你能在长时间拥有幸福、和平和笑声，那就是觉醒状态。当它成为永久性时，你再也不会从这些状态中逆向折回了。你已经走出了逆境。

有些时候你不在那里，你注意到你并不是你的想法或感觉。那些想法只是流经你。

处在觉醒的状态和与神连通的区别是什么？谁提出的标准？

我在范·K.撒普研究院里听到过这些标准。最重要的是，它们很适合我的模型，似乎也都是有用的。

当我处在觉醒状态或者被唤醒的时候，我会有不同的感觉吗？

有几件事会发生：①你会立刻体验到任何出现的事情，然后这种感觉会离开；②你的感觉会增强；③你会更快乐。

如何才能避免被认定为是一个高层次意识的人的陷阱，而且还在努力提高自己的意识水平？如果一个人聚焦于这个想法，它会不会只是另一种形式的识别形式（在这种情况下，是一个心理结构），从而导致分离呢？

所有这些内在意识的关键是要注意到你内心发生了什么。不要抗拒它，要充分地体验它，它就会过去。如果你专注于一个概念或想法，你就不再是在意识中了。你要努力成为你的思想。那样就会很好，最终，你会返回到你的意识中来的。

| 第 16 章 |

继续旅程

范·K. 撒普博士（Van K.Tharp, PhD）

> 之前：没有业务手册，没有系统，不能在所有类型的市场上交易，并且所有交易都有失误。
>
> 之后：拥有一个作为个人交易指南的业务手册，有至少三个非相关的系统，以供交易所有市场类型。现在可以避免交易失误。

在前几章中，我们讨论了两个个人应用领域：①学习撒普思维法的概念；②改变自己，从而使你可以采用这些概念。现在让我们继续讨论第3个到第5个领域。在本章我加入了一些清单，希望你会感到非常有用。

16.1 领域3：为交易/投资建立一份个人业务手册

建立一个业务计划来指导你的交易是一个很庞大的工作，但它是你能做的最重要的事情之一。

当你自己已经做了充分的功课之后，就是到下一步的时候了。

我们会有一个完整的三天研习班，建立一个称为"交易成功蓝图"的计划。在这样的研讨会中，参加者要做50多个练习。在练习中回答一些关于他们本身、业务、市场和系统的问题。他们有大概15分钟的时间回答每个问题，但是有的问题可能要数天甚至数周时间才能回答完整。我提起这个，是为了说明一下建立一个业务计划需要多少工作量。

我为我的"超级交易员"项目学员和蓝图研习班参加者准备了一份清单，详细说明了在制订这样的计划时会涉及哪些内容。该清单有11部分，包括：

- 你的个人心理。
- 你的交易业务，包括除了交易系统你可能需要的所有系统。
- 最坏情况下的应急计划。
- 你的实体结构。
- 每日清单。
- 整体规划。
- 你的交易计划。
- 了解你的决策策略。
- 你的第一策略的关键点，以及这个策略可能适合的市场。
- 你的第二策略的关键点，以及这个策略可能适合的市场。
- 你的第三策略的关键点，以及这个策略可能适合的市场。

表16-1中给出了整体清单。如果你的第一个想法是"不错，但是这信息不够"，那么你就对一些问题有了一个线索。看看你这个主张背后限制你的信念。将这句话通过信念测试流程检测一下。

表 16-1　交易手册的清单

第一部分：个人心理测试	检查清单
最重要的 10 种价值观	☐
你为交易带来的优势和资源	☐
你的交易优势	☐
你的个性类型以及它对你的交易者身份的影响（通过参加撒普交易员测试来找到答案）	☐
做好交易的主要挑战（前五个）	☐
面临每个挑战的时候，你的对应计划	☐
梦想的生活	☐
你梦想生活背后的原因、目的、任务和感受	☐
五年计划	☐
年度计划	☐
月度计划：未来三个月	☐
实施计划的手段	☐
财务自由计划	☐
健康评估 / 改进计划	☐
运动情况评估 / 改进计划	☐
你最抗拒的计划	☐
你在第一部分中填入的计划，哪些是你最不情愿进行信念审核的？哪些是没用的	☐
你是准备认真继续完成工作吗	☐
第二部分：你的交易	检查清单
关于你的交易业务的信念	☐
其他系统	☐
• 现金流和存款	☐
• 数据分析	☐
• 收集和应用 R 倍数	☐
• 其他需要的数据，包括统计数字	☐
• 你如何收集和组织这些数据 / 统计结果	☐
• 为交易进行的数据收集和数据中的错误处理	☐
• 研究与发展计划	☐
• 系统设计的模型	☐
• 自动化交易	☐
• 计划和需要的其他业务系统	☐
• 教育计划	☐
• 关于新产生的问题以及独自工作的计划	☐
• 操作、业务运营	☐

(续)

第三部分：最坏情况下的应急计划（八个主要方面）	检查清单
自己和家庭	☐
环境	☐
代理商	☐
设备	☐
法律和监管灾难	☐
市场灾难	☐
系统灾难	☐
心理问题	☐
对每种应急计划下该做之事做准备	☐
第四部分：你的实体结构	**检查清单**
• 你的实体结构为什么是现在这样？新的税法让没有实体的交易很困难，所以为了你的交易考虑，你想要什么样的实体结构	☐
• 在你的国家行得通吗？为什么	☐
第五部分：你的每日清单	**检查清单**
• 交易任务	☐
• 交易活动的每日流程清单	☐
• 其他重要事宜	☐
第六部分：整体规划清单	**检查清单**
我对整体规划的信念	☐
如何持续跟踪整体规划	☐
• 如何知道自己是否搞错	☐
这将会如何影响我的交易	☐
• 什么样的策略	☐
• 获利多的领域，值得关注的市场	☐
第七部分：你的交易计划清单	**检查清单**
关于市场的信念	☐
关于交易系统的信念	☐
关于不同种类系统的信念	☐
• 趋势交易	☐
• 区间交易	☐
• 阅读图表模式	☐
• 价值交易	☐
• 板块轮动	☐
• 套利	☐
• 期权策略	☐

	（续）
这些策略中哪个最适合你	☐
哪种时间期限最适合你	☐
对于以上两个问题，为什么	☐
财务自由的数字	☐
交易目标	☐
• 对于每一个市场种类和系统，为了达到目标的仓位调整策略	☐
• 你如何知道怎样调整策略	☐
第八部分：理解你的决策策略	**检查清单**
• 成功与失败的区别	☐
• 你的决策战略是什么	☐
• 你的说服战略是什么	☐
你如何决定什么时候用一个系统，而什么时候不用	☐
你如何判断一个系统有没有损坏	☐
如果你拥有的进场信号比你持有的仓位多，你如何决定持有哪些仓位	☐
一个系统满足哪些标准的时候你才会选择交易，这些标准是否有用	☐
你怎么划分市场类型	☐
对于一个市场类型，你的时间期限是什么样的	☐
你怎么消除错误计划	☐
评价：考虑到前四个部分，你是在认真地交易吗	☐
第九部分：你的第一策略的关键点清单	**检查清单**
关于你的交易策略的信念：为什么你认为你的策略是可行的	☐
从逻辑上说，你认为你的策略在不同种类的市场中都能执行吗	☐
这个系统给你带来了什么优势	☐
入市的审核	☐
入市信号的信念	☐
止损的信念	☐
获利退出的信念	☐
获得你的 R 倍数分布	☐
六个市场类型中的表现，对每个市场中类型的期望值和 SQN 进行评价	☐
什么时候启动交易系统，什么时候避免交易	☐
系统交易频率如何，你的交易频率如何	☐
这个系统和其他系统之间联系有多紧密	☐
借助这个系统，你对这六个种类的市场覆盖得如何	☐
你对这个系统的具体目标是什么	☐
既定的 R 倍数分布，你为了这个系统会采用什么样的仓位调整策略	☐
交易系统 1 的清单	☐

(续)

第十部分：你的第二策略的关键点清单	检查清单
关于你的交易策略的信念：为什么你认为你的策略是可行的	☐
从逻辑上说，你认为你的策略在不同种类的市场中都能执行吗	☐
这个系统给你带来了什么优势	☐
入市的审核	☐
入市信号的信念	☐
止损的信念	☐
获利退出的信念	☐
获得你的 R 倍数分布	☐
六个市场类型中的表现，对每个市场中类型的期望和 SQN 评价	☐
什么时候启动交易系统，什么时候避免交易	☐
系统交易频率如何，你的交易频率如何	☐
这个系统和其他系统之间联系有多紧密	☐
借助这个系统，你对这六个种类的市场覆盖得如何	☐
你对这个系统的具体目标是什么	☐
既定的 R 倍数分布，你为了这个系统会采用什么样的仓位调整策略	☐
交易系统 2 的清单	☐
第十一部分：你的第三策略的关键点清单	**检查清单**
关于你的交易策略的信念：为什么你认为你的策略是可行的	☐
从逻辑上说，你认为你的策略在不同种类的市场中都能执行吗	☐
这个系统给你带来了什么优势	☐
入市的审核	☐
入市信号的信念	☐
止损的信念	☐
获利退出的信念	☐
获得你的 R 倍数分布	☐
六个市场类型中的表现，对每个市场中类型的期望值和 SQN 指数评价	☐
什么时候启动交易系统，什么时候避免交易	☐
系统交易频率如何，你的交易频率如何	☐
这个系统和其他系统之间的联系有多紧密	☐
借助这个系统，你对这六个种类的市场覆盖得如何	☐
你对这个系统的具体目标是什么	☐
既定的 R 倍数分布，你为了这个系统会采用什么样的仓位调整策略	☐
交易系统 3 的清单	☐

你的业务计划看起来很全面，但我只想交易。我为什么要关注所有这些细节？我会花更多的时间来研究和填写表格而不是交易吗？

阻止一个错误可以节省几千美元。避免一个最坏的偶然性，可能会让你的资本游戏继续下去。还需要我多说吗？

16.2 领域 4：评定你对交易的准备

你现在已经完成了前三个领域，但是你真的准备好交易了吗？看看表 16-2 来评估一下自己。如果你的得分超过 130，你可能已经准备好成功交易了。

表 16-2　准备与提交的检查清单

准备 + 提交	分数
1. 我对自己的真实情况了解多少	☐
a. 你对自己的长处和弱点了解吗？你对交易的优势清楚吗？你对自己的心理问题以及其对你交易的影响了解吗？你能够列出几百条自己的信念吗？你能列出几百条关于市场的信念吗？如果你对其中一个或者大部分问题的答案都是"不"的话，那么你可能在开始交易之前还要做很多准备工作。从 0 到 10 给自己打分，10 是"完全准备好"，0 是"完全没有任何准备"	☐
b. 当你在实现目标之前遇到障碍的时候，你会很情绪化地与障碍纠缠，还是简单地绕过障碍直面目标？能绕过目标 = 5 分，倾向于和障碍斗争 = 0 分	☐
整体规划	分数
2. 我有没有写下来我对整体规划的思考，并且有没有定义一个监控规划实施的过程？是 = 5 分，否 = 0 分	☐
市场种类	分数
3. 我是否为自己定义过市场种类，有没有关注过对市场种类的监控？是 = 5 分，否 = 0 分	☐
适合我的系统	分数
4. 我有没有建立过一个适合我的交易系统，适合我对整体规划的看法，以及适合当前的市场类型	☐
你的系统应该至少包括一个买入点，一个最差情况下确定你会有 1R 损失的止损点，一个或者几个止盈点，或许还有一个重入点，你离场了而你的想法仍然有效。你至少有一个能够满足如上条件的系统吗	☐

(续)

给自己从 0 到 5 的量表评分，描述你的系统是否适合你，以及评判你的整体规划和市场类型。如果你没有这样的系统，给自己 0 分	☐
如果你已经使用了多个系统交易，请回答问题 5～14	分数
5. 我是否可以这样认为，对于任何单一市场类型都很容易建立一套圣杯般的完美系统，但是不可能有一个适用于所有市场类型的系统？我是否应该对正在关注的每种市场类型有最少一种交易系统	☐
对于每个市场类型，如果你有一个专用的系统，给自己 1 分；如果有 2 个或更多个系统专用于一个市场类型，给自己 2 分。本问题 12 分满分	☐
a. 平稳向上的市况	☐
b. 剧烈上扬的市况	☐
c. 小幅震荡的市况	☐
d. 大幅震荡的市况	☐
e. 平稳走低的市况	☐
f. 剧烈暴跌的市况	☐
6. 我是否对每个交易系统定义了我的目标	☐
给每个定义了目标的交易系统加 1 分	
7. 对每个系统，我有足够的交易结果样本吗	☐
a. 我知道每个系统的期望值吗（平均 R 值）	☐
是 = 3 分，否 = 0 分	☐
b. 对每个系统，我至少收集到了 100 个 R 倍数吗	☐
100R = 2 分，>50R = 1 分，<50R = 0 分	☐
8. 我是否对每个系统在它们适用的市场中接下来 10～20 年的表现充满信心	☐
准备 + 承诺	
我是否对准备采用该系统交易的市场类型，至少收集到了 30 个交易的 R 倍数吗	☐
对每个你收集到了至少 30 个 R 倍数的系统，给自己 2 分	☐
a. 平稳向上的市况	☐
b. 剧烈上扬的市况	☐
c. 小幅震荡的市况	☐
d. 大幅震荡的市况	☐
e. 平稳走低的市况	☐
f. 剧烈暴跌的市况	☐
交易目标	
9. 我是否努力思考并建立了一系列强有力的适合我的交易目标？我真的有一个目标吗	☐
强目标 = 10 分，无目标 = 0 分	☐

(续)

仓位调整策略	分数
10. 对每一个交易系统的 R 倍数分布，我是否有一个仓位调整策略来帮助我达到目标	☐
是 = 20 分，否 = 0 分	☐
主要问题	**分数**
11. 我是否定义了影响我交易的主要问题，我是否正在全力消除它们	☐
每个确认的问题 = 1 分，每个解决的问题 = 1 分，本问题 20 分满分	☐
问题 1：已解决：是 / 否	☐
问题 2：已解决：是 / 否	☐
问题 3：已解决：是 / 否	☐
问题 4：已解决：是 / 否	☐
问题 5：已解决：是 / 否	☐
问题 6：已解决：是 / 否	☐
问题 7：已解决：是 / 否	☐
问题 8：已解决：是 / 否	☐
问题 9：已解决：是 / 否	☐
问题 10：已解决：是 / 否	☐
12. 我是否有计划地执行以上任务来避免和消除失误	☐
过去 20 天内，你可以诚实地说自己完成了每一天的所有任务，给自己 1 分。最多 20 分	☐
失误	**分数**
13. 我是否跟踪失误，理解失误，最后解决失误	☐
对每个问题，是 =2 分，否 =0 分	☐
a. 我是否用 R 倍数跟踪失误	☐
b. 我是否理解失误对我交易的影响	☐
c. 我是否理解什么导致了我的交易失误	☐
d. 我是否花费了足够的时间来最小化自己失误引起的后果	☐
业务计划	**分数**
14. 我是否准备了一个包含了所有信息的业务计划来指引我的交易	☐
这项计划不是那种为了从他人手中融资而写的业务计划。相反，这是一个吸引人并让人感到愉悦的文档，能够在你交易的时候指引你。它或许永远不是完整的，因为你一直在修改它来改进你的交易。你有这样的文档并包含如下部分吗	☐
对每个问题，有并且完成 =2 分，无 =0 分	☐
a. 一个关于你自己的信念列表	☐
b. 你在第一项中列出有关你的长处、弱点、心理问题等所有信息	☐
c. 你对整体规划与众多影响你交易的事件的评估	☐

	（续）
d. 你对市场的信念	☐
e. 三个互不相关但能支持你整体规划的信念的系统	☐
f. 一个最坏情况的应急计划	☐

为了看到你当前的位置，请使用表 16-3。

表 16-3　分项得分

	你的分数	最高分数
准备 + 承诺：我了解自己的程度和处理障碍的能力	☐	20
整体规划：定义和监控活动	☐	5
市场类型：定义和监控活动	☐	5
适合我的整体规划和市场类型的系统	☐	5
每个市场类型至少有一种交易系统	☐	12
每个交易系统的目标	☐	6
100 个 R 倍数以及系统期望	☐	5
关于市场类型的系统表现和每个市场类型的 30 个 R 倍数	☐	12
我只在一个系统适用的市场类型中使用它	☐	4
经过深思熟虑的并且适合我的强大交易目标	☐	10
每个系统的仓位调整策略	☐	20
我的主要问题都被辨识出、被解决	☐	20
规律的交易任务练习	☐	20
失误	☐	8
引导我交易的业务计划	☐	12
总分	☐	164
已经准备好交易的分数	☐	＞130 点
高于平均值，继续你的准备工作	☐	115～130
平均值，你还有好多要做的	☐	90～114
你还完全没准备，停止交易吧	☐	＜90 点

16.3　领域 5：了解你的交易失误

当盈利颇丰的交易者向我咨询时，我要求他们做的第一件事之一就是确保他们有书面规则来指导他们的交易。每个人都应该有规则，甚至是自由裁量型交易的交易者。在他们写完规则之后，我会审核以确保规则合理，并确定这些规则在要交易的每个市场中的期望值和SQN。如果规则可行，我就让他们去交易，但前提是要他们跟踪错误的R倍数。这种情况下，出现错误意味着他们没有遵守规则。

同样地，当我的一个"超级交易员"项目学员开始交易——即使在一个小的头寸下——我要求她跟踪她错误的R倍数。用一些例子来了解我的意思。

假设你冒风险的比例是10万美元的1%，也就是承担1 000美元的风险用来交易。让我们来看一下你可能犯的10个错误。

（1）你可能听说过一个不符合你的规则的热点题材而贸然交易，损失2 500美元。这是一次2.5R的错误。

（2）也许一次交易本来对你有利，但突然开始变得不利。尽管它并没有达到你的止损点，你仍很快卖出，获得了4 000美元的利润。但随后价格又开始回到对你有利的方向。事实上，你一直跟踪它，直到它达到你最初的目标。如果你遵循了规则，会赚12 000美元，而不是4 000美元。你的错误让你亏损8 000美元，所以这是一次8R的错误。

（3）假设你在一个热点题材上进行了另一个交易，并赚到1 000美元。这仍然是一个错误，但是你赚到了1 000美元，业绩是1R。

（4）假设你在一次交易中执行得不好。比如说你选择了买入而不是卖出。你很快意识到自己的错误，并在损失了70美元的时候退了出来。然后，你在交易价格高出130美元的时候执行了正确的交易。这个错误基本上花费200美元的执行成本，也就是0.2R。

（5）另一次交易姗姗来迟，在一天结束时你分散了注意力。你没有检查你的数字，没有提高你的止损位。第二天早盘的时候，行情急剧下跌。你在之前的1 500美元的收益止损点停了下来。但是你应该将你的止损调高 300 美元，但是忘了这样做，结果造成 300 美元的错误，或者说是 0.3R 的错误。

（6）你又做了一次交易，但是它开始就对你不利。几乎到达你的止损点 43 美元时，你突然取消了止损，心想，"我不想承担损失，它马上就要涨了"。但它没有。结果一路下跌至 27 美元，你在一天结束时卖出了。你无谓地承受了每股 15 美元共计 500 股的损失——如果你遵循了你的规则，就不会遭受 7 500 美元的亏损。这是一次 7.5R 的损失。

（7）现在你对自己很失望，决定不再进行下一个交易。没有任何规则告诉你，你在不开心的时候要避免交易。你没有去交易——本来这个交易会收入 3R。你的错误使你损失了 3R。

（8）第二天，你认定你的系统出了问题，因为你有这么多的损失。你错过了两笔交易——一个是 0.5R 的盈利，另一个是 2R 的损失。这一次，你实际上有 1.5R 的盈利，但是它仍然是一个错误。事实上，你可以把它看作两个错误。

（9）现在你听说每个人都在一只股票上赚了钱，所以你次日早晨买了这只股票，尽管这样做并不符合你的规则。然而，当你买了股票后，当天就获得 2R 的收益。再一次，你的错误居然产生了收益，这一次是 2R 收益。

（10）你计划在当天结束的时候卖出这只股票，但你很满意 2R 的收益，所以你准备持有到这周末，尽管这样做并不符合你的规则。事实上，你甚至没有设置一个止损点，这是另一个违反规则的事情。在这个周末，一则新闻公告发布了关于公司腐败的消息。在次日开盘的时候市场猛然暴跌 8R。现在你有一个 8R 的损失。这个错误总成本是 10R。

让我们来看看这 10 个错误的总结，如表 16-4 所示。

这张表是我所看过的典型的表格。在这种情况下，错误成本平均为

2.7R。我发现大部分交易者，即使是训练有素的专业人员，在做这样的训练时，通常的效率只有 70% 或更糟。这意味着他们每 10 笔交易会犯 3 个或更多的错误。他们中的许多人反复犯同样的错误，这是自我破坏的很好的定义。

表 16-4 错误成本

错误编号	错误原因	错误成本 单项	错误成本 累计
1	热点题材	−2.5R	−2.5R
2	过早卖出	−8R	−10.5R
3	热点题材	+1.0R	−9.5R
4	操作错误	−0.2R	−9.7R
5	分心	−0.3R	−10.0R
6	不承担损失	−7.5R	−17.5R
7	错过了赚钱的交易	−3.0R	−20.5R
8	错过两次交易	+1.5R	−19.0R
9	热点题材	+2.0R	−17.0R
10	未按照计划卖出	−10.0R	−27.0R
	失误总成本		−27R
	平均每次失误成本		−2.7R

出于这个原因，我一般都会要求在他们开始交易前必须做些心理功课。当他们这样做之后，发现自己犯了错误，他们通常知道如何快速纠正。如果他们没有做好心理功课，纠正错误就变得非常困难。也许这足以激励你做好在本书中的第二级转型功课。

大多数介绍面试的书只是给你面试中包含的信息。这一章我做了很多，因为我给了你一个循序渐进的成功公式。这就是我为"超级交易员"项目学员提供的精确公式。这一章的步骤和其他章节的内容，让你拥有了你所需要的一切。现在，你需要问自己：你愿意做必要的工作，还是会与你遇到的第一个障碍反复纠缠？

| 推 荐 阅 读 |

各章都有推荐一些重点书籍，这些书列在名单的前面，之后列出了各章提及的其他参考读物。

核心阅读

Anonymous. *A Course in Miracles*, 3rd ed., Helen Schucman, scribe. Mill Valley, CA: Foundation for Inner Peace, 2007.

Ardagh, Arjuna. *Awakening into Oneness*. Boulder, CO: Sounds True, 2007.

Dwoskin, Hale. *The Sedona Method: Your Key to Lasting Happiness, Success, Peace and Emotional Well-Being*. Sedona, AZ: Sedona Press, 2007.

Hawkins, David R. *Power vs. Force: The Hidden Determinants of Human Behavior*. Carlsbad, CA: Hay House, 1995.

Hill, Napoleon. *Think and Grow Rich*. New York: Fawcett Books, 1960.

Katie, Byron, and Stephen Mitchell. *A Thousand Names for Joy: Living in Harmony with the Way Things Are*. New York: Three Rivers Press, 2007.

Katie, Byron, and Stephen Mitchell. *Loving What Is: Four Questions That Can Change Your Life*. New York: Harmony Books, 2002.

Kinslow, Frank. *The Secret of Quantum Living*. Carlsbad, CA: Hay House, Inc., 2012.

Mother Meera. *Answers*. Ithaca, NY: Meeramma Publications, 1991.

Schwager, Jack D. *Market Wizards: Interviews with Top Traders*. New York: New York Institute of Finance, 1988.

Schwager, Jack D. *The New Market Wizards: Conversations with America's Top Traders*. New York: Collins Business, 1992.

Tharp, Van K. *Peak Performance Course for Traders and Investors*, 2nd ed. Cary, NC: International Institute of Trading Mastery (IITM), 2009.

Tharp, Van K. *Super Trader: Make Consistent Profits in Good and Bad Markets*, 2nd ed. New York: McGraw-Hill, 2007.

Tharp, Van K. *Trade Your Way to Financial Freedom, 2nd ed.* New York: McGraw-Hill, 2006.

Tharp, Van K. *Van Tharp's Definitive Guide to Position Sizing Strategies*. Cary, NC: International Institute of Trading Mastery, 2008.

Walsch, Neale Donald. *The Complete Conversations with God*. Charlottesville, VA: Hampton Roads Publishing, 2005.

其他推荐阅读

Bateson, Gregory. *Steps to an Ecology of Mind*. New York: Ballantine Books, 1978.

Braden, Gregg. *The Isaiah Effect*. New York: Three Rivers Press, 2000.

Cameron, Julia. *The Artist's Way: A Spiritual Path to Higher Creativity*. London: Penguin, 1992.

Chopra, Deepak, Debbie Ford, and Marianne Williamson. *The Shadow Effect: Illuminating the Hidden Power of Your True Self*. New York: HarperCollins, 2010.

Coit, Lee. *Listening: How to Increase Awareness of Your Inner Guide*. Ventura, CA: Los Brisas Publishing, 1985.

Dilts, Robert. *Belief Systems, Health, and Longevity*. Pamphlet from a seminar given in Santa Cruz, CA: January 26–30, 1989. For more information, contact Dynamic Learning Publications.

Dyer, Wayne W. *Real Magic: Creating Miracles in Everyday Life*. New York: HarperCollins, 1992.

Franck, Frederick. *Zen of Seeing: Seeing/Drawing as Meditation*. New York: Vintage, 1973.

Frankl, Viktor E. *Man's Search for Meaning*. New York: Washington Square Press, 1959.

Gladwell, Malcolm. *The Tipping Point: How Little Things Can Make a Big Difference*. New York: Little, Brown & Co., 2000.

The Gospel of Ramakrishna, abridged ed. Translated into English by Swami Nikhilananda. New York: Ramakrishna-Vivekananda Center, 1970.

Hagstrom, Robert, Jr. *The Warren Buffett Way: Investment Strategies of the World's Greatest Investor*, 2nd ed. Hoboken, NJ: John Wiley & Sons, 2004.

Kinslow, Frank. *Eufeeling! The Art of Creating Inner Peace and Outer Prosperity*. Carlsbad, CA: Hay House, 2012.

Lipton, Bruce. *The Biology of Belief: Unleashing the Power of Consciousness, Matter and Miracles*. Carlsbad, CA: Hay House, 2008.

Losier, Michael J. *Law of Attraction*. New York: Wellness Central, 2003.

Lowenstein, Roger. *When Genius Failed: The Rise and Fall of Long-Term Capital Management*. New York: Random House, 2000.

Mooney, Stuart. *American Buddha*. Fairfield, IA: 1st World Publishing, 2007.

McMillan, Lawrence. *Options as a Strategic Investment, 5th ed*. New York: Prentice Hall, 2012.

Melchizedek, Drunvalo. *Serpent of Light: Beyond 2012—The Movement of the Earth's Kundalini and the Rise of the Female Light, 1949 to 2013*. San Francisco: Red Wheel/Weiser, 2007.

Palmer, Harry. *Living Deliberately: The Discovery and Development of Avatar*. Altamonte Springs, FL: Star's Edge International, 1994.

Price, John Randolph. *The Abundance Book*. Carlsbad, CA: Hay House, 1987.

Renard, Gary R. *The Disappearance of the Universe: Straight Talk about Illusions, Past Lives, Religion, Sex, Politics, and the Miracle of Forgiveness*. Carlsbad, CA: Hay House, 2002.

Schwager, Jack D. *Hedge Fund Market Wizards: How Winning Traders Win*. Hoboken, NJ: John Wiley & Sons, 2012.

Taylor, Jill Bolte. *My Stroke of Insight: A Brain Scientist's Personal Journey*. New York: Penguin, 2006.

Tharp, Van K., D. R. Barton, and Steve Sjuggerud. *Safe Strategies for Financial Freedom*. New York: McGraw-Hill, 2004.

Tharp, Van K., and Brian June. *Financial Freedom through Electronic Day Trading*. New York: McGraw-Hill, 2000.

Tolle, Eckhart. *A New Earth: Awakening to Your Life's Purpose*. New York: Penguin, 2005.

Tolle, Eckhart. *Practicing the Power of Now: Essential Teachings, Meditations, and Exercises from the Power of Now*. Novato, CA: New World Library, 1999.

Tolle, Eckhart. *The Power of Now: A Guide to Spiritual Enlightenment*. Novato, CA: New World Library, 1999.

Wattles, Wallace D. *The Science of Getting Rich*. Tucson: Iceni Books, 2002. Originally published in 1910.

| 关 键 术 语 |

R 值　一个给定仓位的初始风险,定义为初始止损位。

醒觉状态　指任何时候一个人的意识在霍金斯尺度上超过600。这类状态包括但不限于快乐、狂喜、平静、清醒等。此时自我看上去消失了。然而,这是醒觉状态,这些状态是暂时性的。

醒觉　当你暂时永久消失,事情看上去自动发生时,没有目击者、行动者、倾听者或思考者,只有事情在发生。此外,人并不附着于思想或情绪,而只是将其视为流过头脑的事件。

清醒　知悉内心发生的事情,包括意识到思想、情绪和这些状态的细节或亚状态。一旦你变得清醒,停止抵抗,而且开始体验,唤醒过程就开始了。

信念　你感知现实的过滤器。

信念检查流程　提问自己的信念的一套问题,包括:①信念来自谁?②给我带来了什么?③让我脱离了什么?④是否有用?⑤是否带有负荷?这种技术用于评估信念的效用。任何不带负荷的信念都可以被轻松替代。

巴克塔帕拉丁娜　梵文"信众之路",意味着你与上帝的经历将符合你的愿望。你获取这种经历，而不是接受别人给予的版本。而且由于是你自己获得的，你可以拥有最完美的你与上帝的关系。

大钱游戏 由大公司及其所有者制定规则，会导致你的钱财流入他们的腰包。例如，其赢得游戏的规则可能包括赢家通吃（即只有一人能赢）或者拥有大多数筹码。通常只要首期款足够低，你就可以支付得起，但这个想法会让你变成财务奴隶。

有压力的信念 是一种会带来强烈负面情绪的信念。压力倾向于保持这种信念，尽管它可能不是一种有益的信念。

意识 对思想、信念、情绪和个人规则的认知。

期望值 在做了许多交易之后，你期望平均赚到多少。期望值最好表示为你每冒一美元风险能够赚到多少钱。期望值是一个交易系统产生的 R 倍数分布的 R 平均数。

总期望收益 这是作者自造的术语，指的是期望值乘以机会。例如，一个具有 0.6R 期望值的交易系统，每年做 100 次交易，将得到 60R 的总期望收益。

释放感觉 经历一种感受，直到它消失为止。

财务自由 当你的被动收入（来自工作的收入）超过你的花销时就会发生。例如，如果你的月花销总计 4 000 美元，而你每月的工作收入是 4 300 美元，则你是财务自由的。

博弈 两个或两个以上人之间的互动，其中有人赢，有人输。那些制定规则的人，特别是制定赢的规则的人，可能会赢。

连通上帝 和你的内在指引建立联系和信任关系，使你与内在指引合为一体。

高级自我 就是指真正的你。你的这个角色与你每时每刻都在一起，体验和了解这个世界的真相。当你愿意信任和听从它时，它就会成为你的行为指南。

"圣杯"系统　一个神秘的交易系统，可以完美地跟踪市场，而且总是正确的，能够产生巨大盈利和零回撤。实际上不存在这样的系统，高 SQN 的系统可能只适用于一种市场类型。

无常　佛教所说的无常，是指所有事物都在变化，对无常的抵抗会导致苦难困厄。

内在指引　高度自我的另一种说法。

认知水平　大卫·霍金斯用于指人类能量水平的术语。根据他的观点，人类认知可以表示为从 10 到 1 000 的数值。低于 200 就是负面的，高于 200 是正面的。每一个分值水平对应一个特定的心智状态（如恐惧、欲望、主动）。

转型第一层级　（见撒普思维法）接受撒普思维法，获得对于交易的不同看法。

转型第二层级　信念、感受和身份的转变，使得你可以更好地接受撒普思维法。

转型第三层级　使用转型第二层级的方法，通过充分转变，提升你的认知水平。

转型第四层级　你已处于醒觉状态（例如，你的认知水平在霍金斯尺度上超过了 600）。

弹球游戏　交易模拟游戏，一个交易系统的 R 倍数分布可用具有不同 R 值的一袋不同颜色的弹球产生。弹球从袋中随机抽取以模拟交易情形。

市场类型　至少存在以下几种市场类型：上涨、下跌、震荡以及处于淡静或剧烈变化的市场环境。容易对每种市场类型做出一种圣杯交易系统，但是不能期望一个系统适用于各种类型的市场。

矩阵 是指在影片《黑客帝国》里，人类的想法都被编好了程序，会自动做出回应。在现实生活中，这种程序是我们的信念以及虚幻的体验。

建模 确定尖峰业绩（如顶级交易）达成的过程，然后将其传授给其他人。

觉醒迪克夏（Mukthi Deeksha） 这是开始觉醒过程的合一祝福。其观点是你需要神的协助，以做出使头脑觉醒的变化。人们一旦接受了觉醒迪克夏，就变成了祝福给予者。

神经语言规划（NLP） 系统分析师理查德·班德勒（Richard Bandler）和语言学家约翰·葛瑞德（John Grinder）开发的一种心理培训方法。它构成了人类成功行为建模科学的基础。然而，NLP培训通常讲授的是建模过程的技术方法。例如，我们在范·K.撒普研究院建立的顶级交易系统模型仓位调整策略。我们在培训班上讲的是做这些事情的流程，而非相应的建模过程。

目标 指你在交易中想达成的结果。通常，其中包含了某些想要的结果，或者不发生最差情况下的回撤时获得的收益。一个好的目标既要考虑回撤，也要考虑可达成性。有多少交易者，可能就有多少个目标。

合一祝福 来自合一祝福给予者的祝福，是指神灵的能量由给予者流入接受者，这股神灵的能量会让头脑发生变化，推动醒觉过程，祝福的效果取决于接受者、祝福给予者和神灵。

身份 是你众多内在自我的一部分。身份是由你头脑中的正面意愿创造出来的。它们可能代表：①你在生活中的角色；②你生活中关键的人；③你不想感受的感觉。

身份协调　是一种冲突消解技术，两个相互冲突的身份被主动的意向协调一致。通常需要对被视为负面的身份做一些有用的事情，以使其满足正面意向的需要。

身份派对　将你的所有身份浮现出来，讨论它们的意图以及可能与其有冲突的其他身份的意图，第9章给出了一个例子。

被动收入　因为工作而获得的收入。

仓位调整策略　成功交易的六个关键要素中最重要的一个，这是你的交易系统的一部分，决定了你是否会达成你的目标。这个要素确定了你在交易中要建立多大的仓位。大多数情况下，确定仓位的算法基于你当前的权益配置。

正期望值　R倍数的一个分部的R值的平均数是正数。此时一个交易系统（或博弈）如果能够在足够低的风险水平上，经受最差情况下的回撤，从长期来看，就会赚钱。

R倍数　所有盈利和亏损都可以表示为所承受的初始风险的一个倍数。例如，10R就是10倍于初始风险的利润。如果你的初始风险是10美元，那么100美元利润就是一个10R利润。当你这样做的时候，任何一个交易系统都可以用其产生的R倍数分布来描述，该分布有一个均值（期望值）和一个标准差。

风险回报比率　账户的平均回报（按年算）除以从峰值开始算的最大回撤。按照这个模型，大约3倍的风险回报比率是最佳的。也可以指盈利交易的平均数除以亏损交易的平均数。对于个别交易来说，潜在回报至少应该3倍于潜在亏损。

风险　在一个仓位上进入时的价格与你愿意承担的最差情况下的损失

的价格之差。例如，如果你在 20 美元买入一只股票，并决定如果股价下跌到 18 美元时卖出，则你的风险是每股 2 美元。注意，这个定义与传统风险的学术定义是不同的。学术界将风险定义为投资时的市场波动性。对于个别交易来说，潜在回报应该最少达到潜在亏损的 5 倍。

建模学 使用 NLP 技术确定行为、信念、心智状态以及那些在特定领域表现出色的策略。当你把这些模型教给别人时，他们应该可以重复你的结果。

阴影自我 你投射在其他人身上的身份。例如，你可能恨心胸狭窄的人，这导致你将这种偏执投射到别人身上。因此可以通过外部世界了解到你的内心在想什么。

标准差 随机变量和随机变量均值之差的平方和的期望值之正平方根，是表示正态分布的变化程度的指标。

止损（止损价格、止损指令） 你向经纪人下达的一个指令，当价格触及止损点时，这个指令就会被执行。通常被称为止损指令，因为大多数交易者用其确保在亏损之前，将头寸卖出。

子模式 指包含于一个特定模式中的细节。例如，一个视觉图像可能会伴随你（你能够看到它）或者与你分离（你在其中）：明亮或者暗淡，黑白或者彩色，静止或者运动，框架或者全景，左边、中间或者右边，等等。通常一些子模式会变成关键的潜意识，驱动你的行为，判断是无意识地建立在子模式差异的基础上的。

波段交易 是一种短线交易，旨在捕捉市场的快速变化。

系统 一套交易规则。一个完整的系统，通常包括：①一些设置条件；②一个进入信号；③一个最差情况止损点位以保护资本金；④一个再次入市的信号；⑤一个止盈退出；⑥一个仓位调整算法。尽管如此，许多商业化的交易系统并不全部具备这些特点。一个交易系统也可能用其产生的 R 倍数分布来表示。

系统质量分数（SQN） 指一个特定的交易系统通过仓位调整策略达成你的目标的难易度。SQN 越高，越容易达成你的目标。这种方法是专有的，考虑了 R 均值和 R 的标准差。

思想、情绪和行动（TEA） 了解你的思想、情绪和行动，是你自身获得控制的关键。

撒普思维法 一套有关交易的有用的理念，它们来自对成功交易员的建模。撒普博士称之为撒普思维法，是因为范·K. 撒普研究院可能是唯一强调这些理念的机构。

点 一个点是可交易物品价格的最小波动单位。

交易 在市场上建立一个长仓或短仓，期望在大幅盈利后平仓，或在交易不顺利时清仓止损。

移动止损 指止损指令沿着之前的市场趋势而改变，通常用于现时盈利的交易。

转型 指的是信念、情绪、程序和意识的改变。本书讨论了三个转型层次。

转型冥想（TfM） 一种冲突化解结束，将不开心的身份交给高级自我。它们或者接受高级自我的观点，或者自动消散。这项技术是自我认知学院的利比·亚当斯博士开发的。

海龟 理查德·丹尼斯和威廉·埃克哈特在 20 世纪 80 年代用自有的交易方法培训的一组交易员，其中有不少人后来成为出色的交易员。

功课 拜伦·凯蒂给出的通过 4 个问题和一些转变接受某个信念的方法。所用的表格可以从 www.thework.com 免费下载。

| 作者介绍 |

在过去的30年里，范·K.撒普博士帮助人们克服开发交易系统和交易心理方面的问题，以及与成功相关的自我破坏。他是范·K.撒普研究院的创始人和主席，致力于为全球的交易者和投资人提供高质量教育产品和服务。

尽管撒普的专业领域是金融，他的使命是让人们变得更好。在他的书、教程和工作坊中，他使用了金融方面的隐喻。撒普博士采用一套技术和教育，将其投资策略加以完善，并用于训练、培养交易者和投资者，为他们提供咨询服务。1975年他从俄克拉荷马大学健康科学中心获得了心理学博士学位。他是神经语言规划（NLP）的实践大师、时间线理疗师、NLP建模专家以及NLP助理培训师。他将NLP的专业知识应用于自己建立的成功交易和投资模型之中。

撒普博士是一系列书的作者，包括《仓位调整策略权威指南》《超级交易员》《通向财务自由之路》，《纽约时报》畅销书《财务自由的安全战略》，以及《通过在线日内交易实现财务自由》。此外，撒普博士是杰克·施瓦格的畅销书《金融怪杰》中提到的唯一一位交易教练。

撒普博士曾被媒体广泛报道，如《福布斯》《巴伦市场周刊》《证券和商品技术分析》《投资者日报》《期货和期权世界》以及《交易员》杂志等。撒普博士通过对交易员和投资者的研究，积累了5 000多位成功交易者的交易记录，其中包括许多世界顶级的交易者和投资人。从这些研究成果中，他设计出了可供其他人学习和使用的成功交易模型。他花了10年时间研发出了一部5卷的尖峰业绩家庭学习教程，并将其用于培训。他还开发了投资心理量表，帮助人们更好地理解在交易或投资方面的优劣势。

撒普博士的机构——范·K.撒普研究院，现在北卡罗来纳州凯里以及定期在全球不同地点举办15项不同的交易工作坊，其中既有技术工作坊，也有心理学工作坊。他还有一个为期4～6年的"超级交易员"培训课程，在本书中他提到了他的很多学员。有关该研究院的更多信息，请浏览www.vantharp.com。

| 译 后 记 |

这本书起初是我在翻译，后来我的大学老同学王占新联系到我，为了庆祝老友久别重逢，我们决定合作翻译这本书。巧在他曾经接触过灵修一类的课程，对后半部分并不陌生，而我则负责前言、第 1～8 章、关键术语和作者介绍，其他内容由王占新翻译。全书由我统一修改审校。坦率地说，在开始翻译这本书时，并没有想到书的后半部分会是精神修炼。虽然我关注投资者心理和情绪对投资的影响，但研究还没有触及这个部分。我对这个领域并不了解，在修改审校后半部译文时，也抱着学习和了解的态度。对于合一和来自印度的某些宗教哲学思想，我还有待更深入的理解，但是作者介绍的一些释放自己情绪的方法，是值得借鉴和练习的。如果我们能够真正解脱自己，置身事外，客观看待自己和所发生的事情，也许一切都变得神奇或者不足为奇了。我们的生活，犹如一个 matrix（矩阵），有着固有的规律和特点，有规则和约束，犹如一张网，每个人都希望有个独立和独特的存在，能够超越常规和世俗的力量拯救自己，那就是神一样的存在，也许有人称其为上帝，有人说是佛陀，这个世界上各种宗教中都有这样的神祇存在。人们无法自我解脱，才求

助于他们的力量。我不是唯心主义者，也不是唯物主义者，我认为撒普也不是，但我们都相信那种解放自我、超脱身外的力量是神秘的、超乎常规的，而作为市场上的交易者，若能达到这种类似的状态，则一切将变得无比简单，这是一个正确的方向，撒普告诉我们，他是怎样朝着这个方向前进的。如有错误，恳请指正。

郑磊

推荐阅读

序号	中文书名	定价
1	股市趋势技术分析（原书第11版）	198
2	沃伦·巴菲特：终极金钱心智	79
3	超越巴菲特的伯克希尔：股神企业帝国的过去与未来	119
4	不为人知的金融怪杰	108
5	比尔·米勒投资之道	80
6	巴菲特的嘉年华：伯克希尔股东大会的故事	79
7	巴菲特之道（原书第3版）（典藏版）	79
8	短线交易秘诀（典藏版）	80
9	巴菲特的伯克希尔崛起：从1亿到10亿美金的历程	79
10	巴菲特的投资组合（典藏版）	59
11	短线狙击手：高胜率短线交易秘诀	79
12	格雷厄姆成长股投资策略	69
13	行为投资原则	69
14	趋势跟踪（原书第5版）	159
15	格雷厄姆精选集：演说、文章及纽约金融学院讲义实录	69
16	与天为敌：一部人类风险探索史（典藏版）	89
17	漫步华尔街（原书第13版）	99
18	大钱细思：优秀投资者如何思考和决断	89
19	投资策略实战分析（原书第4版·典藏版）	159
20	巴菲特的第一桶金	79
21	成长股获利之道	89
22	交易心理分析2.0：从交易训练到流程设计	99
23	金融交易圣经II：交易心智修炼	49
24	经典技术分析（原书第3版）（下）	89
25	经典技术分析（原书第3版）（上）	89
26	大熊市启示录：百年金融史中的超级恐慌与机会（原书第4版）	80
27	敢于梦想：Tiger21创始人写给创业者的40堂必修课	79
28	行为金融与投资心理学（原书第7版）	79
29	蜡烛图方法：从入门到精通（原书第2版）	60
30	期货狙击手：交易赢家的21周操盘手记	80
31	投资交易心理分析（典藏版）	69
32	有效资产管理（典藏版）	59
33	客户的游艇在哪里：华尔街奇谈（典藏版）	39
34	跨市场交易策略（典藏版）	69
35	对冲基金怪杰（典藏版）	80
36	专业投机原理（典藏版）	99
37	价值投资的秘密：小投资者战胜基金经理的长线方法	49
38	投资思想史（典藏版）	99
39	金融交易圣经：发现你的赚钱天才	69
40	证券混沌操作法：股票、期货及外汇交易的低风险获利指南（典藏版）	59
41	通向成功的交易心理学	79